張仁青著

文史哲學集成

駢文學

上冊

文史哲出版社印行

國家圖書館出版品預行編目資料

駢文觀止 / 張仁青著. -- 初版 -- 臺北市：
文史哲, 民 73.03
面； 公分.--（文史哲學集成；101）
ISBN 978-957-547-306-8（平裝）

835.9

文史哲學集成 101

駢文學

著者：張仁青
出版者：文史哲出版社
http:// www.lapen.com.tw
e-mail：lapen@ms74.hinet.net
登記證字號：行政院新聞局版臺業字五三三七號
發行人：彭正雄
發行所：文史哲出版社
印刷者：文史哲出版社
臺北市羅斯福路一段七十二巷四號
郵政劃撥帳號：一六一八〇一七五
電話886-2-23511028・傳真886-2-23965656

上下冊實價新臺幣八〇〇元

一九八四年（民七十三年）三月初版

ISBN 978-957-547-306-8 00101

出版前言

(一)余幼乏逸才，少有奇志，猶憶自束髮以來，即沈浸於中國古典文學之瀚海中，於駢儷一體，尤所心醉，握睇籀諷，靡間昕宵，歷時十有餘年。其間雖馳驅軍旅，角戰場屋，亦未嘗一日廢也。迨年過三十，以興趣別屬，研究目標轉向文學思想及文學批評方面，瓊章麗製，遂暫束芸閣。戊午之秋，七月既望，暫謝塵閈，高臥梨山，時見嵐光霞影，飛映蘿軒，蓬心怦然若有所動者，乃決意重作馮婦，董理舊稿，俾爲傳統文學振興大業略盡棉薄。嗣檢閱晚近學者之研究成果，非爲泛論駢文體格之變遷，即爲暢述文運升降之大概，持較前修之僅作纂輯、評隲、鑑賞、校注者，進步已多。雖片羽吉光，靚妝半面，彌足珍貴，而豹采莫現，堂奧難窺，仍屬憾事。因發誓述作，直探其本，遡入其源，並就環繞駢體文之諸問題，爲統體之觀察，作詳盡之剖析，批隙導窾，無蘊不宣，使此馳騁中國文壇長達兩千年，舉世獨一無二之美術文學之眞面目，得以完全呈露於國人之前，亦所以冀華貂之有續，庶廣陵其莫絕焉耳。屬稿至今，凡閱五載，嘔心鉥膽，而成斯編。駒隙頻遷，馬齒徒長，固懵然不知。寒雨敲窗，驚飈打壁，亦凝然未之覺也。

(二)駢文爲用，不及散文之廣，蓋以博引古事，比況今情，隱耀深華，驚采絕豔，格律謹嚴，宮商協暢，足以眩人耳目，駭人精魂，用是習之者日少，而議之者彌多。今者世局尙艱，來軫方遒，遊散黃魂，尤亟待招復，大漢天聲，尤亟待振揚，固不容吾人之溺志華辭，提倡麗句，然亦非謂過去有價値之駢文不足爲今日表達情意、陶冶性靈之所取資也。至爲認識古典文學，接受文化遺產，使其生命延續而有輝光，不致至我而斬，則更不待論矣。職是之故，因於第四章中，將與駢文關係最爲深切之對偶、用典、敷藻、協聲、調句五者闡述特詳，並臚舉三十種對偶方法，簡介一百種實用類書。又於第十章中分類著錄歷代駢文書目，鄧林瓊枝，崑圃瑤玉，廣蒐博採，殆無遺漏。期使後進英髦稍經寓目，即能通解。倘能進而按其圖而索其驥，窮其原而竟其委，快然有得於筌蹄之外，則尤著者之所樂聞也。

(三)陽新成惕軒先生，當代駢文大家也，其宏篇雅裁，早已喧騰衆口，聲蜚海內，跡其所造，衡校坫壇，固當秀掩兩宋，潤逼三唐，而駸駸於乾嘉諸老之間，躭躭六合，自足題名，本書特闢專節作扼要評述，以證俗儒所謂文學一事，後不如前之說爲不可盡信。惟茲尙須一述者，即庚子孟秋下澣，余負笈臺灣師範大學，始有幸側列成先生之門，二十餘年來，常從先生執書請益，援疑質理，風雨無間。先生不以陋質見棄，輒爲昭示勝義，宣諭蘊奧，垂教殷殷，既詳且盡，余之粗解文章，實由先生啓之。而此編苟有一得之愚，片言可採，亦悉拜先生之所賜也。

（四）余家世貧薄，負郭無田，加以資稟庸魯，材姿樗散，自啓蒙以來，忽忽三十餘年於茲，慚一簣之未成，行百里而靡半。其間恆爲生活故而治他人之事，爲進修故而撰學術之文，爲興趣故而讀雜家之書，其所用以駢文創作者，爲時甚少，而細雕慢琢，又情同長卿，故平生所作不過百篇而已。今選錄四篇，雖不足以搖蕩性靈，颷舉興會，然其悉爲心血之結晶，則尚敢自認者也。爰綴附編末，以當鼎臠，且以就正於並時之治中國古典文學者。

癸亥歲暮張仁青同塵氏識於臺陽之粹芬閣

駢文學

張仁青著

目次

表目錄

駢文學

張仁青 著

第一章 中國語文述略

中國語文之特質，爲孤立與單音 (monosyllabic — isolating language)。惟其爲孤立，故宜於講對偶，惟其爲單音，故宜於務聲律。由對偶與聲律所組成之文學作品若詩也，若詞也，若曲也，若賦也，若駢文也，若聯語也，洋洋巨構，不一而足，遂蔚爲中國文學之特有景觀，遠非彼多音節 (polysyllable) 之泰西文字所能絜長較短者。茲就世界語文之種類，中國語文之特質，與夫中西語文與文學之關係，分別一一詳陳之。

一 世界語言之種類

世界語言，繁複極矣，種與種異，國與國殊，甚至一種之中，而有部有族，一國之中，而有省有縣，細爲分析，累紙所不能盡也。不過就其最大之音系言之，約得四種：

【一】複音系(polysynthetic) 即複綜語(incorporating language)也。非洲及美洲土著各族皆屬之。此系幾於字句不分，相同之意義在不同之句法中，有不同之詞，變化極其複雜，一般認爲代表人類語言之較原始狀態。

【二】變音系(inflectional) 即曲折語(inflectional language)也。埃及及巴比倫印度古希臘歐美各國皆屬之。此系隨其聲之曲折，以適於變，形聲並繁，離之不能悉各成字。其名詞(noun)代名詞(pronoun)形容詞(adjective)往往因格位(case)性別(gender)數目(number)而發生語尾之曲折式變形。如『棹子在此』，『木匠做棹子』，『棹子之腳』，棹子一字，形音不同。在各種前置詞(preposition)後，如『在棹子之上』，『走向棹子』，『給棹子加上油漆』，『靠著棹子』，棹子之拼法，皆須變化。此之謂格位。至其動詞(verb)亦因主詞(subject)之人稱(person)數目(number)時式(tense)語態(voice)語氣(mood)而變化。如英文之to write，不定動詞(infinitive)也，其過去式(past tense)爲wrote，現在分詞(present participle)則爲writing，而過去分詞(past participle)則又變爲written矣。若斯之例，不遑徧舉。

【三】合體系(agglutinative) 即關節語(agglutinative language)也，一曰黏著語。我國滿蒙回及日本芬蘭土耳其等族皆屬之。此系以單音字相膠合，形則相綴，音亦隨增，離之仍各自爲字。其名詞代名詞形容詞，格位性別數目之變化，悉與變音系同。動詞之變化亦大體相似，惟更形複雜耳。蒙古文六格，動詞之主變化有二十四種，副變化尚不計算在內。其與曲折語不同者，即關節語不用前置詞，而用後置詞，曲折語之語根不常獨立，因語尾而定其詞品，而關節語之語根與語尾可以分解，語尾可以聯用，且可以與其他詞相連，動詞常加上五六個附加語，由此附加語以定其詞性，其繁複遠在印歐語之上。如日文『私が字を書く』爲『我寫字』，『私』爲『我』，『が』則爲附加字，以表示『我』爲主格詞也。『を』亦爲附加字，以表示『字』爲賓格詞也。『書く』爲『寫』，動詞，表示述格詞也。

【四】單音系(monosyllabic)　即孤立語(isolating language)也。我國及泰國緬甸越南以至苗猓諸族皆屬之。此系就人類原始之音，創立字體，以爲之符，其詞性雖異，而字形不改，亦無附屬語以表示其變化，是語言形式之最古者也。今歐洲文字，莫不有語根(root)冠語(prefix)綴語(sufifix)之辨，是即當時孳乳轉變之成法，久漸殽亂，不盡可別。然彼土所謂語根之單音，統其字形之最簡者而言，有時合尾音讀之，不僅一音。惟孤立語則一字一音，乃眞可謂單音耳，偶有點畫繁重，合數字而重者，其字仍純乎一，確守世界最古單音之舊系，斯足異矣。

由此可見，世界四種語言系統，可簡分爲二種，即曲折語與孤立語是也。易言之，在目前全世界語言中，除中國仍屬一字一音外，其他各國皆歸入拼音系統矣。

二　世界文字之種類

就現時所知，概括言之，世界上各式各樣文字，皆不出三大來源，卽古代埃及（Egypt）文字，古代美索不達米亞(Mesopotamia)文字，與中國文字是也。茲分述如下：

【一】**古代埃及文字**　卽埃及象形文字（Egypt hieroglyphic style)也，一名聖書體。約西元前三五〇〇年埃及人所創，西元一七九八年法王拿破崙（Napoleon Bonaparte）遠征埃及時所發現，爲中國文字以外一切文字之鼻祖。其符號頗不一致，或代表一箇字母，或一箇音節，或一箇字，然對於專有名詞，則用拼音之法，此法日益推廣，卽成爲拼音系統。世以埃及象形字與中國象形字混爲一談，因斷言象形字之原始。其實埃及象形符號（西方學者稱之爲Pictographs 或 ideographs），卽拼音字母。故曰西方文字一開始卽走入拼音之路，可斷言也。

【二】**古代美索不達米亞文字**　卽箭頭文字（cuneiform characters or letter）也，昔謂之楔形文字。約西元前三五〇〇年居住在美索不達米亞平原（卽位於非洲之尼羅河 Nile 與亞洲之底格里斯河 Tigris 幼發拉底河 Euphrates 間之平原，古史所謂新月形沃地或肥腴月灣 Fertile Grescent 者也）之蘇美人（Sumer）所創，西元一八四五年英人拉雅(Laryard)於古亞述（Ashur）國都尼尼微（Nineveh）所發現者。大約在西元前一三〇〇年腓尼基人(Phoenician)吸收融會埃及美索不達米亞之文化，並改良變化象形與楔形兩種文字，西傳之於希臘（Greece），再傳之於羅馬（Rome），而爲今日歐洲各國文字之祖。東經亞拉米人(Arameans)之手，傳至波斯(Persia)印度(India)，而輾轉演成西藏畏兀兒蒙古滿洲及西南亞洲之各種文字。亦屬拼音文字(alphabetic writing)也。

【三】中國文字　即漢字也。爲大漢民族所創。就最可靠之材料言之，以殷商時代之銅器銘文與龜甲刻辭爲最古，約以西元前一五〇〇年爲始。其後聖賢輩出，代有製作，於是由甲骨文而鍾鼎文（近世多稱鍾鼎文爲金文），由鍾鼎文而大篆，由大篆而小篆，由小篆而隸書，由隸書而草書，而眞書，而行書。考其字體，則汰難而就易，案其字數，則自少而孳多，而北極漁陽，南盡儋耳，東漸於海，西踰流沙，固皆資之以爲用。即日本交趾朝鮮等國，凡爲聲敎所暨者，亦莫不取則焉。則謂中華爲東方文明之母國，其誰敢復置一喙哉。是以吾國文字，亦同吾國之經書，實爲吾先民集體思想經驗所創造，故其涵義極豐，爲並世各種文字中最優越最完美者，而其運用，亦以虛靈見勝。故文字雖爲語言之符號，而並不受語言之拘束，語言均可控制文字，文字亦能扭轉語言，可以與語言分，可能與語言合，如此語不通，而文仍可通。吾國方輿廣矣，以有此可通之文，故能於南北東西之域，山川險阻之區，而能通其意。且以字音之關係，能扭轉各地語言，遂使禹甸神州，能成爲大一統，尤非西方文字僅爲語言之符號，語言變，則文亦隨之俱變，而文爲死文，有如拉丁(Latin)之別於現代，英法德俄意西諸國之隨其音以製字，字隨年月以俱增，動輒數十萬文，習甲科者，不能通於乙科，生生死死，皓首不窮，以視我國文字以至少之字，馭至繁之事，其難易爲何如乎。瑞典語言學家珂羅珂倫（Bernhard Karlgren 華名高本漢）嘗云：

中國文字有豐富悅目的形式，使人發生無窮的想像，不比西洋文字那樣質實無趣。中國文字好像一箇美麗而可愛的貴婦，西洋文字好像一箇有用而不美的賤妾。

吾師林景伊先生論中國文字之功效，亦云：

天下文字，皆不出形音義三者，中國文字，獨能備六書之體用，故形符聲符，配合運用，而極其構造之精微，非但能傳語言於久遠，且可一語言之紛歧。

中國文字，重『目治』之功，而發揮『同文』之效者，蓋以文字附語言而作，故文字所以傳達語言。語言有古今之變，南北之異，偏重音符，依聲音而立字者，雖當時當地語言相同之人，或以爲便，但語言一有不同，卽無由知其音而明其義。此中國文字所以『形音』並用，重『目治』以濟其窮也。歐洲印度幅員渺小之國家，相去不及數百里，其文字卽不相同，卽因偏重音符，由於『耳治』之故。吾國區域廣大，交通阻梗，語言之歧異，不下數千百種。中原語系，吳語系，粵語系，閩語系，藏緬語系等等，既大有分別，每一語系之中，又有若干種不同而不能互相了解之方言。例如吳語系之『蘇州語』與『溫州方言』卽無法可通，而溫州方言中之永嘉語青田語雖縣境毗連，音調亦絕不相同。若非文字重『目治』之功，收統一之效，則中國早已分崩離析爲幾千幾百國家。離鄉百里，卽須學習他國文字，明其語言，離鄉千里，乃至於須明數十國文字，始足應用。印度卽有此弊又安能有今日境內同文，萬里一家，雖語言艱阻，而情愫無間之便利乎。

所謂形音並重而能傳世久遠者，中國以『單音節』之語言，『一音』可表名物，『一音』可達意思，故以『形符』象物象事，『聲符』注音定聲。能察其形而知其音者，既可有轉變之用。卽聲韻轉變，方言不同者，亦可因形而知意，有注音之便，而無拼音之弊，此其所以在空間能發揮『同文』之效，在時

> 間能補救『音變』之缺點。至音符文字，重在『耳治』，故時代推移，語言變遷，對古代典籍，即須重加翻譯。蓋耳所不常聞之語，即無由知其命意之所在也。吾國數萬里之疆域，同文無阻，數千年之文化，源流可考，此實由於文字之構造，形音並用，含義不變，故不受古今方言聲韻轉變之影響。（簡體字與中國文字學）

二公洞微之言，夐乎其不可及，信乎其不可易也。

從是以觀，世界三種文字系統，要而歸之，二種而已，即美索文字與中國文字是也。美索文字經歷數千年之孳乳變化，至今已成爲多元性（plurality）之文字，非復舊時面目矣。惟中國文字則不然，在並世各種文字中，乃最富於韌性（tenacity）者，中華民族使用此種文字數千年，雖古今之語言有變，各地之方言不同，然賴有統一之文字，故能通貫數千年如一日，凝合數億人爲一體，其對於文化之發展，民族之團結，顧不偉歟。

三　中國語文之特質

夫文字由語言而來，有語言始有文字，中國語音爲單音，一字一音一義，可以單獨存在，聯合即成語句。西方語音單音少複音多，合數音始成一字一義，中西語言不同，所形成之文字自異。中國語文之特質，約略言之，蓋有數事。

【一】中國語文一字一音，在文法上不因格位、數目、人稱、性別、時間等之範疇而有語尾之變化，而以邏輯次序（logical order）表示格位及詞品，並用副詞、虛字、助詞表示時間、動態與語氣。其純一之特性，與泰西各國語文恰相異趣，故用中國文字組成之文章，自呈簡潔整齊之風格。近人周先庚云：『中國文字，每字有每字之箇性，每字的結構組織，都像一箇小小的建築物，有平衡，有對稱，有和諧，字與字的辨識，因此就非常有標準，特別不容易模糊，比較西洋文字，每字是由許多箇大同小異的字母所組成，而又橫排成一平線，字與字間的箇性，完整性，或格式道(gestalt)，就少得多。』（見美人判斷漢字位置之分析○測驗二卷一期）此言可以證也。

【二】中國文法與西洋文法，有顯著之差異，中國文字有詞位而無詞性，任何一字，可用爲名詞，亦可用爲動詞或形容詞等，全視其在語句中之位置及任務而定。如『解衣衣我』『推食食我』之屬，其詞性靈活，圜轉無端，故構成之文章，自呈生動優美之風格。

【三】單音文字易生混殽，乃以平上去入四聲區別之，今國音分陰平、陽平、上、去爲四聲。自來言四聲音理者，紛紜無定，要之不外以音之高低、強弱、長短而區分之也。有四聲卽有平仄，有平仄卽有抑揚頓挫，中國文字在讀音上之所以音韻悠揚，不致單調者，職是故也。反觀西方文字發音之各別性，除元音（vowels）與輔音(consonants)外，至重讀（accented syllable)與輕讀(unaccented syllable)而已窮，無復有抑揚頓挫之節。然則吾國對仗工整、音韻諧美之詩詞曲賦駢文聯語等特殊文體，則非彼西方文字所能夢見者矣。

【四】以單音連綴(couplets)製造新詞，有雙聲（如流離慷慨高岡之類是也），疊韻（如芳香淒迷慘淡之類是也），疊字（如蕭蕭家家處處之類是也），重義（如狼狽貧窮快樂之類是也），反義（如冷暖南北成敗之類是也），狹義之複合（如鳳凰魑魅蛟龍之類是也），及廣義之複合（如學校師範噴射機霹靂彈之類是也），此六者相互成文，彼此屬對，頗能增加音韻上之美感，而西洋文字則無能為役焉。

【五】中國文字同義字極多，僅以『大』字而言，見於爾雅釋詁者，即有三十九字。由於中國文字具備一字一音、詞性無定、一義多字之基本性格，故容易形成對偶之句法。對偶者，上下兩句字數相同，而意義對稱，上一句之第一字與下一句之第一字詞性屬於同類，以此類推，第二字與第二字，第三字與第三字，直至末一字與末一字，詞性亦屬於同類，此駢文律詩聯語等特殊文體之所由生也。蓋欲使文辭句度停勻，聲律和諧，必需一字一音而又多同義字之語文始克勝任，而吾國語文最為具備此種條件，是以中國文辭常有駢偶化之趨勢。日本漢學家鹽谷溫曰：『中國語文單音而孤立之特性，其影響於文學上，使文章簡潔，便於作駢語，使音韻協暢。』（中國文學概論○陳彬龢譯）非漫言也。

四　中西語文與文學之關係

文學作品為文字所組成，反之，文字即文學之材料。西方文字類皆由數十字母拼合而成，以音為主。獨中國文字，始於象形、指事，以形為主。由是拼合而得會意與形聲，變化而得轉注與假借，是為六書。六書既備，於以應萬事賅萬物而無虞匱乏，非特其形式優美，音節協暢，動人愛悅已也。且因字皆單音，故容易綴成簡潔之辭，整齊之句。駢文與律詩，實爲我國特有之文體，即普通韻文與古詩，亦皆能以三四五七言組織而成洋洋大篇，無患其意有不達，情有不盡。今迻錄最能表現中國語文特色之駢文、俳賦、律賦、八股文、律詩、詞、曲、聯語各一首，以供參證。

【一】駢　文

乞校正陸宣公奏議劄子

蘇　軾

元祐八年五月七日，端明殿學士兼翰林侍讀學士左朝奉郎守禮部尚書蘇軾同李希哲、吳安詩、豐稷、趙彥若、范祖禹、顧臨劄子奏。

臣等猥以空疏，備員講讀，聖明天縱，學問日新。臣等才有限而道無窮，心欲言而口不逮，以此自愧，莫知所爲。竊謂人臣之納忠，譬如醫者之用藥，藥雖進於醫手，方多傳於古人。若已經效於世間，不必皆從於己出。

伏見唐宰相陸贄，才本王佐，學爲帝師。論深切於事情，言不離於道德。智如子房，而文則過，辯如賈誼，而術不疏。上以格君心之非，下以通天下之志。但其不幸，仕不遇時。德宗以苛刻爲能，而贄諫之以忠厚。德宗以猜疑爲術，而贄勸之以推誠。德宗好用兵，而贄以消兵爲先。德宗好聚財，而贄以散財爲急。至於用人聽言之法，治邊馭將之方，罪己以收人心，改過以應天道，去小人以除民患，惜名器以待有功。如此之流，未易悉數。可謂進苦口之藥石，鍼害身之膏肓。使德宗盡用其言，則貞觀可得而復。

臣等每退自西閣，卽私相告言，以陛下聖明，必喜贄議論。但使聖賢之相契，卽如臣主之同時。昔馮唐論頗牧之賢，則漢文爲之太息，魏相條鼂董之對，則孝宣以致中興。若陛下能自得師，則莫若近取諸贄。

夫六經三史，諸子百家，非無可觀，皆足爲治。但聖言幽遠，末學支離。譬如山海之崇深，難以一二而推擇。如贄之論，開卷了然，聚古今之精英，實治亂之龜鑑。臣等欲取其奏議，稍加校正，繕寫進呈。願陛下置之坐隅，如見贄面，反復熟讀，如與贄言。必能發聖性之高明，成治功於歲月。臣等不勝區區之意。取進止。

【二】俳　賦

別　賦　　　江　淹

黯然銷魂者，唯別而已矣。況秦吳兮絕國，復燕宋兮千里。或春苔兮始生，乍秋風兮蹔起。是以行子斷腸，百感悽惻。風蕭蕭而異響，雲漫漫而奇色。舟凝滯於水濱，車逶遲於山側。櫂容與而詎前，馬寒鳴而不息。掩金觴而誰御，橫玉柱而霑軾。居人愁臥，怳若有亡。日下壁而沈彩，月上軒而飛光。見紅蘭之受露，望青楸之離霜。巡層楹而空揜，撫錦幕而虛涼。知離夢之躑躅，意別魂之飛揚。故別雖一緒，事乃萬族。

至若龍馬銀鞍，朱軒繡軸。帳飲東都，送客金谷。琴羽張兮簫鼓陳，燕趙歌兮傷美人。珠與玉兮豔暮秋，羅與綺兮嬌上春。驚駟馬之仰秣，聳淵魚之赤鱗。造分手而銜涕，感寂寞而傷神。

乃有劍客慙恩，少年報士。韓國趙厠，吳宮燕市。割慈忍愛，離邦去里。瀝泣共訣，抆血相視。驅征馬而不顧，見行塵之時起。方銜感於一劍，非買價於泉裏。金石震而色變，骨肉悲而心死。

或乃邊郡未和，負羽從軍。遼水無極，雁山參雲。閨中風暖，陌上草薰。日出天而耀景，露下地而騰文。鏡朱塵之照爛，襲青氣之煙熅。攀桃李兮不忍別，送愛子兮霑羅裙。

至如一赴絕國，詎相見期。視喬木兮故里，決北梁兮永辭。左右兮魂動，親賓兮淚滋。可班荆兮贈恨。唯罇酒兮敍悲。値秋雁兮飛日，當白露兮下時。怨復怨兮遠山曲，去復去兮長河湄。

又若君居淄右，妾家河陽。同瓊珮之晨照，共金爐之夕香。君結綬兮千里，惜瑤草之徒芳。慙幽閨之琴瑟，晦高臺之流黃。春宮閟此青苔色，秋帳含玆明月光，夏簟清兮晝不暮，冬釭凝兮夜何長。織錦曲兮泣已盡，迴文詩兮影獨傷。

儻有華陰上士，服食還仙。術既妙而猶學，道已寂而未傳。守丹竈而不顧，鍊金鼎而方堅。駕鶴上漢，驂鸞騰天。暫遊萬里，少別千年。惟世間兮重別，謝主人兮依然。

下有芍藥之詩，佳人之歌。桑中衞女，上宮陳娥。春草碧色，春水淥波，送君南浦，傷如之何。至乃秋露如珠，秋月如珪，明月白露，光陰往來，與子之別，思心徘徊。是以別方不定，別理千名，有別必怨，有怨必盈。使人意奪神駭，心折骨驚。雖淵雲之墨妙，嚴樂之筆精，金閨之諸彥，蘭臺之羣英。賦有凌雲之稱，辯有雕龍之聲，能誰摹暫離之狀，寫永訣之情者乎。

【三】律　賦

寒梧棲鳳賦

王　勃

鳳兮鳳兮，來何所圖。出應明主，言棲高梧。梧則嶧陽之珍木，鳳則丹穴之靈雛。理符有契，誰言則孤。遊必有方，駭南飛之驚鵲。音能中呂，嗟入夜之啼烏。況其靈光蕭散，節物淒清，疎葉半殞，高歌和鳴。鳥也將託其宿止，人也焉知乎此情。月照孤影，風傳暮聲。將振耀其五色，俟蕭韶之九成。九成則那，率舞而下。懷彼衆會，罔知淳化。雖璧沼可飲，更能適於醴泉。雖瓊林可棲，復想巡於竹樹。念是欲往，敢忘晝夜。苟安安而能遷，則思思其不暇。故當披拂寒梧，翻然一發。自此西序，言投北闕。若用之銜詔，冀宣命於軒墀。若使之遊池，庶承恩於歲月。可謂擇木謂俟處，卜居而後歇。豈徒比跡於四靈，常栖栖而沒沒。

按班固兩都賦序云：『賦者，古詩之流也。』漢書藝文志云：『不歌而誦謂之賦。』蓋賦之名出於詩之六義，而其體則脫離音樂，不被管絃，僅供諷誦，故自楚辭以降，其體卽與詩經異趣。明徐師曾文體明辨分賦爲古賦、俳賦、律賦、文賦四種，雖爲後起之說，實屬精當不易。揆度其意，蓋謂自屈原宋玉至兩漢，大都鋪張揚厲，而文句不必對偶，稱爲『古賦』。三國至南朝，漸尚排偶，時有對句，稱爲『俳賦』。入唐而後，盛行科擧制度，朝廷以詩賦取士，詞人才子寖由俳句而變爲工整之對句，稱爲『律賦』。宋人承韓柳古文運動之後，遂以散體之議論文用韻作賦，旣與俳賦律賦不同，又與古賦有別，是稱爲『文賦』。然則所謂古賦、俳賦、律賦、文賦云者，皆係後人所加，在當時並無此等名稱，一若駢體文之稱號至淸代始告確定然也。玆再申而論之：

俳賦亦稱駢賦，其異於古賦者，在類於駢文，其異於駢文者，在須押脚韻，然其結構及用韵之限制，尙不如律賦之嚴。徐師曾文體明辨云：『三國兩晉以及六朝再變而爲俳，唐人又再變而爲律，宋人又再變而爲文。夫俳賦尙辭，而失於情，故讀之者無興起之妙趣，不可以言則矣。文賦尙理，而失於辭，故讀之者無詠歌之遺音，不可以言麗矣。（案『麗則』本揚雄『詩人之賦麗以則』之語）至於律賦，其變愈下，始於沈約四聲八病之拘，終於唐宋取士限韵之制，但以音律諧協對偶精切爲工，而情與辭皆置弗論。嗚乎極矣，數代之習，乃令元人洗之，豈不痛哉。』又按賦本朗誦之韵文，與初旨在於協樂之詩歌，皆以聲韵爲其重要條件者也。然以朗誦關係，不受協樂之限制，故抒寫描敍不妨詳盡，層次曲折不妨增多，而變化與對稱，同爲構成文藝形式美之條件，故楚辭漢賦，句雖單行，意必偶擧，因意之偶擧，寖假形成對句，因偶見之對句，又寖假形成通篇之爲駢體，此亦自然之趨勢也。然就抒寫描敍之得盡意言，通篇爲駢體者，自不如不拘拘於此者之爲自由。易言之，拘拘於此者自難免以辭害意，論賦者以爲俳賦不如古賦者卽以此也。惟才氣縱橫工於造語者，雖通篇爲駢體，亦往往能曲暢事，無扞格之病，如鮑照蕪城賦、江淹恨賦別賦、庾信哀江南賦卽其例。

然至唐時以律賦取士，除通篇爲對句之條件外，用韻復加限制（如王勃寒梧棲鳳賦以『孤夜清月』四字爲韻，白居易性習相近遠賦以『君子之所愼焉』六字爲韻，其以韻節而分段，遂爲後世八股文之濫觴。）於是益拘拘然若塡規格，而情與辭皆置弗論，如此雖極工整，亦祇可視爲一種文字之遊戲，不復有文學上之價値矣。爾時用此爲試士文體之一，祇爲有意出難題，以試其作對用韻之能力耳。迨元自太宗一度舉行考試後，廢科舉者竟達七十八年之久，律賦之體，亦遂不革而革。然當唐世律賦盛行之際，病其拘牽而爲古賦者亦屢見不鮮，如杜牧阿房宮賦即其例。惟其時古文運動已如狂飇巨潦，縱橫馳騁，古賦受其影響，特重氣勢而避堆砌，已與漢賦不類。至宋歐陽修起，文賦之體乃立。先是，俳賦風靡一世，宏麗之作日多，梁簡文帝庾信等間作小賦（如簡文帝列燈賦、庾信春賦等是。），文賦則合古文與小賦而成，即於古文之中偶夾駢句，亦不通篇用韻，換韻又極自由，其偶夾駢句，類似東漢古賦。然古賦雖不尙對偶，而句法整齊，用字複疊，文賦則句法參差，不事堆砌，此又異於古賦者也。蓋文賦之視駢賦律賦，雖曰復古，實與韓愈之古文相同，韓文起八代之『衰』，然究與先秦兩漢不類，文賦起駢賦律賦之衰，然究與楚辭漢賦不類，論者謂爲『文體之賦』，因必以讀古文之腔調讀之，已失賦爲朗誦韻文之特徵也。徐師曾謂『讀者無詠歌之遺音，不可以言麗矣。』即指此。

李調元賦話云：『揚馬之賦，語皆單行，班張則間有儷句，周以龍興，秦以虎視（班固西都賦句），聲與風游，澤從雲翔（張衡東京賦句）等語是也。下逮魏晉，不失厥體。』謂兩漢古賦，就全篇之句法言，皆以單行爲主，魏晉之間，雖篇中偶句日多，然全篇悉用偶句，則未之見。孫梅四六叢話云：『左陸以下，漸趨整鍊，齊梁而降，益事研華，古賦一變而爲駢賦，江鮑虎步於前，金聲玉潤，徐庾鴻騫於後，繡錯綺交，固非古音之洋洋，亦未如律體之靡靡也。』蓋東漢之賦，對句尚少，魏晉之間，對句漸多，迨至鮑照之蕪城賦，江淹之恨別賦，幾於無句不對，此之所謂俳賦時代，而庾信則集其大成者也。

【四】八股文

擧舜而敷治——夫也

顧憲成

觀聖人任人以圖治，而知其所憂者大矣。（以上破題）

夫天下非人不治也，得舜以總治，得禹皐陶以分治，而後民可安焉，固知聖人之憂，不同於農夫之憂也。且天下之未治也，聖人能以心憂之，而不能以身徇之也。爲君者，擧治民之責，付之於一相，爲相者，擧治民之責，付之於羣有司，天下可坐而理矣。（以上承題）

時維陶唐，天下之爲民患者誠多，而堯之憂誠切也。乃擧舜而敷治焉。謂夫天下之治，必得人而後可圖也，謂夫天下之人，必得舜而後可擧也。（以上起講）

舜也，仰承一人付託之重，而務殫心以釋其憂。俯念四海屬望之殷，而卽擇賢以分其職。命益以司火政，而鳥獸匿矣。禹則因而治水焉，所以竭力於疏瀹決排之間者，何汲汲而不遑也。命稷以司稼政，而民人育矣，契則因而明倫矣。所以致意於勞求匡直之間者，何孜孜而不倦也。（以上提比）

在天下方幸聖人之有作而害可除，在聖人則方慮夫民瘼之未易恤。在天下方幸聖人之有作而利可興，在聖人則方慮夫民欲之未易遂。如此乎聖人之不暇耕矣。（以上虛比）

由此觀之，堯一日無舜，則孰與命禹益，舜一日無禹益，則孰與拯昏墊之悉，而登天下於平成。堯一日無舜，則孰與命稷契，舜一日無稷契，則孰與粒阻饑之民，而躋天下於揖讓。（以上中比）

然則憂舜之不得者堯也，君道也。憂禹皋陶之不得者舜也，相道也。彼以百畝之不易爲憂者，蓋忘情於天下之所暇耳，卽禹稷契之徒，猶有不屑，況君如堯，相如舜，獨奈何而躬農夫之行哉。信矣許行之妄也。（以上後比）

嘗讀禹氏之謨曰：『后克艱厥后，臣克艱厥臣。』夫君者，荷天下之艱者也，故雖欲頃刻少安於民上而不可得。後世不達，以位爲樂，而宴然忘其所可憂。許行遂欲矯之以並耕之說，視世之斬刈其民，則誠愈矣。孟子何疾之也，曰：斬刈其民，則天下無良君，並耕則天下無君。此可以明孟子之旨。（以上大結）

按八股文爲明淸兩朝應制科之一種文體，一曰制義，又曰時文，亦曰四書文。其源出於唐之帖經墨義及宋之經義，自經義廢而四書文緣之以起。梁傑四書文源流考：『南宋楊誠齋、汪六安諸人爲之椎輪，文文山居然具體。』蓋其初乃論體之小變，自元仁宗延祐中，定科擧考試法，於是王充耘始造八比一法，名書義矜式。明初又重定體式，至憲宗成化後，更以功令規定文之字數，文中有破題、承題、起講、提比、虛比、中比、後比、大結諸名。破題共二句，道破全題之要義。承題申明破題之意。起講一曰原起，一篇開講之處。提比一曰提股，起講後入手之處。虛比一曰虛股，承提比之後。（至後漸廢）中比一曰中股，爲全篇之中堅。後比暢發中比未盡之義。大結爲一篇之總結。（後多不用）八股之制，於是大備。全篇字數，順治初定爲四百五十字，康熙時改爲五百五十，後又改爲六百，過多則不及格，但後來此制漸弛，有多至六、七百以上者。至其文體，雖曰駢散夾雜，初無定式，然就其整段作對而論，固應以之隸屬於駢文，而爲駢文之旁支。顧炎武日知錄詮釋甚詳，錄之於後：

經義之文，流俗謂之八股，蓋始於成化以後。股者，對偶之名也。天順以前，經義之文，不過敷演傳註，或對或散，初無定式，其單句題亦甚少。成化二十三年會試，『樂天者保天下』文，起講先提三句，卽講『樂天』四股，中間過接四句，復講『保天下』四股，復收四句，再作大結。弘治九年會試，『責難於君謂之恭』文，起講先提三句，卽講『責難於君』四股，中間過接二句，復講『謂之恭』四股，復收二句，再作大結。每四股之中，一反一正，一虛一實，一淺一深。（亦有聯屬二句四句爲對，排比十數對成篇，而不止於八股者。）其兩扇立格（謂題本兩對，文亦兩大對。），則每扇之中，各有四股，其次第之法，亦復如之。故人相傳，謂之八股。若長題則不拘此。（試文格式條）

又按明清兩代士子習八股文者，多專從八股文中討生活，廢書不讀，故顧炎武謂八股之害，甚於焚書。語雖太過，有切事實。至清光緒二十八年（西元一九〇二年）始廢。

【五】律　詩

和賈至舍人早朝大明宮之作　　王　維

絳幘雞人報曉籌，尚衣方進翠雲裘。九天閶闔開宮殿，萬國衣冠拜冕旒。
日色纔臨仙掌動，香煙欲傍袞龍浮。朝罷須裁五色詔，佩聲歸到鳳池頭。

按律詩規格，第三句須與第四句相對，第五句須與第六句相對。

【六】詞

望海潮　　柳永

東南形勝，三吳都會，錢塘自古繁華。煙柳畫橋，風簾翠幕，參差十萬人家。雲樹繞堤沙。怒濤卷霜雪，天塹無涯。市列珠璣，戶盈羅綺競豪奢。重湖疊巘清嘉。有三秋桂子，十里荷花。羌管弄晴，菱歌泛夜，嬉嬉釣叟蓮娃。千騎擁高牙。乘醉聽簫鼓，吟賞煙霞。異日圖將好景，歸去鳳池誇。

按詞之對仗較律詩為寬，此詞四句對五句，十句對十一句，十三句對十四句，十五句對十六句。

【七】曲小令

折桂令春情　　徐再思

平生不會相思，才會相思，便害相思。身似浮雲，心如飛絮，氣若游絲。空一縷餘香在此，盼千金遊子何之。證候來時，正是何時，燈半昏時，月半明時。

按曲之對仗亦未若律詩之嚴，此曲一至三句為一組，四至六句為一組，九至十二句為一組，均用排比句法，其相對者，惟七八兩句耳。

【八】聯　語

輓蔡松坡將軍（代小鳳仙作）　　　　金筱鳳

萬里南天鵬翼，直上扶搖，那堪憂患餘生，萍水因緣成一夢。

幾年北地燕脂，自傷淪落，贏得英雄知己，桃花顏色亦千秋。

其中對句，不僅意義對稱，而詞性、音節、形體，亦無一不對稱，將美學 (aesthetics) 中所謂整齊美(unity)與對稱美(symmetry)在文學上發揮到極峯。

至於西洋文學作品，尤以佩脫拉克(Francesco Petrarch)莎士比亞(William Shakespeare)密爾頓(John Milton)濟慈(John Keats)諸人之十四行詩(Sonnet)，以及雪萊(Percy Bysshe Shelley)丹尼生(Alfred Tennyson)拜倫(Lord George Gorden Byron)漢利(William Ernest Henley)魏特曼(Walt Whitman)卡萊爾(Thomas Carlyle)頗普(Alexander Pope)布魯克(Edmund Burke)諸人之作品，皆有若干類似駢偶之平行語氣(parallel construction)，然此種語氣，在一篇一節中，往往不數覯。今不暇博引，姑就世所習見者，略舉於左：

（1）Music when soft Voices die,
Vibrate in the memory——

Odours when sweet Violets Sicken,
Live within the sense they quicken.

——*Percy Bysshe Shelley*——

(2) The long light shakes across the lakes,
And the wild Cataract leaps in glory.

——*Alfred Tennyson*——

(3) There is a pleasure in the pathless woods,
There is a rapture on the lonely shore.

——*Lord George Gorden Byron*——

(4) My boat is on the shore,
And my bark is on the sea.

——*Lord George Gorden Byron*——

(5) Some had shoes,
But all had rifles.

——*William Ernest Henley*——

(6) My Captain does not answer, his lips are pale and still,

My father does not feel my arm, he has no pulse nor will.

~~~~*Walt Whitman*~~~~

(7) Never more shall I escape, never more the reverberations,
Never more the cries of unsatisfied love be absent from me.
Never again leave me to be the peaceful child I was before what there in the night.

~~~~*Walt Whitman*~~~~

(8) I am the last of noble Edward's sons,
Of whom thy father, prince of Wales, was first.
In war, was never lion raged more fierce;
In peace, was never gentle lamb more mild.

~~~~*William Shakespeare*~~~~

(9) See the same man in vigor, in the gout;
Alone, in company; in place, or out;
Early at business, and at hazard late;
Mad at a fox—chase, wise at a dabate.
~~~~

〰〰*Alexander Pope*〰〰

(10) The question with me is not whether you have a right to render your people miserable, but whether it is not your interest to make them happy. It is not what a lawyer tells me I may do; but what humanity, reason, and justice tell me I ought to do. Is a politic act the worse for being a generous me? Is no concession proper but that which is made from your want of right to keep what you grant?

〰〰*Edmund Burke*〰〰

皆屬排偶句法，惜西文單音字與複音字相錯雜，意象雖極對稱，而詞句與聲音則不易兩兩對稱。如上舉丹尼生詩中之『光』與『瀑』二字，中文之音義皆相對稱，而在英文中 light 與 Cataract 義雖相對，而音則多寡不同，不能成對，亦猶『長孫無忌』不能對『魏徵』，其理一也。

今再取英國大詩人拜倫之哀希臘詩(The Isles of Greece)第一首，譯為中國之古詩，以見何者始能在形式上表現出整齊美，何者始能在聲韻上表現出音節美。

拜倫哀希臘詩：

The isles of Greece, the isles of Greece!

Where burning Sappho lived and sung,

Where grew the arts of war and peace,
　Where Delos rose, and Phoebus sprung!
Eternal summer gilds them yet.
　But all, except their sun is set.

蘇曼殊譯文：

巍巍希臘都　生長奢浮好
情文何斐亹　荼輻思靈保
征伐和親策　陵夷不自葆
長夏尚滔滔　積陽照空島

二詩在形式上之整齊畫一，在聲韻上之抑揚抗墜，孰優孰劣，一望可知，無待辭費矣。良以單音節方塊形之漢字，其產生字句相對，音調協暢之文學作品，爲勢所必然。異邦之人，書違頡誦，卽有閎文麗藻，而音調參差，屬對至難均切，非其至矣。故吾國文學，所長雖非一端，而詩詞曲賦駢文聯語，則尤爲獨有之美文(belles—lettres)也。

據上所述，足知中國語言文字爲世界上最優美之語言文字，在字形字音字義乃至文法各方面皆表現出優美之特質，在形式上卽形成爲『整齊美』，在音韻上卽形成爲『音節美』，遂使中國文學成爲世界上最優美之文學。善乎高本漢之言曰：

以中國幅員之大，而能如此結合，實由於過去中國文言及文字爲一種書寫上世界語，作爲維繫之工具。中國有此精巧之工具，與運用之有方，故中國歷代以來，能保持政治上之統一，亦不得不歸功於此種文言與文字之統一勢力。中國人如不願廢棄此種特別文字，決非笨拙頑固之保守，中國文字與中國語情形，非常適合，故中國文字爲中國所必不可少者。如中國人必毀棄此種文字，此乃自願摧毀中國文化實在之基礎而降服於他人。（中國語與中國文第三章）

我一千兆可愛之國民，其有哀國粹之淪亡者乎，庶幾披溯以讀而爲之舞。

第二章　駢文之界說

世界各國之文學，依其體式，祇能畫爲散文（prose）與韻文（verse）兩大類。惟有中國文學，除此二者之外，別有一特種文藝焉，則駢文是已。斯文也，既非純粹之散文，亦非純粹之韻文。蓋謂之爲散文，則彼既著重聲調之諧婉鏗鏘，同時亦考究字句之整齊勻稱，非若散文之字句參差，聲調錯落也。謂之爲韻文，則彼祇著重句中平仄之相間，而不必押句末之腳韻，非若韻文之通體用韻也。由是觀之，斯文實爲一非散非韻亦散亦韻之特殊文體，乃舉世所未有，中邦所僅見者。日人兒島獻吉郎曰：『四六文既非純粹之散文，又非完全之韻文，乃似文非文，似詩非詩，介於韻文散文之間，有不離不卽之關係者，故稱之爲律語或駢文。』（中國文學概論）關於斯文之源流與變遷，留待後論，今爲開宗明義之討論，則名稱尚矣。孔子曰：『必也正名乎。……名不正則言不順，言不順則事不成。』（論語子路篇）今首立斯文之界說，亦猶是已。

一　駢文與散文

駢文蓋別於散文而言，數不能有奇而無偶，斯文不能有散而無駢，易詩書禮春秋之文，散之中未嘗無駢，理欲並擧，則散而駢矣，蓋出於自然也，蓋本乎天籟也，且根本無駢散之觀念也，當駢則駢，當散則散，胥視乎事實之需要與行文之方便而定，自難加以軒輊者矣。

逮東漢以後，文章辭賦皆趨於形式之美化，而漸離敎化實用之立場。蕭梁諸子，仍襲舊風，務以聲色相矜，以藻繪相飾，隸事遣詞，尤多拘忌，及其末流，不免弊端叢生，因此激起王通柳冕李華諸人之反感。此諸子者，深病六朝文學之撏撦追琢，不務實際，要求一種切於實用之文學，乃建立道統文學之理論，期冶文學儒道敎化於一爐。其後韓愈柳宗元踵起，大聲疾呼，力主文以載道之說，以復古爲革命，用古文代替駢體之時文，以爲古人之文原本如此，影響於當時及後代甚鉅。世遂稱用偶語者爲駢文，用奇語者爲古文，或曰散文。是駢文散文之截然畫分，乃唐代以後事，前此實無有顯著之界限也。

自韓柳古文運動以後，拘墟之士，好異甘酸，喜立門戶，嗜綺麗者以沈思翰藻爲宗，力排散體不得爲文，重質素者以據事直書爲主，痛詆駢偶有類俳優。或高標秦漢，或揭櫫魏晉，或嗤八家之殘截，據腐鼠以嚇鵷雛，或乞六代之餘靈，矜班香而擷宋豔。譬彼蕭選一序，宗駢者奉爲玉律金科，韓子之文，主散者謂爲泰山北斗。莫不如薰蕕之不可以同器，涇渭之不可以同流，壁壘森嚴，嘵嘵爭辯，自中唐迄今而未已，聽者瞀惑，靡所適從，深可歎喟。

駢散之爭，李唐已降，無代無之，而以有淸一代爲尤烈。首先發難者，厥爲桐城諸子。桐城諸子震於蘇氏稱韓文起八代之衰，因奉之爲不祧之宗，益以柳歐三蘇王曾，號爲古文八大家，朝夕硏誦，字模句仿，沾沾自喜，謂其可以載道，遂目駢偶爲俳優，力抑之爲不值一錢，集此派思想之大成者，則姚姬傳之高第弟子梅曾亮也。曾亮復陳伯言書曰：

> 某少好駢體之文，近始覺班馬韓柳之可貴，蓋駢體之文，如俳優登場，非絲竹金鼓佐之，則手足無所措，其周旋揖讓，非無可貴，然以之酬接，則非人情也。

是固古文家泰甚之評論也。故袁枚答友人論文書，力糾桐城諸子之非，以韓柳爲文中五霸，駢散各有其用，大爲駢文張目。其書曰：

> 足下之答綿莊書曰：『散文多適用，駢體多無用，文選不足學。』此又誤也。夫高文典籍用相如，飛書羽檄用枚皋，文章家各適其用，若以經世而論，則紙上陳言，皆爲無用。

此駁駢文無用之說也。又曰：

> 古之文，不知所謂駢與散也。尙書曰『欽明文思安安』，此散也。而『賓於四門，納於大麓』，非其駢焉者乎。易曰『潛龍勿用』，此散也。而『體仁足以長人，嘉會足以合禮』，非其駢焉者乎。

此謂古人作文，初無駢散之見梗於胸中，故奇偶無定，擧經典以爲證，其說最精。又曰：

> 足下云云，蓋震於昌黎起八代之衰一語，而不知八代固未嘗衰也，何也，文章之道，如夏殷周之立法，窮則變，變則通，西京渾古，至東京而漸漓，一二文人，不得不以奇數之窮，通偶數之變。及其靡曼已甚，豪傑代雄，則又不屑雷同，而必挽氣運以中興之。徐庾韓柳亦如禹稷顏子，易地則皆然也。

否認昌黎文起八代之衰一語，指出古文家之病源，而以駢散互有盛衰，緣文人好奇，不屑雷同，非其衰祇在駢，而興惟在散，尤爲切中情理，使嗜古者無從置喙。至謂：

> 韓柳亦知其難，故鏤肝鉥腎，爲奧博無涯涘，或一兩字爲句，或數十字爲句，拗之鍊之，錯落之，以求合於古，人但知其獨造，而不知其功苦，其勢危也。誤於不善學者，而一瀉無餘。蓋其詞駢，則徵典隸事，勢難不讀書，其詞散，則言之無物，亦足支持句讀。吾常謂韓柳爲文中五霸者此也。

則直搗古文家之巢穴，謂其末流欲以質素蓋其弇陋，雖意有所偏，而理則不爽。彼桐城派以駢文不能盡達『來如雲興，聚如雲屯』（管同語○見梅曾亮書管異之文集後）之意者，蓋亦未之思矣。其後阮元鑒於古文家之空疏，復大張其軍，直謂駢文爲文學之正統，强調必協音成韻，修辭用偶，乃得命之曰文，否則祇能謂之言，謂之語。其書梁昭明太子文選序後文言說四六叢話後敘，皆反覆闡明此意，且命其子福作文筆對，廣徵史傳，以明散體不得名文。（關於此點余別有說詳之）今節錄其書梁昭明太子文選序後一段，以窺豹斑。

> 言必有文，專名之曰『文』者，自孔子易文言始。傳曰：『言之無文，行之不遠。』故古人言貴有文。孔子文言，實爲萬世文章之祖，此篇奇耦相生，音韻相和，如青白之成文，如咸韶之合節，非清言質說者比也，非振筆縱書者比也，非詰屈澀語者比也。是故昭明以爲經也史也子也，非可專名之爲文也，專名爲文，必沈思翰藻而後可也。自齊梁以後，溺於聲律，彥和雕龍，漸開四六之體，至唐而四六更卑，然文體不可謂之不卑，而文統不得謂之不正。自唐宋韓蘇諸大家，以奇耦相生之文爲八代之衰而矯之，於是昭明所不選者，反皆爲諸家所取。故其所著者，非經即子，非子即史，求其合於昭明序所謂『文』者鮮矣，合於班孟堅兩都賦序所謂『文章』者更鮮矣。

阮氏與桐城派之所謂文，皆失之偏，惟劉開李兆洛曾國藩孫德謙諸子得乎中和。李以爲奇偶不能相離，而可以互用。（見駢體文鈔序）曾亦主奇偶互用，奇中有偶，偶中有奇（見送周荇農南歸序），與李意同。至劉氏則力主文無所謂古今，亦無分於駢散。其與王子卿太守論駢體書云：

夫辭豈有別於古今，體亦無分於疏整。

夫文辭一術，體雖百變，道本同源，經緯錯以成文，玄黃合而爲采，故駢之與散，並派而爭流，殊塗而合轍。千枝競秀，乃獨木之榮，九子異形，本一龍之產。故駢中無散，則氣壅而難疏，散中無駢，則辭孤而易瘠。兩者但可相成，不能偏廢。

世儒執墟曲之見，騰埳井之波，宗散者鄙儷詞爲俳優，宗駢者以單行爲薄弱，是猶恩甲而仇乙，是夏而非多也。夫駢散之分，非理有參差，實言殊濃淡，或爲繪繡之飾，或爲布帛之溫，究其要歸，終無異致，推厥所自，俱出聖經。

文有駢散，如樹之有枝幹，草之有花萼，初無彼此之別。所可言者，一以理爲宗，一以辭爲主耳。夫理未嘗不藉乎辭，辭亦未嘗能外乎理，而偏勝之弊，遂至兩歧。始則土石同生，終乃冰炭相格，求其合而一之者，其惟通方之識，絕特之才乎。

孫氏亦曰：

駢體之中，使無散行，則其氣不能疏逸，而敍事亦不清晰。故庾子山碑誌文，述及行履，出之以散，每敍一事，多用單行先將事略說明，然後援引故實，作成駢語，以接其下。推之別種體裁。亦應駢

中有散也。儻一篇之內，始終無散行處，是後世書啓體，不足與言駢文矣。六朝麗指

二氏所論，最爲持平，皆刻意强調駢散二者，如陰陽奇偶，但可相成，不能偏廢。蘄春黃季剛先生復揚二氏之波，折衷駢散之說，尤稱卓絕。其言曰：

> 文之有駢麗，因於自然，不以一時一人之言而遂廢。然奇偶之用，變化無方，文質之宜，所施各別。或鑒於對偶之末流，遂謂駢文爲下格，或懲於流俗之恣肆，遂謂非駢體不得名文，斯皆拘滯於一隅，非閎通之論也。……總之，偏於文者好用偶，偏於質者善用奇，文質無恆，則偶奇亦無定，必求分畛，反至拘墟。……近世褊隘者流，競稱唐宋古文，而於前此之文，類多譏誚，其所稱述，至於晉宋而止。不悟唐人所不滿意，止於大同以後輕豔之詞，宋人所詆爲俳優，亦裁上及徐庾，下盡西崑，初非擧自古麗辭一概廢閣之也。自爾以後，駢散竟判若胡秦，爲散文者力避對偶，爲駢文者又自安於聲韻對仗，而無復迭用奇偶之能。以愚意論之，彼以古文自標榘者，誠可無與諍難，獨奈何以復古自命者，亦自安於駢文之號，而不一審究其名之不正乎。阮伯元云：『沈思翰藻，始得爲文，而其餘皆經史子。』是以駢文爲文，而反尊散文爲經史子也。李申耆選晚周之文以迄於隋，而名之曰駢體文鈔，是以隋以前文爲駢文，而唐以後反得爲古文也。文心雕龍札記麗辭篇

大抵駢文聲韻深長，詞句對仗，便於記誦，易啓人感，此其所長也。而其流弊，則有堆積典實，貽書鈔之譏，多所拘忌，傷文之眞美。散文句法錯落，氣疏以達，章無贅句，字不虛下，抒情記事，馳騁如意，此其所長也。及其末流，遂以鉤章棘句爲奇，佶屈聱牙爲古，以艱深之詞，文淺易之說，侈言義法，用掩空疏。

惟主奇偶迭用者，兼有二者之長，而無其短，此非兩可之說，實有至理存焉。矧文章以意爲主，以氣勢爲輔，本無間乎駢散者乎。至進化觀念，本由簡以趨繁，自博而返約，則由來駢散之爭，皆膠柱鼓瑟，未得正解，吾人固無足介意焉云爾。

至於駢文散文之差異，概括言之，蓋有四焉。

【一】形態上　駢文之特徵，計有五點：一曰多用對句，二曰以四字與六字之句調作基本，三曰力圖音調之諧和，四曰繁用典故，五曰務求文辭之華美。今擧駢散文各一篇以示例。

原君（散文）

黃宗羲

有生之初，人各自私也，人各自利也，天下有公利而莫或興之，有公害而莫或除之。有仁者出，不以一己之利爲利，而使天下受其利，不以一己之害爲害，而使天下釋其害。此其人之勤勞，必千萬於天下之人。夫以千萬倍之勤勞，而己又不享其利，必非天下之人情所欲居也。故古之人君，量而不欲入者，許由務光是也。入而又去之者，堯舜是也。初不欲入而不得去者，禹是也。豈古之人有所異哉，好逸惡勞，亦猶夫人之情也。

後之爲人君者不然，以爲天下利害之權皆出於我，我以天下之利盡歸於己，以天下之害盡歸於人，亦無不可。使天下之人不敢自私，不敢自利，以我之大私，爲天下之公，始而慚焉，久而安焉。視天下爲莫大之產業，傳之子孫，受享無窮，漢高帝所謂『某業所就，孰與仲多』者，其逐利之情，不覺溢之於辭矣。此無他，古者以天下爲主，君爲客，凡君之所畢世而經營者，爲天下也。今也以君爲主，天下爲客，凡天下之無地而得安寧者，爲君也。是以其未得之也，屠毒天下之肝腦，離散天下之子女，以博我一人之產業，曾不慘然，曰：『我固爲子孫創業也。』其旣得之也，敲剝天下之骨髓，離散天下之子女，以奉我一人之淫樂，視爲當然，曰：『此我產業之花息也。』然則爲天下之大害者，君而已矣。向使無君，人各得自私也，人各得自利也。嗚呼，豈設君之道固如是乎。

古者天下之人，愛戴其君，比之如父，擬之如天，誠不爲過也。今也天下之人，怨惡其君，視之如寇讎，名之爲獨夫，固其所也。而小儒規規焉以君臣之義無所逃於天地之間，至桀紂之暴，猶謂湯武不當誅之，而妄傳伯夷叔齊無稽之事，視兆人萬姓崩潰之血肉，曾不異夫腐鼠。豈天地之大，於兆人萬姓之中，獨私其一人一姓乎。是故武王，聖人也，孟子之言，聖人之言也。後世之君，欲以如父如天之空名，禁人之窺伺者，皆不便於其言，至廢孟子而不立，非導源於小儒乎。

雖然，使後之爲君者，果能保此產業，傳之無窮，亦無怪乎其私之也。旣以產業視之，人之欲得產業，誰不如我。攝緘縢，固扃鐍，一人之智力不能勝天下欲得之者之衆，遠者數世，近者及身，其血肉之崩潰在其子孫矣。昔人願『世世無生帝王家。』而毅宗之語公主，亦曰：『若何爲生我家。』痛哉斯言，回思創業時，其欲得天下之心，有不廢然摧沮者乎。

是故明乎爲君之職分，則唐虞之世，人人能讓，許由務光非絕塵也。不明乎爲君之職分，則市井之間，人人可欲，許由務光所以曠後世而不聞也。然君之職分難明，以俄頃淫樂，不易無窮之悲，雖愚者亦明之矣。

按駢文必須對仗，無對仗則不足以言駢文，固無論矣。散文有時亦須利用對仗，以強化語氣，庶使筆力雄勁，滋味曲包。惟散文對仗之法與駢文殊科。在修辭學上，凡是用字數相等，句法相似之兩句，成雙作對排列成功者，謂之對仗，亦曰對偶。駢文之對仗，限制綦嚴，舉凡意義、聲調、詞性、物性、數目、虛實等均須相對，始合規格。而散文之對仗則無此偌多限制，其於聲調、詞性、物性、數目、虛實等均可置之勿論，但求意義相對足矣。而意義相對云者，兩句意義相同可，兩句意義相反可，兩句不足以達意，又益以三句、四句、五句……而成排比句法，亦無不可也。茲各舉數例以明之：

【一】駢文單句對偶

㈠ 坐視帶長，
轉看腰細。　梁元帝・蕩婦秋思賦

㈡ 才人薄命，
名士工愁。　徐枕亞・雪鴻淚史第三章

【二】散文單句對偶

㈠ 匹夫而爲百世師，
一言而爲天下法。　蘇軾・潮州韓文公廟碑

(二)
遠者數世，
近者及身。
黃宗羲・原君

【三】駢文雙句對偶

(一)
歎潘郎擲果雖多，朱顏改色。
嗟杜牧尋春已晚，綠葉成陰。
陳球・燕山外史

(二)
風吹柳絮，已知道韞才高。
雨濺梨花，更惜文君命薄。
徐枕亞・玉梨魂第四章

【四】散文雙句對偶

(一)
良醫之子，多死於病。
良巫之子，多死於鬼。
方孝孺・深慮論

(二)
不以一己之利爲利，而使天下受其利。
不以一己之害爲害，而使天下釋其害。
黃宗羲・原君

【五】駢文長偶對

(一)
飄輕裾，翳長袖，拂花蕊之翩躚。
披繡闥，俯雕甍，辭紅樓之婉娩。
黃之雋・香屑集自序

(二)
其爲文也，楚豔漢侈，綜美於前修。
其爲詩也，庾清韓豪，兼工於衆體。
成惕軒・魚千里齋隨筆序

【六】散文長偶對

㈠
其未得之也，屠毒天下之肝腦，離散天下之子女，以博我一人之產業，曾不慘然，曰：『我固爲子孫創業也。』
其既得之也，敲剝天下之骨髓，離散天下之子女，以奉我一人之淫樂，視爲當然，曰：『此我產業之花息也。』黃宗羲・原君

㈡
古者天下之人，愛戴其君，比之如父，擬之如天，誠不爲過也。
今也天下之人，怨惡其君，視之如寇仇，名之爲獨夫，固其所也。右同

【七】散文單句排比

㈠是故質的張而弓矢至焉，林木茂而斧斤至焉，樹成蔭而衆鳥息焉，醯酸而蜹聚焉。荀子・勸學篇

㈡天無私覆也，地無私載也，日月無私燭也，四時無私行也，行其德而萬物得遂長焉。呂氏春秋孟春紀

【八】散文雙句排比

㈠禮義，治人之大法，廉恥，立人之大節。顧炎武・日知錄廉恥條

㈡天有情，天亦老，春有意，春須瘦，雲無心，雲也生愁。喬吉・揚州夢雜劇第一折

㈢古之人君，量而不欲入者，許由務光是也。入而又去之者，堯舜是也。初不欲入而不得去者，禹是也。黃宗羲・原君

㈣無惻隱之心，非人也。無羞惡之心，非人也。無辭讓之心，非人也。無是非之心，非人也。孟子公孫丑篇

㈤居處不莊，非孝也。事君不忠，非孝也。涖官不敬，非孝也。朋友不信，非孝也。戰陣無勇，非孝也。大戴禮記曾子大孝

㈥道德仁義，非禮不成。敎訓正俗，非禮不備。分爭辨訟，非禮不決。君臣上下，父子兄弟，非禮不定。宦學事師，非禮不親。班朝治軍，涖官行法，非禮威嚴不行。禱祠祭祀，供給鬼神，非禮不誠不莊。（禮記・曲禮）

【九】散文連續排比二次句法

㈠夫忠直之迕於主，獨立之負於俗，理勢然也。故木秀於林，風必摧之，堆出於岸，流必湍之，行高於人，衆必非之。（李康・運命論）

㈡余自錢塘，移守膠西，釋舟楫之安，而服車馬之勞，去雕牆之美，而蔽采椽之居，背湖山之觀，而適桑麻之野。始至之日，歲比不登，盜賊滿野，獄訟充斥。（蘇軾・超然臺記）

【十】散文連續排比三次句法

㈠居天下之廣居，立天下之正位，行天下之大道。得志與民由之，不得志獨行其道。富貴不能淫，貧賤不能移，威武不能屈。此之謂大丈夫。（孟子・滕文公篇）

㈡官若是之卑，志若是之烈，而名若是之高。秋霜其嚴，砥柱其壯，金城其堅。此之謂眞男子，此之謂人中傑，此之謂不失本心。（袁燮・故節士詹公祠堂記）

綜觀前例，第一條至第六條爲對偶，第七條至第十條爲排比。排比亦爲修辭學名詞，凡相似或相對之數意，連排爲語法相同之數句，而各句字數可以相等，亦可以不相等者，謂之排比，又稱排句。排比與對偶，頗有類似處，但亦有分別，要而言之，其別有三：㈠對偶必須字數相等（惟散文對偶字數，有時可以不等），排比不拘。㈡對偶必須兩兩相對，排比亦不拘。㈢對偶力避字同意同，排比則以字同意同爲常態。此其大較也。

秋日登洪府滕王閣餞別序（駢文）

王　勃

【一】舊式排列法

豫章故郡。洪都新府。星分翼軫。地接衡廬。襟三江而帶五湖。控蠻荆而引甌越。物華天寶。龍光射牛斗之墟。人傑地靈。徐孺下陳蕃之榻。雄州霧列。俊彩星馳。臺隍枕夷夏之交。賓主盡東南之美。都督閻公之雅望。棨戟遙臨。宇文新州之懿範。襜帷暫駐。十旬休暇。勝友如雲。千里逢迎。高朋滿座。騰蛟起鳳。孟學士之詞宗。紫電青霜。王將軍之武庫。家君作宰。路出名區。童子何知。躬逢勝餞。

時維九月。序屬三秋。潦水盡而寒潭清。煙光凝而暮山紫。儼驂騑於上路。訪風景於崇阿。臨帝子之長洲。得天人之舊館。層臺聳翠。上出重霄。飛閣流丹。下臨無地。鶴汀鳧渚。窮島嶼之縈迴。桂殿蘭宮。即岡巒之體勢。

披繡闥。俯雕甍。山原曠其盈視。川澤紆其駭矚。閭閻撲地。鐘鳴鼎食之家。舸艦迷津。青雀黃龍之舳。虹銷雨霽。彩徹區明。落霞與孤鶩齊飛。秋水共長天一色。漁舟唱晚。響窮彭蠡之濱。雁陣驚寒。聲斷衡陽之浦。

遙襟甫暢。逸興遄飛。爽籟發而清風生。纖歌凝而白雲遏。睢園綠竹。氣凌彭澤之樽。鄴水朱華。光照臨川之筆。四美具。二難并。窮睇眄於中天。極娛遊於暇日。天高地迥。覺宇宙之無窮。興盡悲來。識盈虛之有數。望長安於日下。指吳會於雲間。地勢極而南溟深。天柱高而北辰遠。關山難越。誰悲失路之人。萍水相逢。盡是他鄉之客。懷帝閽而不見。奉宣室以何年。

嗟乎。時運不齊。命途多舛。馮唐易老。李廣難封。屈賈誼於長沙。非無聖主。竄梁鴻於海曲。豈乏明時。所賴君子安貧。達人知命。老當益壯。寧移白首之心。窮且益堅。不墜青雲之志。酌貪泉而覺爽。處涸轍以猶歡。北海雖賒。扶搖可接。東隅已逝。桑榆非晚。孟嘗高潔。空懷報國之心。阮籍猖狂。豈效窮途之哭。

勃三尺微命。一介書生。無路請纓。等終軍之弱冠。有懷投筆。慕宗慤之長風。舍簪笏於百齡。奉晨昏於萬里。非謝家之寶樹。接孟氏之芳鄰。他日趨庭。叨陪鯉對。今晨捧袂。喜託龍門。楊意不逢。撫凌雲而自惜。鍾期既遇。奏流水以何慚。

嗚乎。勝地不常。盛筵難再。蘭亭已矣。梓澤丘墟。臨別贈言。幸承恩於偉餞。登高作賦。是所望於羣公。敢竭鄙誠。恭疏短引。一言均賦。四韻俱成。請灑潘江。各傾陸海云爾。

【二】新式排列法

豫章故郡。
洪都新府。
星分翼軫。
地接衡廬。
襟三江而帶五湖。
控蠻荊而引甌越。
物華天寶。龍光射牛斗之墟。
人傑地靈。徐孺下陳蕃之榻。
雄州霧列。
俊彩星馳。
臺隍枕夷夏之交。
賓主盡東南之美。
都督閻公之雅望。棨戟遙臨。
宇文新州之懿範。襜帷暫駐。
十旬休暇。勝友如雲。
千里逢迎。高朋滿座。

騰蛟起鳳。孟學士之詞宗。
紫電青霜。王將軍之武庫。
家君作宰。路出名區。
童子何知。躬逢勝餞。（第一段）

時維九月。
序屬三秋。
潦水盡而寒潭清。
煙光凝而暮山紫。
儼驂騑於上路。
訪風景於崇阿。
臨帝子之長洲。
得天人之舊館。
層臺聳翠。上出重霄。
飛閣流丹。下臨無地。
鶴汀鳧渚。窮島嶼之縈迴。
桂殿蘭宮。即岡巒之體勢。（第二段）

披繡闥。
俯雕甍。
山原曠其盈視。
川澤紆其駭矚。
閭閻撲地。鐘鳴鼎食之家。
舸艦迷津。青雀黃龍之舳。
虹銷雨霽。
彩徹區明。
落霞與孤鶩齊飛。
秋水共長天一色。
漁舟唱晚。響窮彭蠡之濱。
雁陣驚寒。聲斷衡陽之浦。　第三段
遙襟甫暢。
逸興遄飛。
爽籟發而清風生。
纖歌凝而白雲遏。

睢園綠竹。氣凌彭澤之樽。
鄴水朱華。光照臨川之筆。
四美具。
二難并。
窮睇眄於中天。
極娛遊於暇日。
天高地迥。覺宇宙之無窮。
興盡悲來。識盈虛之有數。
望長安於日下。
指吳會於雲間。
地勢極而南溟深。
天柱高而北辰遠。
關山難越。誰悲失路之人。
萍水相逢。盡是他鄉之客。
懷帝閽而不見。
奉宣室以何年。　第四段

嗟乎。

時運不齊。命途多舛。

馮唐易老。李廣難封。

屈賈誼於長沙。非無聖主。竄梁鴻於海曲。豈乏明時。

所賴

君子安貧。達人知命。

老當益壯。寧移白首之心。窮且益堅。不墜青雲之志。

酌貪泉而覺爽。處涸轍以猶歡。

北海雖賒。扶搖可接。東隅已逝。桑榆非晚。

孟嘗高潔。空懷報國之心。阮籍猖狂。豈效窮途之哭。

第五段

勃

三尺微命。一介書生。

無路請纓。等終軍之弱冠。有懷投筆。慕宗慤之長風。

舍簪笏於百齡。奉晨昏於萬里。

非謝家之寶樹。接孟氏之芳鄰。

他日趨庭。叨陪鯉對。今晨捧袂。喜託龍門。

楊意不逢。撫凌雲而自惜。鍾期既遇。奏流水以何慚。

嗚乎。

勝地不常。盛筵難再。蘭亭已矣。梓澤丘墟。臨別贈言。幸承恩於偉餞。登高作賦。是所望於羣公。敢竭鄙誠。恭疏短引。一言均賦。四韻俱成。請灑潘江。各傾陸海云爾。

二者在形態上完全不同，而駢文屬對之工穩，字句之整齊，音調之鏗鏘，用典之繁富，辭藻之華美，有不得不令人咨嗟詠歎者，中國文學之藝術美，於此表現無遺矣。

【二】文氣上　散文主文氣旺盛，則言無不達，辭無不舉。駢文主氣韻曼妙，則情致婉約，搖曳生姿。善乎孫德謙之言曰：『六朝文之可貴，蓋以氣韻勝，不必主才氣立說也。齊書文學傳論曰，放言落紙，氣韻天成。若取才氣橫溢，則非六朝眞訣也。昌黎謂惟其氣盛，故言之高下皆宜。斯古文家應爾，駢文則不如此也。六朝文中，往往氣極遒鍊，欲言不言，而其意則若卽若離，上抗下墜，潛氣內轉，故駢文蹊徑，與散文之氣盛言宜，所異在此。』（六朝麗指）近人錢基博亦曰：『主氣韻勿尚才氣，則安雅而不流於馳騁，與散文殊科。崇散朗勿矜才藻，則疏逸而無傷於板滯，與四六分疆。』（駢文通義）

【三】功用上　散文家認爲文章所以明道，故其態度是認眞的，嚴肅的，蓋以文章爲經世致用之工具也。柳宗元答韋中立論師道書：『始吾幼且少，爲文章以辭爲工，及長，乃知文者以明道，是故不苟爲炳炳烺烺，務采色，夸聲音，而以爲能也。凡吾所陳，皆自謂近道，而不知道之果近乎遠乎。吾子好道而可吾文，或者其於道不遠矣。故吾每爲文章，未嘗敢以輕心掉之，懼其剽而不留也。未嘗敢以怠心易之，懼其弛而不嚴也。未嘗敢以昏氣出之，懼其昧沒而雜也。未嘗敢以矜氣作之，懼其偃蹇而驕也。抑之欲其奧，揚之欲其明，疏之欲其通，廉之欲其節，激而發之欲其清，固而守之欲其重。此吾所以羽翼夫道也。』而駢文家之見解，則以文章本身之美，卽爲文章之價値，故其態度是淡泊的，超然的，蓋以文章爲抒寫性靈之工具也。孫德謙六朝麗指：『麗辭之興，六朝稱極盛焉。……余少好斯文，迄玆靡倦，握睇籀諷，垂三十年，見其氣轉於潛，骨植於秀，振采則淸綺，陵節則紆徐，緝類新奇，會比興之義，窮形抒寫，極絢染之能。』

【四】性質上　散文雄健如俗世之偉人，駢文閒逸如出塵之高士。若以桐城派之陰陽剛柔況之，散文得之於陽剛之美，卽今世所謂壯美者也，而駢文則得之於陰柔之美，卽今世所謂優美者也。孫德謙六朝麗指：『文氣貴分淸濁，尤宜識陰陽之變，近世古文家，其論文氣也，有陽剛陰柔之說，立論最確當不易。以吾言之，六朝駢文，卽氣之陰柔者也。嘗試譬之，人固有英才偉略，傑然具經世志者，文之雄健似之。若高人逸士，瀟灑出塵，耿介拔俗，自有孤芳獨賞之槪。以言文辭，六朝之氣體閒逸，則庶幾焉。易曰，一陰一陽之謂道。斯豈道爲然哉，六朝文體蓋得乎陰柔之妙矣。』

二　駢文與韻文

古之文章，皆務協音以成韻，修辭以達遠，故有韻文之興焉。質言之，韻文爲一種有音樂之聲韻，美術之組織，而富於人生情感之文學作品。是以美的文學作品，無論古今中外，皆先有韻，自擊壤歌三百篇以至荷馬（Homeros）之伊利亞得（Iliad）與奧德賽（Odyssey）及但丁（Dante Alighieri）之神曲（La Divina Commedia）等俱不例外，故曰韻文之起，與生民以並興，蓋有韻利於歌者聞者，而較易收到感人之效果，此乃自然之要求，抑亦人類之天籟也。申而論之，韻文所以起源最早者，厥有三因。一則掇字之原，音先義後，解字之用，音近義通，先民作文，比類合義，韻既相叶，義必相符。一則有韻之詞，既與聲通，自與情適，情之發也，或驟或疾，驟則不愆，疾則不舒，惟韻文有節，乃能控制此情，而抑揚婉轉，使之條達。故朱子曰：『既有言矣，則言之所不能盡，而發之於咨嗟詠歎之餘者，必有自然之音響節奏而不能已焉。』（朱子全書）一則古者文字未興，口耳之傳，久則忘失，綴以韻文，斯便吟詠，而易記憶。故阮元曰：『古人以簡策傳事者少，以口舌傳事者多，以目治事者少，以耳治事者多。同爲一言也，轉相告語，必有愆誤，是必寡其詞，協其音，以文其言，使人易於記誦，無能增改，且無方言俗語雜於其間，始能達意，始能行遠。』（文言說）此非第韻文然也，駢文之起源亦不外是。（駢文之起源下章當詳述之）駢文有押韻者，有不押韻者，而不押韻之駢文，就廣義言，亦得謂之韻文。蓋古之韻不專在句末，即句中亦有韻，句中平仄，例須調協，然後讀之，鏗鏘可聽，駢文之平仄是也，此阮元論之詳矣。其文韻說曰：

福問曰：『文心雕龍云，今之常言，有文有筆，以爲無韻者筆也，有韻者文也。據此，則梁時恆言有韻者乃可謂之文，而昭明文選所選之文，不押腳韻者甚多，何也。』

曰：『梁時恆言所謂韻者，固指押腳韻，亦兼謂章句中之音韻，卽古人所言之宮羽，今人所言之平仄也。』

福曰：『唐人四六之平仄，似非所論於梁以前。』

曰：『此不然，八代不押韻之文，其中奇偶相生，頓挫抑揚，詠歎聲情，皆有合乎音韻宮羽者。詩騷而後，莫不皆然，而沈約矜爲刱獲，故於謝靈運傳論曰：夫五色相宣，八音協暢，由乎玄黃律呂，各適物宜，欲使宮羽（按宮羽乃指陰平陽平上去入五聲而言）相變，低昂舛節，若前有浮聲，則後須切響（按浮聲切響乃指平仄而言），一簡之內，音韻盡殊，兩句之中，輕重悉異，妙達此旨，始可言文。又曰：自靈均以來，此祕未覩，至於高言妙句，音韻天成，皆暗與理合，匪由思至。又沈約答陸厥書云：韻與不韻，復有精粗，輪扁不能言之，老夫亦不盡辨。休文說此，實指各文章句之內，有音韻宮羽而言，非謂句末之押腳韻也。是以聲韻流變而成四六，亦祇論章句中之平仄，不復有押腳韻也。四六乃有韻文之極致，不得謂之爲無韻之文也。昭明所選不押腳韻之文，本皆奇偶相生，有聲音者，所謂韻也。休文所矜爲刱獲者，謂漢魏之音韻，乃暗合於無心，休文之音韻，乃多出於意匠也。豈知漢魏以來之音韻，溯其本源，亦久出於經哉。孔子自名其言易者曰文，此千古文章之祖。文言固有韻矣，而亦有平仄聲音焉。卽如涇燥龍虎覩上下八句，何等聲音，無論龍虎二句不可顛倒，若改爲龍虎燥涇覩，卽無聲音矣。無論其德其明其序其吉凶四句不可錯亂，若倒不知退於不知亡不知喪之後，卽無聲音矣。此豈聖人天成暗合，全不由於思至哉。由此推之，知自古聖賢屬文時，亦皆有意匠矣。然則此法肇開於孔子，而文人沿之，休文謂靈均以來，此祕未覩，正所謂文人相輕者矣。不特文言也，以時代相次，則及於卜子夏之詩大序。序曰，情發於聲，聲成文，謂之音。又曰，主文而譎諫。又曰，長言之不足，則嗟歎之。鄭康成曰，聲謂宮商角徵羽也，聲成文者，宮商上下相應，主文，文於樂之宮商相應也。此子夏直指詩之聲音而謂之文也，不指翰藻也。然則孔子文言之義益明矣，蓋孔子文言繫辭亦皆奇偶相生，有聲音嗟歎以成文者也。聲音卽韻也，詩關雎鳩洲逑押腳有韻，而女字不韻，得服側押腳有韻，而哉字不韻，此正子夏所謂聲成文之宮羽也，此豈詩人暗與韻合，匪由思至哉。子夏此序，文選選之，亦因其中有抑揚詠歎之聲音，且多偶句也。綜而論之，凡文者在聲爲宮商，在色爲翰藻，卽如孔子文言雲龍風虎一節，實千古宮商翰藻奇偶之祖。非一朝一夕之故一節，實千古嗟歎成文之祖。子夏詩序情文聲音一節，實千古聲韻性情排偶之祖。吾固曰，韻者卽聲音也，聲音卽文也。然則今人所便單行之文，極其奧折奔放者，乃古之筆，非古之文也。沈約之說，或可橫指爲八代之衰體，孔子子夏之文體，豈亦衰乎。是故唐人四六之音韻，雖愚者能效之。上溯齊梁，中材已有所限。若漢魏以上至於孔卜，非上哲不能擬也。』

阮氏此說，亦云至當，其意蓋謂韻文與駢文同出一源，並駕齊驅也。惟其說猶有未諦，鄙意以爲韻文蓋有二義：

(一)凡一切文學之有聲音關係者，皆得與於韻文之列，是謂廣義。駢文固須妃青儷白，切響叶音，始爲盡妙，有句末之韻，亦有句中之韻，蓋句中務協宮商，是亦有韻，故駢文亦得謂之韻文。

(二)古之用韻者，約分六項：一曰賦頌，二曰哀誄祭文，三曰箴銘，四曰占繇，五曰古今體詩，六曰詞曲。之數體者，皆須押句末之腳韻，是謂狹義。（韻文之在西洋文學中不過詩歌而已）而句末不必押腳韻之駢文，則非其倫也。

世人對於駢文與散文韻文之分別，每多混殽不清，故不憚煩，縷而述之。其實必欲使三者作嚴格之畫分，殆非事實上所能許。良以南北朝時代，一切文學作品皆臻於駢偶化，律體化，幾無眞散文可言。趙宋爲一散文化時代，詩與四六，雖講對仗，然仍淸空流轉，明白如話，不復見排偶之迹，是極端散文化之作品也。故釋惠洪評韓昌黎之詩直『押韻之文耳，雖健美富贍，然終非詩。』（冷齋夜話）謝榛亦曰：『李斯上秦皇帝書，爲文中之詩，杜甫北征，爲詩中之文。』（四溟詩話）蓋亦有爲而發者歟。又在經書中，韻文與非韻文亦無明顯之界限。譬之尚書，記事之史也，而押韻之句，隨處可見。毛詩，韻文之作也，而駢偶與散行之語氣，俯拾可得。由是言之，駢文散文韻文三者，實有其相依相附之關係在焉。近人劉師培嘗以之比附佛書，其言曰：

> 印度佛書，區分三類：一曰經，一曰論，三曰律，中國古代書籍，亦大抵分此三類。一曰文言，藻繪成文，復雜以駢語韻文，以便記誦，如易經六十四卦及書詩兩經是也，是卽佛書之經類。一曰語，或爲記事之文，或爲論難之文，用單行之語，而不雜以駢儷之辭，如春秋論語及諸子之書是也，是

即佛書之論類。一曰例，明法布令，語簡事賅，以便民庶之遵行，如周禮儀禮禮記是也，是即佛書之律類。後世以降，排偶之文，皆經類也。單行之文，皆論類也。會典律例諸書，皆律類也。故經論律三類，可以賅古今文體之全。（劉申叔先生遺書論文雜記）

此誠別開生面之論說也，姑錄之以備參閱。今試製二表，以明三者相互間之關係。

㈠韻文駢文散文相互關係表

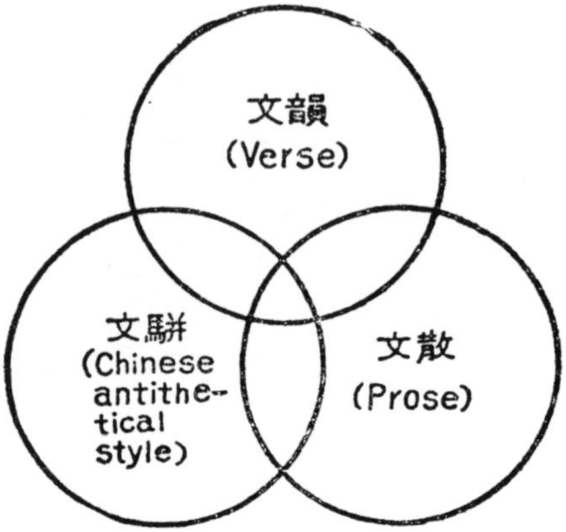

㈡韻文駢文散文涵蓋文體一覽表

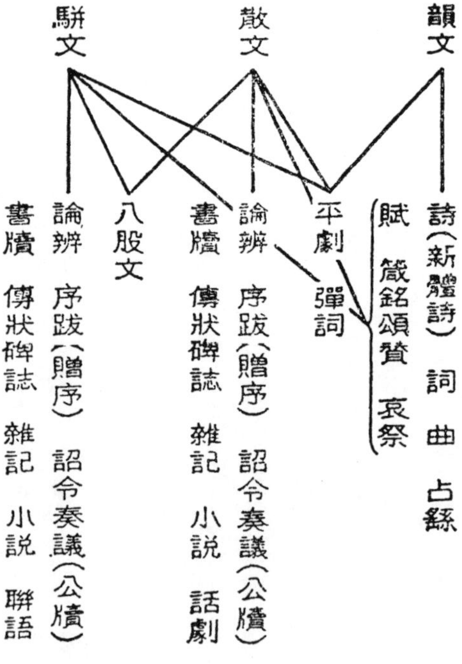

三　駢文之名稱

何謂駢文，駢文者，以通體多作偶句也，其名至清而始盛，近年尤甚，求之於古，則惟柳宗元乞巧文『駢四儷六，錦心繡口』之言，自此以前則未之見也。清曾燠輯國朝駢體正宗十二卷，以駢體名文，蓋昉此。近人夏敬觀云：『駢文義本柳宗元駢四儷六一語，顧未以名文也。說文駕二馬爲駢，莊子駢拇與枝指對擧，於義皆未嫺。大抵唐以後，韓柳之學大倡，承其流者各囿門戶之私，務標異以示軒輊。治偶文輩又苟習庸濫，取便箋奏，不能求端往古，以尊其體，而駢義之非，遂無辯之者。李商隱且以四六誣其集，其傎尤甚。清李兆洛昌言復古，彙選六朝文樹之圭臬，而不悟立名之誤。』（躬厂文稿序）夏氏以駢文一名，於義無當，是否有理，姑置勿論，本書所論之領域，則仍沿用近日駢文之誼，蓋從人所習知也。

夫駢文之名稱多矣，更僕亦難悉數焉，惟文家所習用者，不過二十餘種而已，茲一一詮釋於後。

【一】駢體文　亦省稱曰駢文，駢體。蓋別於散文而言，以其通體多作偶句，如二馬之並馳也。說文：『駢，駕二馬也，從馬，幷聲。』駢訓爲併，併之義爲並，即與奇相反者也。段玉裁注云：『併馬謂之儷駕，亦謂之駢。』考之文選琴賦『駢馳翼驅』注，訓爲併，七命『駢武齊轍』注，釋爲並，猶言車貳佐乘，馬儷驂服，惟服乘不隻，故名號必雙。蓋非然者，兩事相並，而輕重不均，是驥之左驂，駑爲右服也。或二事合併，而莫與爲偶，是夔之一足，跉踔而行也。駢文中除每段之發句，收句，及段中之轉接句，補足句，可用散句一至數句外，通篇皆以字句相對，平仄調和為則，如兩馬並駕而馳然，此駢文命名之義也。清以前以駢體文名其文若書者，未之或見（唐駢文別集如李商隱之樊南四六甲乙集，宋駢文總集如魏齊賢葉棻合編之五百家播芳大全文粹，皆未以駢文名。）自曾燠駢體正宗出，步武而沿用之者，僂指難數，如李兆洛之駢體文鈔，王先謙之駢文類纂，錢基博之駢文通義之類是也。

【二】駢文　駢體文之省稱，詳駢體文條。

【三】駢體　亦駢體文之省稱，詳駢體文條。

【四】駢語　卽駢體文也。明游日章撰駢語雕龍四卷，清周池撰駢語類鑑四卷，又近人王國維以之與楚騷漢賦唐詩宋詞元曲並稱，其宋元戲曲史自序云：『凡一代有一代之文學，楚之騷，漢之賦，六代之駢語，唐之詩，宋之詞，元之曲，皆所謂一代之文學，而後世莫能繼焉者也。』

【五】駢偶　駢文以對偶為第一要件，對偶之方式，據日人弘法大師文鏡祕府論所列，多達二十九種，其中以『當句對』（按一句之中自成對偶者，謂之當句對。如王勃滕王閣序：『物華天寶，龍光射牛斗之墟，人傑地靈，徐孺下陳蕃之榻』。『龍光』對『牛斗』『徐孺』對『陳蕃』之類是也。）『單句對』（按一聯之中上下兩句相對者，為單句對。如滕王閣序：『君子安貧，達人知命』。『君子安貧』對『達人知命』之類是也。）『隔句對』（按一聯之中第一句與第三句相對，第二句與第四句相對者，為隔句對。如滕王閣序：『關山難越，誰悲失路之人，萍水相逢，盡是他鄉之客。』『關山難越』對『萍水相逢』，『誰悲失路之人』對『盡是他鄉之客』之類是也。）三種為最常見（駢文對偶方式，詳見四章一節）故駢偶卽駢體文。宋史歐陽修傳：『鏤刻駢偶，淟涊弗振。』

【六】偶　文　即駢偶，詳駢偶條。

【七】偶　語　即偶文，詳偶文條。

【八】耦　文　即偶文，耦偶通叚字也，詳駢偶條。

【九】駢儷文　儷亦駢也，駢儷爲同義之複合辭，有並行或對偶之意，是駢儷文即駢體文，錢大昕十駕齋養新錄：『駢儷之文，宋人謂之四六。』

【一〇】駢　儷　即駢儷文之簡稱，詳駢儷文條。柳宗元乞巧文：『駢四儷六，錦心繡口。』黃伯思東觀餘論：『蕭景喬文詞，雖六朝駢儷體，故自清麗可喜，要不失爲佳文。』

【一一】儷　語　即駢儷文。徐師曾文體明辨：『未有撰爲儷語，使人宣於其篚者也。』

【一二】儷體文　即駢儷文，詳駢儷文條。清陳維崧有湖海樓儷體文集，近人陳含光有含光儷體文稿。

【一三】儷　辭　即對偶之辭，詳駢儷文條。陳維崧有麗體金膏，余有粹芬閣麗體文稿。

【一四】駢　麗　麗，耦也，見鄭玄周禮夏官校人注。今通作儷，是駢麗即駢偶也，詳駢偶條。王明清揮麈三錄：『呂元直秉鈞，趙元鎮爲中司，力排之，元直移元鎮爲翰林學士，元鎮引司馬溫公故事，以不習駢麗，不肯就職。』

【一五】麗體文　即儷體文，麗儷古今字，詳儷體文條。陳維崧有麗體金膏，張仁靑有粹芬閣麗體文稿。

【一六】麗　文　爲麗體文之簡稱，詳麗體文條。

【一七】麗　辭　即駢儷之辭，亦即對偶之辭也，劉勰文心雕龍有麗辭篇，剖析駢文，頗稱詳賅。

【一八】俳語 古文家譏諷駢文爲俳語，言駢文在形式上翻新出奇，逞才弄巧，極盡雕琢之能事，有如俳優之粉墨登場也。蘇轍滕王閣詩：『俳語終倉猝。』自注：『歐陽文忠嘗云，王勃記文似俳，而唐人貴之如此，何也。』又沈蓮芳書方望溪先生傳後稱引望溪語云：『古文中不可入語錄中語，魏晉六朝人藻麗俳語，漢賦中板重字法，詩歌中雋語，南北史佻巧語。』按徐師曾文體明辨稱六朝駢賦爲俳賦，或亦古文家之意乎。

【一九】律語 謂文之有一定音律者，卽指駢文，亦猶詩之有律詩，賦之有律賦也。兒島獻吉郎曰：『四六文以對偶爲第一條件，慣用「隔句對」「當句對」，且句法有四字句六字句之限制。不特此也，復加增一種平仄法，既非純粹之散文，又非完全之韻文，乃似文非文，似詩非詩，介於韻文散文之間，有不離不卽之關係者，故稱之爲律語或駢文，亦無不可。律語云者，文有聲律之謂。駢文云者，句有對偶之謂。然則四六文者，乃文學兩性兩屬之中間性，比之散文，則多韻文之價值，比之韻文，則又有散文之形式。故於韻文散文之外，令駢文獨立，稱爲律語，亦出於不得已耳。』中國文學概論 近人顧實亦曰：『四六文實中國所獨有雅整秀美之詩體也，無韻之律語也。』中國文學史大綱

【二〇】六朝文 吳東晉宋齊梁陳，先後都於建康，合稱六朝。六朝文體，專事駢儷，拘於聲韻，隸事遣詞，尚藻繢而務淸新，與漢魏文異趣，唐宋古文家病之，乃追摩漢魏以上之古文，於是專事駢儷聲韻之文，特在文學史上畫成一時代，而稱之曰六朝文。參閱俳語條。

【二一】今　體

指文章之別於古體而言，卽謂駢文也，一曰今文，六朝唐人恆稱之。梁簡文帝與湘東王論文書：『吾旣拙於爲文，不敢輕有掎摭，但以當世之作，歷方古之才人，遠則揚馬曹王，近則潘陸顏謝，而觀其遺辭用心，了不相似。若以今文爲是，則古文爲非，若昔賢可稱，則今體宜棄，俱爲盍各，則未之敢許。』舊唐書李商隱傳：『商隱從事令狐楚幕，楚能章奏，遂以其道授商隱，自是始爲今體章奏。』

【二二】四六文

文之以四字六字爲對偶者，卽駢儷文也，亦省稱曰『四六』。文心雕龍章句篇云：『筆句無常，而字數有常，四字密而不促，六字格而非緩，或變之以三五，蓋應機之權節也。』此爲『四六』一名之先聲。柳宗元乞巧文云：『駢四儷文，錦心繡口』，更進一步以四六與駢儷並擧。至李商隱自定其所爲駢文曰樊南四六甲乙集，於是『四六』之名稱乃告確立。孫德謙六朝麗指：『駢體與四六異，四六之名，當自唐始，李義山樊南甲集序云，作二十卷，喚曰樊南四六。知文以四六爲稱，乃起於唐，而唐以前則未之有也。且序又申言之曰，四六之名，六博格五，四數六甲之取也。使古人早名駢文爲四六，義山亦不必爲之解矣。文心雕龍章句篇雖言四字密而不促，六字格而非緩。此不必卽謂駢文，不然，彼有麗辭一篇，專論駢體，何以無此說乎。吾觀六朝文中以四句作對者，往往祇用四言，或以四字五字相間而出，自徐庾兩家，固多四六語，已開唐人之先，但非如後世駢文，全取排偶，遂成四六格調也。彥和又云，今之常言，有文有筆，以爲無韻者筆也，有韻者文也。可見文章體製，在六朝時，但有文筆之分，且無駢散之目，而世以四六爲駢文，則失之矣。』案四六卽駢文，但世多以宋人之駢語爲四六，而以駢文專屬之南北朝文，實則二者之主要區別，在駢文較自由，四六更工整，駢文不必盡爲四六句，而四六實爲駢儷之文無疑，故南北朝與宋之駢語，雖形貌有別，而要不得謂四六與駢文爲二體也，如明王志堅輯四六法海，上起魏晉，下逮趙宋，歷朝駢語，兼容並包，是其證。然而孫氏强取四六駢文而二之者，亦可代表一家之見，非孫氏之慮有未周也。

【二三】美　文　詩文之有美術性質者，其詞藻麗澤，與美術品雅相類似，謂之美文（belles—lettres），亦曰美術文，又曰藝術文。如詩歌駢文小說等文學作品，無論音色，形式，皆予人有美的感覺（sense of beauty），與無音色藻采之應用文相對待，故有此謚焉。

【二四】貴族文學　對平民文學而言。民國初年，一般思想急進之徒，高呼『打倒雕琢的阿諛的貴族文學，建立平易的抒情的國民文學』之口號，揆其初衷，則文必廢駢，詩當廢律是已。彼輩以駢文律詩乃專制時代少數高等知識分子之寵物，既無高遠之思想，又乏眞摯之情感，歌頌功德，言之無物，祇供廟堂點綴之資，寧適民物敷陳之用云云。姑不論其立論是否有當，而從此駢文律詩遂有貴族文學與廟堂文學之別號，則無疑焉。

【二五】廟堂文學　對社會文學而言，亦指駢文，詳貴族文學條。

第三章　駢文之起源及其流變

溯文章之源，固不當有駢散之分，良以古代文章，初無所謂駢也，亦無所謂散也，奇偶相參，駢散並馳，純任性之所至，故駢散之分，乃相對的(relatively)，而非絕對的(absolutely)。何況駢文之成立，乃晉宋以後事，前此固無有通體對偶之文章也。然則追溯駢文之緣起，不當自晉宋始耶。曰，不然，晉宋以後之駢文，乃駢文之狹義者也。廣義之駢文，則凡文章之意義平行，屬對精切，聲調協諧，輕重悉稱者，皆得與於駢文之列。本章所述，從其廣義。

一　駢文產生之因素

夫駢文之起源遠矣，其產生之因素多矣，要而言之，可得六端，分述之如下：

【一】受自然界事物奇偶相對之啓發　自太極剖判，而奇偶已分，凡天下之物，多相對待，不能有奇而無偶，亦不能有偶而無奇，未有是奇而非偶者，亦未有是偶而非奇者，譬之人類，其生理組織，有奇，亦有偶，奇偶相配，卽形成人體美。人之一身，奇也，而二手二足，則偶矣。手足之指各五，奇也，而二手二足各合之而爲十，則偶矣。首，奇也，而兩耳兩目，則偶矣。一鼻一口，又奇也，而兩箇鼻孔兩排牙齒，則又偶矣。由此可見不獨奇偶相配，抑且奇中有偶，偶中有奇，人類生理組織之美妙，有不得不令人歎觀止者。推之自然界之生物，如花葉也，草木也，禽獸也，何莫而非奇偶之相雜耶。不寧惟是，甚至如吾人之日常用品，如文具也，家具也，器皿也，又何莫而非合於平衡之原則耶。近人朱光潛文藝心理學附錄近代實驗美學第二章形體美有云：

> 美的形體無論如何複雜，大概都含有一箇基本原則，就是平衡 (balance) 或匀稱 (symmetry)，這在自然中已可見出。比如說人體，手足耳目都是左右相稱的，鼻和口都祇有一箇，所以居中不偏。原始時代所用的器皿和布帛的圖案，往往把人物的本來面目勉强改變過，使它們合於平衡原則。此外，如希臘瓶以及中國彝鼎，都是最能表現平衡原則的。在雕刻圖畫建築和裝飾的藝術中，平衡原則都非常重要。

此種理論，正可以作駢文產生之注腳。『平衡』或『匀稱』本係一種物理現象，人在生理上既然有此項要求，心理上自然對此種狀態感覺舒適，寖假產生愛好，不覺流露於字裏行間，對偶文字，因而產生。故古人作文，遣詞用字，輕重悉稱，奇偶迭用，凝重多出於偶，流美多出於奇，體雖駢，必有奇以振其氣，勢其散，必有偶以植其骨，儀厥錯綜，至爲微妙。試以毛詩爲例：衞風氓：『桑之未落，其葉沃若』，此散也。而『于嗟鳩兮，無食桑葚，于嗟女兮，無與士耽，士之耽兮，猶可說也，女之耽兮，不可說也』，非其駢焉者乎。

周南關雎：『參差荇菜，左右流之，窈窕淑女，寤寐求之』，此駢也。而『求之不得，寤寐思服，悠哉悠哉，輾轉反側』，非其散焉者乎。又如司馬遷之史記，『其積句也皆奇，而義必相輔，氣不孤伸，彼有偶焉者存焉。』（見曾國藩送周荇農南歸序）而班固之漢書，『毗於用偶』（曾國藩語○亦見送周荇農南歸序）者也，然而書中奇筆，觸處皆是。若斯之流，未易悉數。要之，古人作文，初無駢散之見梗於胸中，故奇偶參差，錯落無定，文章之美，莫逾於是矣。劉勰文心雕龍麗辭篇云：

造化賦形，支體必雙，神理爲用，事不孤立。夫心生文辭，運裁百慮，高下相須，自然成對。唐虞之世，辭未極文，而皋陶贊云：『罪疑惟輕，功疑惟重。』益陳謨云：『滿招損，謙受益。』豈營麗辭，率然對爾。

言對偶之興，純出自然，非由人力，語最精切。李兆洛駢體文鈔序云：

天地之道，陰陽而已，奇偶也，方圓也，皆是也。陰陽相並俱生，故奇偶不能相離，方圓必相爲用。道奇而物偶，氣奇而形偶，神奇而識偶。孔子曰：『道有變動，故曰爻，爻有等，故曰物，物相雜，故曰文。』又曰：『分陰分陽，迭用剛柔。』故易六位而成章，相雜而迭用，文章之用，其盡於此乎。

又曾國藩送周荇農南歸序云：

天地之數，以奇而生，以偶而存，一則生兩，兩則還歸於一，一奇一偶，互爲其用，是以無息焉。物無獨，必有對，太極生兩儀，倍之爲四象，重之爲八卦，此一生兩之說也。兩之所該，分而爲三，殽而爲萬，萬則幾於息矣。物不可以終息，故還歸於一，天地絪縕，萬物化醇，男女構精，萬物化生，此兩而致於一之說也。一者陽之變，兩者陰之化，故曰一奇一偶者，天地之用也。文字之道，何獨不然。

二氏皆藉陰陽以立說，足以相互發明，百年以下，信爲篤論已。綜覽衆說，泰古之文，原不能有奇而無偶，亦不能有偶而無奇，不能分其何篇爲散文，何篇爲駢文，或奇或偶，一發乎天籟之自然，彰彰明甚矣。而迹其所以然之故，庸非受自然界事物奇偶相對之啓發耶。

【二】觀念聯合之作用　一觀念之起，每以某種關係引起其他觀念者，在心理學（psychology）上謂之觀念聯合 association of ideas 一作聯想。其大別爲類似聯想（association by similarity）接近聯想（association by contiguity）與對比聯想（association by contrast）三類。類似聯想起於種類之近似，如言『狗』則思及『貓』，以其同爲家畜故也。又如言『菊花』則思及『向日葵』，以其同爲黃色之花，在性質上有類似點故也。接近聯想則因經驗之某某諸觀念，於時間上或空間上本互相接近，如言『櫻花』則思及『日本』，言『梅花』則思及『林逋』，以至言『關盼盼』則思及『燕子樓』，言『李香君』則思及『桃花扇』，甚至言『鍾儀幽而楚奏』，則思及『莊舄顯而越吟』，言『項羽之魂斷烏江』，則思及『謝安之凱奏肥水』等，兩種對象雖不同，而在經驗上則曾相接近，此皆接近聯想也。對比聯想係以兩種殊異之事物對立，如『黃』與『白』，『粗』與『細』，乃至『春花』與『秋月』，『香草』與『美人』等，而使其特徵更加明顯者也。夫麗辭之起，亦猶是也，亦出於人心之能聯想也。既思『青山』，類及『綠水』，既思『才子』，類及『佳人』，此正對也。既思『紅顏』，類及『白髮』，既思『驕矜』，類及『謙遜』，此反對也。正反雖殊，其由於聯想一也。推而廣之，至於『天香國色』，『

春華秋實』等，或意義相聯，或輕重悉稱，皆因人心有向背聯偶之自然趨勢而構成者也。此法於六經諸子，已早用之，如周易『乾道成男，坤道成女，乾知大始，坤作成物，乾以易知，坤以簡能。』尚書『若登高，必自下，若陟遠，必自邇。』毛詩『山有扶蘇，隰有荷華。』禮記『良冶之子，必學爲裘，良弓之子，必學爲箕。』老子『有無相生，難易相成，長短相形，高下相傾，音聲相和，前後相隨。』莊子『鷦鷯巢林，不過一枝，偃鼠飲河，不過滿腹。』荀子『木受繩則直，金就礪則利。』呂氏春秋『天無私覆也，地無私載也。』皆是。甚至如俚語『向天索價，就地還錢』，『明槍易躲，暗箭難防』，『路遙知馬力，事久見人心』等，亦莫不如是。至如詩賦駢文，多用此法，固夫人而知之者也。

【三】社會及時代之需要　古人傳學，多憑口耳，事理同異，取類相從，記憶匪艱，諷誦易熟，此經典之文所以多用麗語也。凡欲明意，必舉事證，一證未足，再舉而成。且少既嫌孤，繁亦苦贅，二句相扶，數折其中。昔孔子傳易，特制文繫，語皆駢偶，意殆在斯。又人之發言，好趨均平，短長懸殊，不便脣舌，故求字句之齊整，非必待於偶對，而偶對之成，恆足以齊整字句。魏晉以前篇章，駢詞儷句，充塞輻輳，連緜不絕者此也。阮元文言說云：

古人無筆硯紙墨之便，往往鑄金刻石，始傳久遠，其著之簡策者，亦有漆書刀削之勞，非如今人下筆千言，言事甚易也。許氏說文：『直言曰言，論難曰語。』左傳曰：『言之不文，行之不遠。』此何也，古人以簡策傳事者少，以口舌傳事者多，以目治事者少，以口耳治事者多。故同爲一言，轉相告語，必有愆誤，是必寡其詞，協其音，以文其言，使人易於記誦，無能增改，且無方言俗語雜於其間，始能達意，始能行遠。此孔子於易所以著文言之篇也。古人歌詩箴銘諺語，凡有韻之文，皆此道也。爾雅釋訓，主於訓蒙，『子子孫孫』以下，用韻者三十二條，亦此道也。孔子於乾坤之言，自名曰『文』，此千古文章之祖也。爲文章者不務協音以成韻，修詞以達遠，使人易誦易記，而惟以單行之語，縱橫恣肆，動輒千言萬字，不知此乃古人所謂直言之『言』，論難之『語』，非言之有文者也，非孔子之所謂『文』也。

文言數百字，幾於句句用韻。孔子於此發明乾坤之蘊，詮釋四德之名，幾費修詞之意，冀達意外之言。要使遠近易誦，古今易傳，公卿學士，皆能記誦，以通天地萬物，以警國家身心。不但多用韻，抑且多用偶。卽如：樂行，憂違，偶也。長人，合禮，偶也。和義，幹事，偶也。庸言，庸行，偶也。閑邪，善世，偶也。進德，修業，偶也。知至，知終，偶也。上位，下位，偶也。同聲，同氣，偶也。水溼，火燥，偶也。雲龍，風虎，偶也。本天，本地，偶也。无位，无民，偶也。勿用，在田，偶也。潛藏，文明，偶也。道革，位德，偶也。偕極，天則，偶也。隱見，行成，偶也。學聚，問辨，偶也。寬居，仁行，偶也。合德，合明，合序，合吉凶，偶也。先天，後天，偶也。存亡，得喪，偶也。餘慶，餘殃，偶也。直內，方外，偶也。通理，居體，偶也。凡偶皆文也。

於物兩色相偶而交錯之，乃得名曰『文』，『文』卽象其形也。然則千古之文，莫大於孔子之言易。孔子以用韻比偶之法，錯綜其言，而自名曰『文』，何後人之必欲反孔子之道，而自命曰『文』，且尊之曰『古』也。

詆娸古文不得爲『文』，雖意未全愜，而其指出駢偶之產生，肇因於社會及時代之需要，則言前人之所未言，發前人之所未發者也，淵識孤懷，於斯概見。餘杭章太炎先生更暢其說曰：

> 古者簡帛重煩，多取記憶，故或用韻文，或用駢語，爲其音節諧熟，易於口記，不煩記載也。戰國縱橫之士，抵掌搖脣，亦多疊句，是則駢偶之體，適可稱職。（章氏叢書）

語尤精到，可與阮說相輔焉。

【四】文章本身之需要　原始之文章，著重意見之表達，氣勢之貫串，隨手爲文，類都奇偶互用，剛柔相濟，良以『駢中無散，則氣壅而難疏，散中無駢，則辭孤而易瘠。』（劉開與王子卿太守論駢體書語）故必駢散相間，以成其文。抑有進者，舉凡文章緊湊之時，常令讀者厭倦，如在其中，附以麗辭，則麗辭之華美，與格式之一定，既可引人入勝，又可令人暫時得以休養疲勞，此則麗辭之重要功效也。昔侯官吳曾祺有云：

> 自散體之作，別於駢儷爲名，於是談古文者，以不講屬對爲自立風格。然平心而論，二者如陰陽畸耦，不可偏廢。自六經以外，以至諸子百家，於數百字中，全作散語，不著一偶句者，蓋不可多得。此無他，文以氣爲主，而氣之所趨，苟一洩無餘，而其後必易竭，故其中必間以偶句，以稍止其汪洋恣肆之勢，而文之地步乃寬綽有餘。此亦文家之祕訣，而從來無有人焉舉以告人者也。（涵芬樓文談）

明乎此，則駢偶產生之原因，可以思過半矣。

【五】人類愛美之心理　在美學（aesthetics）上有所謂形式（form）美與內容（contents）美者。如建築物形體之比例，色彩之配合如何美觀，則屬於形式美。其所表現莊嚴偉大，或小巧玲瓏之精神，則屬於內容美。一件藝術品必須兼具內容與形式之長，始能予人有悅目賞心之美感 (sense of beauty)。夫文學亦然，文學之功用，原爲表現作者之情感，傳達作者之思想，或記述客觀之事物者，然人類皆有愛美之天性，欲使他人接受作者之情意，感發其情緒，必須具有動人之美感，在文學之廣大領域中，其所以有美文之產生，實卽種因於此。而駢文則美文之尤者也。

【六】中國語文之恩賜　中國語文之特質，在孤立與單音，極便於講對偶，務聲律，駢體文之產生，此其最佳溫牀矣。尋其特點，蓋有數焉。

一曰象形　指事象形形聲會意轉注叚借，是謂六書。其中以象形爲最重要，其他如指事會意，亦與象形關係最爲密切，故望文而生義，惟漢文能之。如曹植之洛神賦，言美人之姿態，則『翩若驚鴻，婉若遊龍，榮曜秋菊，華茂春松。髣髴兮若輕雲之蔽月，飄颻兮若流風之迴雪。遠而望之，皎若太陽升朝霞，迫而察之，灼若芙蕖出淥波。』狀美人之身材，則『襛纖得衷，脩短合度，肩若削成，腰如約素，延頸秀項，皓質呈露，芳澤無加，鉛華弗御。』寫美人之容貌，則『雲髻峨峨，脩眉聯娟，丹脣外朗，皓齒內鮮，明眸善睞，靨輔承權。』讀文一如讀畫，而尤非對偶不爲工也。

二曰疊字　疊字爲我國文字所獨具，西文雖亦有如『long long ago』一類句子，究屬罕見，猶未若漢文之幾無一字不可以重疊也。疊字在普通文學中，固有音容之妙，而一經對偶，尤顯其長。如詩經鄭風風雨：『風雨淒淒，雞鳴喈喈，既見君子，云胡不夷。風雨瀟瀟，雞鳴膠膠，既見君子，云胡不瘳。』楚辭卜居：『寧昂昂若千里之駒乎，將氾氾若水中之鳧，與波上下，媮以全吾軀乎。』其例甚多，不遑遍舉。

三曰複字　單音孤立之語言文字，在語言修辭上，頗多不便，故言『樂』，則往往加一『快』字以襯之，而成『快樂』。言『貧』，則往往加一『窮』字以襯之，而成『貧窮』。意雖重複，但因此而使意思更加明顯，形容更臻美妙，然則漢字之缺點不正所以爲其優點歟。由於漢字具備一字一音，複字繁多之基本性格，故有駢文之誕生。

四曰雙聲疊韻　凡字之發聲同類者，謂之雙聲，如『祈求』『銅駝』等，均爲雙聲字。凡字之收音同類者，謂之疊韻，如『旁皇』『蕭條』等，均爲疊韻字。此固夫人而知之者也。雙聲疊韻既能增加文學上音調之美感，而又能創造駢儷之偉觀，是我國文字之得天獨厚處也。

五曰一字多義　一字衍生多義，美日歐西各國文字皆有之，然猶未若吾國文字之靈巧也。例如在『道路以目』、『久耳大名』、『人手一册』、『春風風人』、『夏雨雨人』、『解衣衣我』、『推食食我』諸詞中，『目』『耳』『手』『風』『雨』『衣』『食』諸字，可作名詞用，亦可作動詞用，變化無端，極盡文字運用之能事，而爲外國文字所望塵莫及者。

六曰一義多詞　吾國因歷史悠久，疆域遼闊，先哲嘔心瀝血所鑄造之詞句，何慮千萬，故其中有許多意義相同者。例如：

言貧窮則有：

家徒四壁　寅吃卯糧　三餐不繼　簞食瓢飲

一貧如洗　一錢不名　貧無立錐　蓬門華戶
一無所有　吳市吹簫　囊空如洗　坐吃山空
阮囊羞澀　山窮水盡　手頭拮据　日坐愁城
東食西宿　涸轍鮒魚　煮字療飢　牀頭金盡
牛衣對泣　甑塵釜魚　窮途末路　號寒啼飢
貧病交迫　捉襟見肘　身無長物　送窮無術
飢寒交迫　環堵蕭然　糧無隔宿　甕牖繩樞

言勤學則有：

兀兀窮年　夜以繼日　孜孜不倦　水滴石穿
焚膏繼晷　炳燭之勤　鐵杵磨針　懸梁刺股
鑿壁偷光　孫康映雪　江泌隨月　篝燈呵凍
十載寒窗　目不窺園　三多勤學　夙夜匪懈
廢寢忘食　螢窗雪案　手不釋卷　囊螢照書

言美人則有：

國色天香　傾國傾城　沈魚落雁　閉月羞花
絕代佳人　風華絕代　如花似玉　顛倒衆生

麗絕塵寰　明眸皓齒　天生麗質　一笑千金
風姿嫣然　蘭心蕙質　玉貌絳脣　花容月貌
風姿綽約　窈窕淑女　芙蓉出水　儀態萬千
粉雕玉琢　千嬌百媚　冰肌玉骨　楚楚可憐
杏眼桃腮　燕瘦環肥　玉軟花柔　仙女下凡
仙姿玉質　我見猶憐　雪膚花貌　婀娜多姿
弱不禁風　貌似天仙　搖曳生姿　西子捧心
一顧傾城　凌波微步　人面桃花　貌賽西施
秀外慧中　靈秀之氣　天生尤物　婷婷嫋嫋
嫣然一笑　嬌小玲瓏　嬌豔驚人　小鳥依人
宛轉蛾眉　明眸善睞　楊柳細腰　凌波仙子
秀色可餐　紅粉佳人　色豔桃李　芙蓉如面
螓首蛾眉　衣香鬢影　金屋藏嬌　鉛華弗御
風韻猶存　體態輕盈　無對無雙　巫山瑤姬
端莊俏麗　面薄腰纖　月裏嫦娥　豔若桃李

言美男子則有：

城北徐公　玉樹臨風　一表人才　風度翩翩
不衫不履　風儀俊爽　風流倜儻　風流瀟灑
倜儻不拘　朱脣粉面　楚楚不凡　貌賽潘安
看殺衞玠　瓊枝玉葉　珠玉在側　丰神俊拔
風神秀偉　韓壽衣香　文采風流　美如冠玉
面若傅粉　顧影自憐　龍章鳳姿　潘郎再世
美如冠玉　風流倜儻　眉清目秀　瑤林瓊樹

言婚姻則有：

君子好逑　詩詠關雎　百年好合　幔前牽絲
帶結同心　天錫良緣　鹿車共挽　天作之合
花好月圓　才子佳人　書稱釐降　如鼓瑟琴
愛情永固　鳳侶鸞儔　唱隨偕樂　天緣巧合
琴瑟友之　昌宜五世　詩題紅葉　鐘鼓樂之
治平初基　良緣天定　永結同心　齊大非偶
昌符鳳卜　鸞鳳和鳴　鳳凰于飛　花開並蒂
珠聯璧合　鳳翥龍翔　淳于入贅　琴躭瑟好

笙磬同音　瓊花並蒂　詩詠好逑　人面桃花
琴瑟在御　樂賦唱隨　鴻案相莊　海燕雙棲
雞鳴戒旦　百輛盈門　三星燦戶　宜爾室家
連理交枝　之子于歸　宜其家人　于歸叶吉
相敬如賓　妙選東牀　雀屏中選　燕燕于飛
愛河永浴　宜其室家　桃夭及時　摽梅迨吉
乾坤定矣　大道之始　祥徵鳳律　跨鳳乘龍
百兩御之　三十有室　白首偕老　三星在戶
三媒六證　二姓之好　施衿結縭　人各有耦
倚玉之榮　停妻再娶　紅樓夢斷　割臂之盟
同姓不婚　同衾共枕　宜室宜家　分杯帳裏
寤寐求之　山盟海誓　彩鳳隨鴉　從一而終
御溝題葉　心意如膠　恩情似漆　卻扇牀前
指腹爲婚　新婚燕爾　明媒正娶　曠夫怨女
月下老人　永締鴛盟　嘉耦天成　地久天長
天地判合　西閣畫眉　天緣奇遇　夫妻牉合

夭桃穠李　敬奉箕帚　女大須嫁　郎才女貌
如意郎君　娶妻娶德　婚媾不通　媒妁之言
嫁雞隨雞　子平之願　望門兒妨　朱陳締好
東牀嬌客　東牀坦腹　香車美人　桃夭之化
正頭夫妻　比翼連理　鶴別琴臺　洞房花燭
燕侶鶯儔　燕約鶯期　玉 鏡 臺　月老牽絲
琴瑟之樂　琴瑟不調　男女辨姓　百年到老
破鏡重圓　神仙眷屬　秦晉聯姻　紅鸞星動
紅絲待選　紅絲暗繫　爲人作伐　紅線纏腰
白璧同心　終身大事　結髮夫妻　鳳卜宜昌
花燭夫妻　蜜月佳期　覆水難收　訂盟之物
貧不擇妻　赤繩繫足　作 冰 人　雙宿雙飛
鵲橋仙眷　金婚紀念　慶溢鸞膠　明月重圓
琴瑟重調　鸞膠新續　其新孔嘉　畫屏再展
金屋飄香　紅袖添香　小星有耀　渡迎桃葉
小紅低唱　櫻桃樊素　絳桃柳枝　歸遺細君

七曰成語繁夥　吾華以文立國，夙以文學大國著稱於世，歷代文士鏤肝鉥腎所鑄造之雋言成語，亦無慮千萬，其中又多爲四言句，駢文家可以取之不盡，用之不竭，稍加裁剪，即成佳章，於是琳瑯滿目，美不勝收之四六文遂大量產生矣。例如：

祝賀男子壽辰有：

嶽降佳辰	南山比壽	慶衍桑弧	椿庭日暖
多福多壽	南極星輝	大德必壽	惟仁者壽
至德延年	大德大年	東海延釐	天保九如
詩歌天保	頌獻九如	籌添海屋	天錫遐齡
庚星永耀	松鶴延齡	松柏同春	齒德俱尊
椿樹長青	嵩生嶽降	封人三祝	頌祝岡陵
如松柏茂	如南山壽	壽徵大德	庚星煥彩
瑞藹懸弧	壽如日昇	是誠人瑞	海屋長春
日麗中天	日永椿庭	壽並河山	壽比松齡
慶溢懸弧	社結香山	壽考維祺	天錫純嘏
俾壽而康	富貴壽考	樹茂椿庭	靈椿益壽
疇陳五福	天錫難老	圖開福壽	壽人壽世

桑弧耀彩　蓬壺春到　耆賢壽國　鶴籌添壽

蓬島春長　篤祜崇齡　桑弧紀瑞　弧矢增耀

幼學壯行　氣壯風雲　壯圖大展　壯有所用（三十歲）

智者不惑　年逢强仕　學優則仕　仕日方强（四十歲）

樂天知命　學到知非　年齊大衍　福祿艾之（五十歲）

算週花甲　年徵耳順　甲籙新週　花開甲子（六十歲）

德壽古稀　稀齡壽國　萊綵生輝　古稀人瑞（七十歲）

春盈杖履　刻鳩進杖　籌添八百　杖履風高（八十歲）

福備九疇　頌獻九如　天保九如　九天日麗（九十歲）

榮登上壽　壽介期頤　百年人瑞　百齡錫嘏（百　歲）

祝賀婦女壽辰則有：

婺煥中天　輝生錦帨　萱堂集祜　壽添萱綠

慈竹長青　萱茂北堂　萱幃日永　慈竹長春

萱花不老　萱閣長春　媊星煥彩　寶婺騰輝

春滿瑤池　金萱不老　錦帨呈祥　祥開設帨

喜溢璇閨　愛日方長　蓬萊春滿　堂北萱榮

花燦金萱　璇閨日暖　瑤島春長　天姥峯高
壽徵坤德　瑞凝萱室　瑤池益算　萱榮婺煥
慶溢北堂　綵帨延齡　婺曜呈祥　瑤池春永
婺宿騰輝　慈竹風和　帨彩增華　瑤島春深
春滿北堂　萱蔭長春　懿德壽考　祥呈桃實
春濃萱閣　歡騰萱室　慈閫日永　萱庭集慶
果獻蟠桃　蓬島長春　彩帨騰輝　壽考宜家
萱闈春永　懿德延年　慈雲集祜　篤祜崇齡
天護慈萱　名門淑範　慈雲永駐　蟠桃獻瑞
桃熟三千　蕊闕蟾圓（三十歲）　四時春暖　四旬洽慶（四十歲）
百齡方半　百歲平分（五十歲）　萱開周甲　甲子重開（六十歲）
天錫稀齡　懿德古稀（七十歲）　八仙獻壽　八千爲春（八十歲）
瑞兆期頤　甲週又半（九十歲）　壽祝期頤　大齊衍慶（百　歲）

頌揚體壇人士則有：

生龍活虎　健兒身手　睥睨寰球　自强不息
高尚技能　術德兼修　敎亦多術　强種之基

先聲奪人　身手矯健　龍騰虎躍　攻堅擊銳
强國强種　技藝精湛　技藝超羣　望風披靡
所向無敵　發揚蹈厲　樂羣進德　爭也君子
出類拔萃　允文允武　强種興邦　弘揚體育
健身强國　積健爲雄　我武維揚　邦家之光
克敵致果　朝氣蓬勃　登峯造極　足轉乾坤
一鳴驚人　邦家瓌寶　爲國爭光　威震三臺
聲震五洲　宣揚國威　譽滿全球　射必有中
行必由正　正己後發　尚武精神　智勇兼全
射擊能手　有勇知方　琴心劍膽　一發中的
百發百中　百步穿楊　得心應手　弘揚武德
矯首游龍　俯仰自如　活潑健壯　智者樂水
歡同魚水　水上英雄　水底蛟龍　水上健兒

哀輓政界名人則有：

功在黨國　國喪元良　庚星韜彩　黨國完人
一代完人　高山仰止　化人天遊　德望常昭

功在黨國　哲人其萎　德範永昭　國失宗師
甘棠遺愛　涙灑峴山　典型共仰　百世之師
一代聖哲　魯殿光沈　山高水長　達尊共仰
國老千秋　痛失師保　名垂竹帛　典範永存
浩氣長存　南極星沉　大雅云亡　老成凋謝
痛失老成　永懷耆宿　典型永在　山河同悲
遺澤孔長　天不慭遺　科學先知　望重巖廊
山頹木壞　齒德兼尊　典型安仰　羣倫共仰
國失良師　師表羣倫　奪我導師　一代碩彥
黨失導師　一代師表　碩德永懷　德望永昭
邦喪老成　功垂黨國　先知先覺　永垂千古
國失耆賢　永失師表　道範長留　羣流安仰
黨國安仰　愴懷厚德　懋績永昭　偉業永昭
泰斗失瞻　道範永昭　痛失元勳　國失元老
痛失導師　薄海同悲　羣倫安仰　福壽全歸
匡濟勛隆　泰山其頹　千古完人　碩範永垂

榘範足式　斗山安仰　痛失宗師　國失干城
典型長在　提命常新　萬家生佛　黨失耆勳
勳德長昭　耆宿凋謝　吾將誰從　狷介高風
黨國保傅　仁風安仰　痛失元良　功垂黨國
典型宛在　古今完人　同嗟麟逝　德範永垂
靈光其隕　聖哲其萎　一代宗師　仰之彌高
精神不死　國失典型　績學揚芬　人倫師表
霖雨蒼生　開國元勳　南極星沉　黨國師表
音容宛在　功垂萬世　勳垂黨國　典型永式
勳隆黨國　文化先導　至德難名　黨國耆英
道範永昭　國哀大老　一代人豪　黨國完人
黨失完人　高風亮節　道契猶龍　黨國元勳
典型猶在　遺範足式　黨國精華　遺範永昭
國失元勳　中外欽崇　德敎永垂　懋德永垂
痛失元賢　勳業昭垂　國失楨榦　功德昭垂
黨國干城　勳德千秋　功垂青史　儀型萬方

勳德昭垂　高山流水　大業千秋　痛失靈光
是大英雄　志業長昭　勳業長昭　偉績豐功
遽歸道山　斗嶽安仰　耆宿沉冥　痛望宮牆

哀輓各級民意代表（含曾任官職者）**則有：**

勛績長昭　典範長昭　耆英共仰　功昭黨國
黨國楨幹　哲人其萎　爲國盡瘁　讜論流徽
典型長昭　勳望長昭　清芬永式　望重議壇
典型永式　聲華懋著　清徽永式　勳業昭垂
勛業長昭　忠讜流徽　清徽載譽　讜言永式
返璞歸眞　讜論留芳　德徽永昭　聲馳寰宇
德業永昭　望隆謝傅　讜論垂勳　懋績永垂
風徽足式　坫壇垂範　讜論貽徽　勞瘁留芳
謨猷永式　讜議流徽　永光照之　讜論長昭
功在黨國　言行足式　懋績長昭　典範永垂
讜論昭忠　名德懋勛　忠藎孔昭　忠勤足式
一家仁讓　遺澤緜長　令望常昭　勳德千秋

福壽全歸 道範長存 功垂憲典 讜論流芳
駕返道山 讜論垂芳 蓬島歸眞 道協邦衡
天國赴召 典範昭垂 典範猶存 碩德遺型
勳績垂徽 高風安仰 萬流仰攀 勳業垂昭
道範長垂 淸勛貽式 風徽永式 碩範永存
忠謨永式 讜論垂徽 德行永式 讜論同欽
德範永昭 老成凋謝 碩德咸欽 德霈孤殘
碩德聿昭 勛昭黨國 議壇遺徽 道範永昭
功在桑梓 德範長存 道範長存 典型猶在
碩業貽輝 德望長存 道範長昭 義尊國憲
淸德垂範 痛失忠良 風範猶存 勳望長昭
懋績長昭 德範永昭 議席流徽 國喪賢良
勛績永固 道範常欽 議席之光 讜論常昭
稷下遺風 靈佑中興 典範長存 勳業永垂
辯同河瀉 天喪斯人 議席遺徽 柱折南天
德業永垂 德業永固 亮節高風 盡瘁黨國

德業流徽　一代英豪　議壇流芳　讜論流芳
永景讜論　德望常存　績懋議壇　直諒永懷
典則長留　德懋遺徽　志業常昭　懋績長昭
謨獻長昭　讜論垂芳　議壇留徽　德行景仰
國失賢良　忠績長昭　議壇健者　折衝樽俎
鞠躬盡瘁　輿情允洽　碩德長昭　雄辯滔滔
德望長昭　永懷風範　痛失良師　議壇泰斗
讜論昭垂　碩德流徽　懋績長昭　讜論清聲
懋績碩學　發揚正氣　令德常昭　上品上生
德業長昭　遺徽永式　志業永昭　遺範長昭
勳業懋著　功在議壇　仁風安仰　讜論流芳
讜論遺徽　懋績長昭　議壇流徽　績炳旴衡
令望長昭　典範長昭　議壇清望　典型長昭
懋績永昭　言功不朽　哲人遺範　卓行不朽
碩望常昭　永懷卓識　遠猷宏議　讜議流徽
德望永昭　譽著敦槃　藎謨勛猷　道範永垂

立言不朽　議壇精英　議壇魁傑　懋猷常存
德比太丘　壇坫聲隆　一言興邦　讜論匡時
懋績高風　志業千秋　壇坫抒謨　柏臺著望
議壇風冷　鄉邦永懷　騎鯨西去　大雅云亡
功昭壇坫　迴翔坫壇　典型足式　垂譽議壇
司隸威儀　望隆壇坫　痛失宗賢　愴懷宗彥
立言垂則　德範永彰　讜論流馨　功業永昭
功昭黨國　直聲震天　星沈海澨　南極星沉
德業長昭　典型敎範　榮歸天國　碩德常存
德望長昭　典範永垂　昌言不朽　音容宛在
懋績長昭　共仰勛猷　令望長昭　典型尚在
勳績永昭　勳業垂範　讜論昭垂　碩德永垂
痛失門士　蜚聲壇坫　大德永昭　痛殞鄉彥
痛失長者　萎斯哲人　功在邦家　碩德式範
謇諤之操　議席流徽　議席揚聲　音徽允穆
立言流芳　典範永昭　讜論永昭　鳳鳴朝陽

望重烏臺　碩德永昭　福全德備　清望長昭
德望永昭　光前裕後　讜論垂聲　邦國盡瘁
勛勤懋著　鄉土之光　勳績永彰　志行流芳
行爲世則　道範長昭　痛殞鄉彥　藎謀在國
道誼長存　譽流芳潔　激濁揚清　風範永垂
績範長存　志業流徽　大星告隕　牖民覺世
遺範猶存　德範長昭　道範長昭　痛失宗彥
典型永式　德行垂範　望重議壇　稜稜風神
讜論昭垂　典範長存　清議流徽　整飭紀綱
斗山安仰　立言不朽　清望垂昭　令望長垂
國失忠良　聲華永著　績業長昭　頓萎哲人
讜論長昭　忠藎垂思　道範永垂　勛績長存
讜論清芬　風憲柏臺　讜論垂範　坫壇門士
高風共仰　讜論垂芳　德行垂範　清肅垂型
典範猶存　坫壇碩望　國失楨幹　議壇流徽
讜論足式　碩範常昭　清績流徽　正言淑世

永懷風誼　碩德長存　丕樹宏規　聲采長垂
勁節清操　人鑑云亡　懋績長昭　言爲世範

哀輓婦女則有：

女宗共仰　女宗安仰　巾幗完人　仁風安仰
仁慈可風　天國永生　月落星沈　主恩赴召
四德並劭　四德俱全　令德永存　令德永昭
令範永存　永懷敎澤　永息天國　仙馭雲遙
世德坤儀　安息主懷　長仰懿德　相敎遺徽
音容宛在　克揚婦道　母儀千古　母儀永式
母儀安仰　母儀足式　母儀聿昭　母儀長昭
母儀長仰　母儀流徽　母儀垂範　母儀堪式
母敎流光　母德垂芬　母德昭垂　彤史揚芬
彤管留芳　彤管流芳　彤管流徽　彤管揚芬
坤德永範　坤德長存　坤德長昭　坤德裕後
坤儀永式　坤儀流芳　坤儀足式　坤範獨存
坤範猶存　坤範長昭　坤範常昭　春風垂芬

重返天家　信道榮歸　詠歌懿德　神歸天國
敎忠垂裕　淑德可風　淑德永昭　淑德永揚
淑德足式　淑德聿昭　淑德長昭　淑德長存
淑德垂型　淑德清芬　淑德流徽　淑德流芬
淑德揚芬　淑德堪欽　淑德貽徽　淑德留芳
淑善永昭　淑善長昭　淑慈垂範　淑範長存
雁天月落　義方垂訓　義方遺範　琴音輟響
琴聲遽渺　祥鸞返駕　婺宿沈光　魂歸天國
儀型猶存　儀範可風　德徽永昭　德深澤潤
榮歸天國　榮歸天家　萱幃月冷　婦道足式
慈竹風淒　慈竹風悲　慈風共仰　慈風安仰
慈雲西逝　慈雲失仰　慈雲長蔭　慈雲廣被
慈顏宛在　慈範長存　賢淑永昭　賢風堪欽
賢德堪風　遺風可欽　遺風宛在　蒙主恩召
蒙召歸主　禮法長垂　瑤池返駕　瑤池添座
瑤池增座　巾幗儀型　蕙幃雲黯　鄉邦共仰

駕返西池　駕返瑤池　寶婺星沈　寶婺光沈
徽音足式　鸞琴韻斷　鸞馭天庭　鸞駕西遊
鸞駕西歸　壼儀足式　壼範永垂　壼範長存
壼範長昭　壼範昭垂　壼範揚芬　壼範常昭
壼範猶存　壼範貽徽　懿行永欽　懿行垂範
懿風安仰　懿德永昭　懿德可風　懿德長存
懿德長昭　懿德流芳　懿德堪欽　懿範千秋
懿範永式　懿範永存　懿範足式　懿範長昭
懿範長留　懿範昭垂　懿範常昭　懿範揚芬
懿範猶存　彤華著譽　媯汭揚徽　慈雲縹緲

凡若此類，更僕難終，遂爲對偶文字產生之最佳條件。

二　駢文衍進之過程

泰古之時，駢散不分，未嘗有通體對偶之文章出現，前已言之詳矣。而劉彥和乃謂駢體之源，肇於書易（見文心雕龍麗辭篇），此固就其廣義而言之也。若夫狹義之駢文，其成立當在齊梁之交，而以四句平仄相間作對所謂四六文者，更當在齊梁以後矣。首尾經過千餘年之醞釀發皇，乃成斯體，此豈非文學界之一大奇跡也耶。茲將其成立之經過，扼要述之如下：

【一】春秋卜商撰詩大序一篇，上規周易繫辭，語比聲和，阮元以爲卽駢文之鼻祖。（見文韻說）然猶未開設喻隸事之風也。

【二】秦李斯諫逐客書，爲設喻隸事之濫觴，而兩段相偶亦自此開。

【三】西漢鄒陽有獄中上梁孝王書，廣引譬類，與李斯同風，而辭意更形複雜，儼成一種儷習，駢體之經脈，隱約可尋。然猶未整句調，敷色采也。

【四】西漢王褒之聖主得賢臣頌出，而駢句始多。兩段相偶，上繼李斯。偶句，排句，疊句，全段比喻，數句比喻，用成語，徵古事，以上諸法，俱自此開之。

【五】東漢蔡邕所作碑文甚富，而以郭有道林宗碑一篇爲尤著，色澤穠縟，音節春容，爲六朝駢文之津梁。

【六】魏曹植一出而駢文始工，所作七啓，造語之精，敷采之麗，漢代所無，而文字已力趨整齊畫一，竟爲儷辭導其先路。

【七】晉陸機撰豪士賦序，裁對之工，隸事之富，爲晉文冠。而措辭短長相間，蓋已爲四六之前驅矣。

【八】宋顏延之一出而代語始繁，其三月三日曲水詩序，用字則避陳翻新，織詞則縟麗競繁，開駢儷雕繪之習。

【九】齊王融梁沈約二子共同發明聲律論，由詩以移於文，而用字始避拘忌，音調始知協暢，配色則益趨穠麗矣。駢文至此，如百尺竿頭，更進一步。王融之三月三日曲水詩序，沈約之齊安陸昭王碑文，是其例。

【十】陳徐陵北周庾信二君一出，遂集駢儷之大成，並開以四六句間隔作對之先例。蓋古人作對，不過上句對下句，其隔句作對，亦往往多用四言，至以四六句平仄相間作對，則首推徐庾爲多。如庾信之『廉頗眷戀，寧聞更用之期，李廣盤桓，無復前驅之望。』(周大將軍懷德公吳明徹墓誌銘序)徐陵之『楚王宮內，無不推其細腰，魏國佳人，俱言訝其纖手。』(玉臺新詠序)皆其例也。

要而言之，駢文之成，先之以調整字數，是曰裁對。再之以鋪張典故，是曰隸事。繼之以渲染色澤，是曰敷藻。進之以協諧音律，是曰和聲。終之以靈動句法，是曰調句。持此五者，可以考跡斯體演進之序，上舉諸人，乃絕佳之左驗也。(參用近人駱鴻凱氏之說〇見文選學)

三　駢文變遷之大勢

吾華以文立國，自泰古以來，駢散並馳，迭相雄長，與時高下，雖變態百出，不可窮極，究其大概，可得而言。第一期自唐虞以迄於嬴秦，爲駢散未分之時代。第二期自西漢以迄於東漢，爲駢文之胚胎時代，亦駢散角出之時代。第三期自魏晉以迄於盛唐，爲駢文之全盛時代。第四期自中唐以迄於趙宋，爲駢文蛻變之時代，亦駢散並馳之時代。第五期自蒙元以迄於朱明，爲駢散文之衰落時代。第六期有清二百餘年，爲駢散文之復興時代。昔梁任公有言：『佛說一切流轉相，例分四期，曰生住異滅。思潮之流轉也正然，例分四期：一啓蒙期（生），二全盛期（住），三蛻分期（異），四衰落期（滅），無論何國何時代之思潮，其發展變遷，多循斯軌。』（清代學術概論）若以駢文方之，其第一、二兩期，則梁氏所謂啓蒙期也，其第三期則梁氏所謂全盛期也，其第四期則梁氏所謂蛻分期也，其第五期則梁氏所謂衰落期也，若合符節，毫釐不爽。（惟其第六期情況特殊，故爲梁氏所未該耳。）細爲分析，可如下述。

【一】駢散之未分時期　縱觀無始，默契萬有，知宇宙造化之理，無獨而必有對，屈指細數，歷歷可徵。庖羲作卦，一畫後，即以偶續奇，知一之不可以孤行也。六經之文，整散並運，特渾涵不覺，而焜焜與兩曜爭輝，不可磨滅。逮乎兩周道喪，七十義乖，淹中稷下，八儒三墨，辯博之論蜂起，漆園黍谷，名法兵農，宏放之詞霧集。其後屈宋諸子挺生南國，擢秀鄧林，賦繼孫卿之後，詞開炎漢之先。雖隻詞散句，洋溢乎縹細，而駢絲儷片，亦往往而有焉。章實齋嘗謂：『後世之文，其體皆備於戰國。』（文史通義詩教篇）其信矣乎。秦一宇內，文武並馳，泰山銘石，李斯上書，作風日益峻整，文字漸趨畫一，蓋已爲設喻隸事之前驅矣。

【二】駢文之胚胎時期　秦鼎既革，劉氏基命，海宇乂安，文風彌盛，洛陽才子，振麗藻於遐荒，蜀國詞人，揚清聲於翰苑，氣則孤行，辭多比合。自是著述滋繁，體制匪一，駢偶之基，已兆其盛。東京之朝，玆道愈扇，絺章繪句者如林，咀徵含商者成市，名流各盡其長，儷體於焉大備。

【三】駢文之全盛時期　自漢末以迄隋初，歷時三百餘年，世所謂六朝者也。此三百餘年中，中原鼎沸，夷狄交侵，社會黑暗，禮法蕩然，益以佛老思想盛行，玄談風氣彌漫，一般作者遂厭棄現實之社會與人生，而努力向藝術之路邁進，上自帝王詔令，下至贈答箋啓，無不刻意美化，適會聲韻之學，自西徂東，益助文章之唱歎，舉世無匹之美文，於焉大盛，幾不復知世有散行文字矣。有隋代興，懲前毖後，雖有改弦更張之心，究不敵潮流之激盪，偶儷之文，依然如日中天，終未掩其光曜於萬一也。爰逮李唐，作者蔚起，上承六朝餘習，徐庾流化，惟稍振以清麗之風，務求音節之舒暢，骨氣之端翔，纂組輝華，沈懿雅麗，迻迤至於開寶，其風猶未稍替焉。

【四】駢文之蛻變時期　唐代中葉，韓愈柳宗元崛起，以周秦兩漢之文，律度當世，極思有以丕變舊俗，改革之聲，響徹霄漢，皇李之徒，復從而羽翼之，唐之古文，遂蔚然而稱盛。自玆厥後，駢文深受影響，體格因而大變。爲之前驅者，其陸宣公乎。宣公駢文，明白曉暢，切於實用，指事如口講手畫，說理則縷析條分，眞意篤摯，反覆曲暢，雖驕將悍卒讀之，無不揮涕激發，後世長於公牘者，爭相效之。故駢文由美文蛻變而成爲應用文，實宣公導之也。晚唐溫李，英才挺出，一以博麗爲宗，其雄厚或過於六朝，而雅麗自然則終有未逮。兩宋詞人，雲蒸霞蔚，咸能自出機軸，以散行之氣勢運偶句，以流利之辭語見自然，清空流轉，蕭疏雅淡，駢散二體，分鑣而並馳焉。

【五】駢文之衰落時期　蒙元以異族入主中夏，稽古右文，幾成絕響，除戲曲稍有可觀外，其餘則一無是處。朱明士子，上承南宋空疏弇陋之習，多不悅學，於是樂散文之簡易，而憚駢體之繁複，號稱作者，率衹作散文，在應用方面，亦以散文爲多。而駢文衹限於一部分用處。其間雖有少數文士刻意爲之者，究多粗製濫造，庸廓膚淺，難登大雅之堂，蓋此時律賦與八股文正風靡全國，流毒華夏，亙數百年，其阻礙文學之發展，在明代為尤甚焉。然則元明四百年間，謚之為駢文之黑暗時代（Dark ages），亦庶乎其有當也夫。

【六】駢文之復興時期　駢文自宋末衰歇以後，窒息於戲曲之下者垂四百年，直至清世，始又活躍。初期之作者以陳維崧最號傑出，汪堯峯見其文曰：『開寶以來七百年無此等作矣。』識者以為篤論，駢文復興之大纛，於焉高舉。乾嘉間，著名之駢文家有胡天游邵齊燾袁枚阮元汪中洪亮吉孫星衍孔廣森諸家，或心儀顏謝，或追蹤徐庾，或規橅四傑，或神交燕許，或模範宣公，或出入溫李，或取法歐蘇，並能駢肩往代，方駕前修。有以博麗稱者，有以氣勢勝者，有以藻密擅揚者，有以輕倩名世者。以是六朝凝重之氣，三唐蘊藉之風，兩宋淡雅之致，乃又重現於騷壇。洎乎末造，王闓運奮起湘中，幾有開拓萬古心胸，推倒一時豪傑之勢，步趨蘭成，神韻逼真，成為清季駢文之殿軍，惜其復興之氣運，至此已呈强弩之末，過此以往，不復再有振作之餘地矣。

茲試製一表，以見駢散文體盛衰消長之梗概。（見九〇頁）

㈢駢散文體盛衰消長大勢表

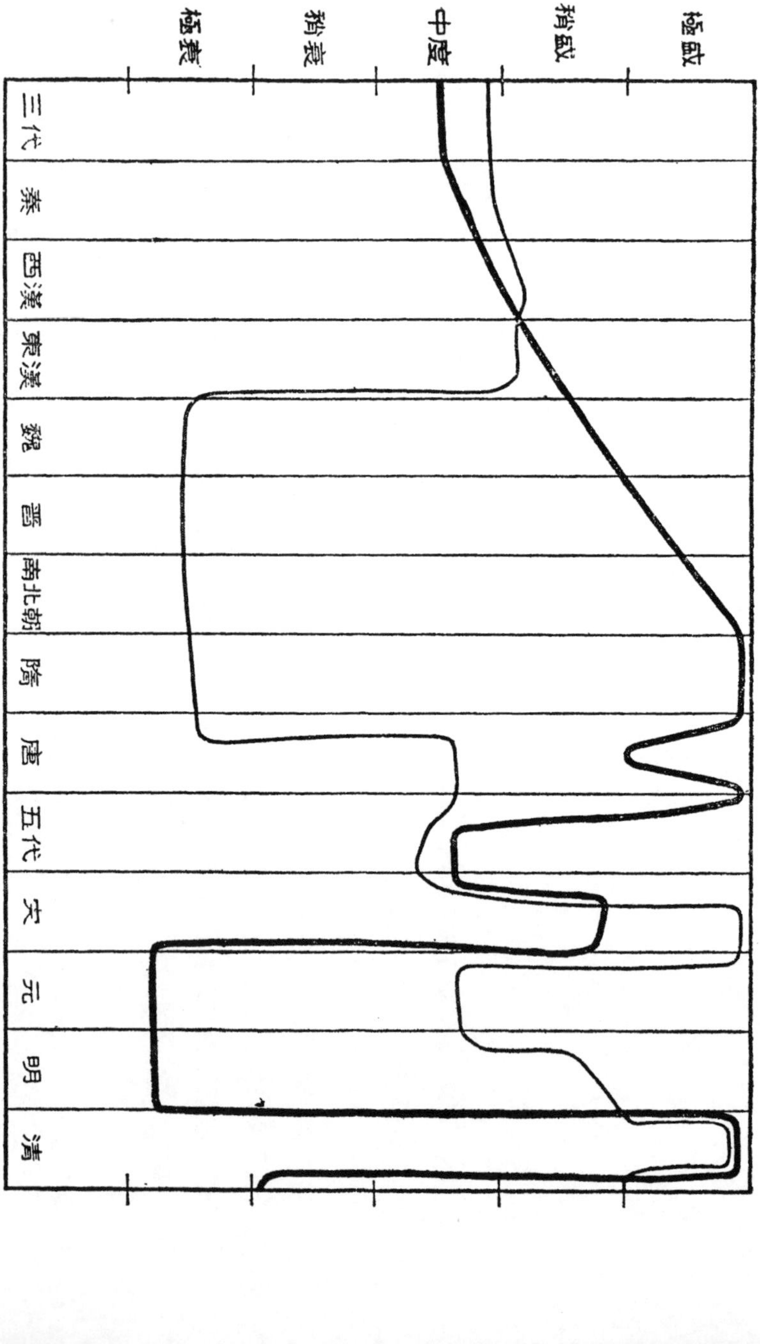

說明：細線表散文　粗線表駢文

第四章　駢文構成之要件

駢文有廣狹二義：凡通篇以偶句連綴成文者，是爲廣義之駢文，六朝末期以前之對偶文章屬之。（詳見本書三章二節）而狹義之駢文，通稱爲四六文，六朝末期以後之對偶文章屬之。四六文構成之要件有五：㈠**對偶精工**，㈡**用典繁縟**，㈢**辭藻華麗**，㈣**聲律諧美**，㈤**句法靈動**。此五者缺一不可，缺其任何一項，則不得謂爲純粹之四六文矣。

抑又須附帶說明者，除上述廣狹二義之外，別有一特種文體焉，則白描之駢文是已。其體肇始於中唐時代之陸贄，發皇於北宋中葉之歐蘇，歷元明以至遜清，流行不衰，一幟獨樹，垂數百年，亦云奇矣。茲舉宋清白描駢文各一首爲式：

蔡州乞致仕第二表

歐陽修

臣某言：臣近上表章，乞從致仕，伏奉詔書，所乞宜不允者。睿訓丁寧，曲加慰諭，愚衷懇迫，尚敢黷煩。將再干於冕旒，宜先伏於砧鑕。

伏念臣世惟寒陋，少苦奇屯，識不達於古今，學僅知於章句。名浮於實，用之始見於無能，器小易盈，過則不勝於幾覆。徒以早逢千齡之亨會，誤蒙三聖之奬知，寵榮既溢其涯，憂患亦隨而至。稟生素弱，顧身未老而先衰，大道甚夷，嗟力不前而難强。每念恩私之莫報，兼之疾病以交攻。爰於守亳之初，遂決潁濱之計。逮此三遷於歲律，又更兩易於州符。而犬馬已疲，理無復壯，田廬甚邇，今也其時。是敢更殫螻蟻之誠，仰冀乾坤之造。況今時不乏士，物咸遂生。鳧雁去來，固不爲於多少，鳶魚上下，皆自適於飛潛。苟遂乞於殘骸，庶少償其夙志。

伏望皇帝陛下哀憐舊物，隱惻至仁，察其有素非僞之誠，成其識分知止之節，曲從其欲，賜報曰俞。俾其解組官庭，還車故里。披裘散髮，逍遙垂盡之年，鑿井耕田，歌詠太平之樂。其爲榮幸，曷可勝陳。

遊消夏灣記

洪亮吉

余以辛酉七月，來遊東山。月正半圭，花開十里。人定後，自明月灣放舟西行。涼風參差，駭浪曲折。夜四鼓，甫抵西山，泊所爲消夏灣者。橘柚萬樹，與星斗並垂，樓臺千家，共蛟蜃雜宿。雲同石燕，竟爾回翔，天與白鷗，居然咫尺。舟泊水門，岸來素友。言采菱芡，供其早餐，頻捜魚蝦，酌此春酒。奇石突戶，乞題蟲書，怪雲窺人，時現鱗影。相與縱步幽遠，攀躋藤葛。靈區種藥，往往延年，暗牖栽花，時時照夜。晚辭同人，獨宿半舫。蓮葉千幹，游魚百頭。怪響出波，奇香入夢。蓋至夜光沈壑，湖浪衝霄，悄乎若悲，默爾延佇。此又後夜漁而燕息。先林鳥而遄征者焉。是爲記。

按所謂白描之駢文，卽以散行之氣勢運偶句，以流利之詞語見自然，是爲駢文之別調，而非駢文之正軌。此種去華從實，筆文互用之文體，實導源於唐之陸宣公。宣公之作，雖情無不宜，理無不舉，意無不達，詞無不暢，然過度去華從實之結果，往往失卻駢文所應具有之美感。而不善學者爲之，則振采不飛，負聲無力，流爲凡猥，自在意中。此古今文家於宣公駢文之所以不肯以正統與之，而以別裁目之也。（請參閱本書七章三節）若乃北宋慶曆諸子之四六，雖亦遠師宣公，而無論體製風格，均與正統駢文相似，所異者祇在精神面貌耳。此種散體化之駢文，則由歐陽修啓之。陳善捫蝨新語云：

以古文體爲詩，自退之始，以古文體爲四六，自歐陽公始。

孫梅四六叢話云：

宋初諸公駢體，精敏工切，不失唐人矩矱。至歐公倡爲古文，而駢體亦一變其格，始以排奡古雅，爭勝古人，而枵腹空筍者，亦復以優孟之似，藉口學步，於是六朝三唐格調寖遠，不可不辨。

而瞿兌之中國駢文概論亦云：

宋朝一班講古文的人，遇著作制誥箋表，不能不用駢體的時候，便又開闢一種新的文體來。這種新文體是不用典的駢文，是以古文作法來作的駢文，也可以說是白描的駢文，彷彿畫家從金碧山水解放到水墨山水一樣。大約這種風氣，從歐陽修創始，一時善爲古文者，亦無不能作這種駢文。歐公旣痛革西崑末流磔裂怪誕之弊，欲使文體復歸於淳美雅正，故所作多自出胸臆，不肯蹈襲前人，而鎔裁古語，亦極自然，絕不見牽強之跡，內容漸趨充實，色彩漸趨平淡，淸空流轉，別具風格，宋四六之弘基，從是奠。終宋之世，無一能突破其藩籬，而別開蹊徑者。故就中國駢文史地位而言，歐公實爲宣公後提倡駢文散體化之第一偉大作家，亦卽宋四六之開山祖師也。吳之振序宋詩鈔有云：『宋人之詩，變化於唐，而出其所自得，皮毛盡落，精神獨存。』此雖就詩立言，而駢文內容，頗亦類似。揚搉言之，以宋代之駢文與梁陳以來之駢文較，則梁陳以來之駢文，可謂駢文中之駢文，而宋代之駢文，可謂駢文中之散文矣。

清朝爲吾國之文藝復興（Renaissance）時代，文壇諸子之模仿力甚強，凡前人作品之可以爲我借鏡者，無不苦心追摹，皆與之方駕並驅而後已。故心儀漢魏者有之，馳驟六朝者有之，奄舌三唐者有之，而瓣香兩宋者亦不乏其人。其模仿逼眞，時得宋代散體化駢文之神髓者，吾得二人焉，曰曾國藩、張之洞。而備具衆體，無所不宜者，則推袁枚、洪亮吉、李慈銘諸人。

要而言之，駢文凡分三體：（一）六朝末期以前以雙行意念行文者，是爲雛形之駢文，亦卽廣義之駢文。（二）六朝末期以後嚴守㈠**對偶精工**㈡**用典繁夥**㈢**辭藻華麗**㈣**聲律諧美**㈤**句法靈動**五種原則者，是爲定型之駢文，一曰標準之駢文，通稱四六文，亦卽狹義之駢文。（三）自中唐陸贄以後，以散行氣勢運偶句者，是爲別裁之駢文，一曰變體之駢文，通稱散文化之駢文，亦即白描之駢文。如上舉歐陽修之蔡州乞致仕第二表、洪亮吉之遊消夏灣記二篇，平鋪直敍，洗盡鉛華，祇合標準駢文之㈠㈣㈤三要件而已，於㈡㈢二要件則均付闕如。本章所論，從其狹義。

一　對偶精工

對偶亦稱對仗，爲文章修辭法之一。『仗』字之意義蓋自『儀仗』而來，『儀仗』爲兩兩相對，故兩兩相對之辭句謂之對仗，亦謂之對句，在我國古典文學詩詞曲賦駢文中，有二句意義相互對照者屬之。英文couplet，亦譯作對句，係二行叶韻之詩句，通常以二行表現一獨立觀念。如英人拜倫（Byron）詩：

One shade the more, one ray the less,……

The smiles that win, the tints that glow.

惟英文爲多音節文字（poly-syllable），長短取捨，至難均齊，故駢語儷句惟有我國單音節文字（monosyllable）所構成之文學作品始能產生，而其中又以駢文爲最多，蓋對仗爲駢文之靈魂，對句爲駢文之骨架，亦爲構成駢文之首要條件也。

一篇駢文係由許多對聯組合而成，對聯須講求對仗，人盡知之，故對聯乃是駢文之雛形。易言之，欲習作駢文，必自習作對聯始。若以數學爲喻，則駢文有如微積分，對聯有如代數，苟欲精通微積分，則必自精通代數始也。一副對聯，須上下相比，不但須字數相同，意義對稱，且詞性亦須相對，卽名詞對名詞，動詞對動詞，形容詞對形容詞，副詞對副詞。此外，如雙聲，疊韻，疊字，數字，動物，植物等，皆須相對，始合規格。

至於對仗之方法，文心雕龍麗辭篇列擧四對，以爲言對爲易，事對爲難，反對爲優，正對爲劣。並擧例以明之曰：

言對者，雙比空辭者也。事對者，並擧人驗者也。反對者，理殊趣合者也。正對者，事異義同者也。長卿上林賦云：『修容乎禮園，翺翔乎書圃。』此言對之類也。宋玉神女賦云：『毛嬙鄣袂，不足程式，西施掩面，比之無色。』此事對之類也。仲宣登樓云：『鍾儀幽而楚奏，莊舃顯而越吟。』此反對之類也。孟陽七哀云：『漢祖想枌楡，光武思白水。』此正對之類也。凡偶辭胸臆，言對所以爲易也。徵人之學，事對所以爲難也。幽顯同志，反對所以爲優也。並貴共心，正對所以爲劣也。又以事對，各有反正，指類而求，萬條自昭然矣。

玆爲淸晣計，將原文製成一表，以便觀覽。

(四)文心雕龍麗辭篇對偶種類表（據梁繩禕氏文學批評家劉彥和評傳而略加變化者）

對偶名稱	詮釋	證例	作者篇名	評論：斷案	評論：理由
言對	雙比空辭	修容乎禮園　翺翔乎書圃	司馬相如　上林賦	易	偶辭胸臆
事對	並擧人驗	毛嬙鄣袂　不足程式　西施掩面　比之無色	宋玉　神女賦	難	徵人之學
反對	理殊趣合	鍾儀幽而楚奏　莊舃顯而越吟	王粲　登樓賦	優	幽顯同志
正對	事異義同	漢祖想枌榆　光武思白水	張載　七哀詩	劣	並貴共心

按文心所言，乃就橫的方面分析對仗，亦卽對仗之原則，而非對仗之方法。六朝以降，藝事日精，對仗之法，愈衍愈多。唐上官儀有六對之說（詩苑類格引），皎然有八對之論（見詩議），而空海文鏡祕府論且擴爲二十九種，洋洋大觀，足眩人目。玆參酌衆家之說，臚列其重要者三十種如次：

駢體文三十種對偶法

【一】單句對 又名『單對』，即單句相對。此爲對仗之基礎，初學作對聯須作此對，再及其餘。

坐視帶長。
轉看腰細。（梁元帝蕩婦秋思賦）

慧日西沈。
慈波東騁。（張仁青慧炬月刊社創立十二週年頌）

【二】偶句對 又名『雙句對』、『隔句對』、『偶對』，即第一句與第三句對，第二句與第四句對。

關山難越，誰悲失路之人。
萍水相逢，盡是他鄉之客。（王勃滕王閣序）

七年遠謫，不知骨肉之存亡。
萬里生還，自笑音容之改易。（蘇軾謝丁連州朝奉啓）

按一聯之中，第一句與第三句成對，第二句與第四句成對者，謂之『偶句對』，以其爲『單句對』之雙倍也。此法與『單句對』在駢文中應用最多、最廣，觸目皆是。在詩中，律詩因受格律之限制，極爲少見，惟古詩及絕句稍多耳。例如：

五月南風興，思君下巴陵。
八月西風起，想君發揚子。（李白長干行）

諸公袞袞登臺省，廣文先生官獨冷。
甲第紛紛厭粱肉，廣文先生飯不足。（杜甫醉時歌）

【三】**長偶對** 二句以上相對者

聖人之行法也，如雷霆之震草木，威怒雖盛，而歸於欲其生。
人主之罪人也，如父母之譴子孫，鞭撻雖嚴，而不忍致之死。（蘇軾乞常州居住表）

人情於日暮頹唐之際，顧子孫侍側，而能益精神。
儒生於方寸瞀亂之餘，雖星夜辦公，而必多叢脞。（袁枚上尹制府乞病啓）

【四】**異類對** 又名『異名對』、『平頭對』、『普通平對』，即不同類之物相對。

鳳不去而恆飛。
花雖寒而不落。（庾信謝趙王賚白羅袍袴啓）

『鳳』爲動物，『花』爲植物，不同類屬，故名『異類對』。

江山半壁，非仙人劫外之棋。
金粉六朝，盡才子傷心之賦。（洪亮吉冬青樹樂府序）

『江山』屬地理門，『金粉』屬妝飾門，亦非同一類屬。

按一聯之中，兩邊文句之意義、詞性、平仄，必須力求其工整，始合規格。如『青山』對『綠水』，『紅顏』對『白髮』，『胭脂』對『粉黛』，『名士』對『佳人』，『蝴蝶』對『杜鵑』，『佛國』對『仙都』等。在一篇文章中，若字字均使之達於正切之標準，錙銖不爽，毫釐不差，非惟時力所不能許，亦且無此必要。故一般文家只求對仗之穩當，而不斤斤於對仗之正切，以免束縛既多，反傷文章之眞美，如此之類謂之『平頭對』，或曰『異類對』。以其爲最平常之對法，故又稱爲『普通平對』。

又按：在律詩及詞曲中，此種對式亦多而且廣。今擧陳含光感金陵近事詩腹聯爲例：

百縣聞風齊解甲。
三軍掬指笑爭舟。

其中『百縣』對『三軍』，『聞風』對『掬指』，『齊解甲』對『笑爭舟』，無論文意、詞性、平仄，對仗均極穩妥，然而『縣』與『軍』，『風』與『指』，『甲』與『舟』，雖同爲名詞，但不同類屬，尚不能稱爲正切，只能稱爲穩妥，此乃平常之對法，故名爲『平頭對』。

【五】同類對　又名『正名對』、『的名對』、『正對』、『切對』、『合璧對』，卽同類之物相對。

漢水之平途七百。
江陵之遠道三千。（孔廣森長離閣詩集序）

蓮心自苦。
梅子常酸。（吳錫麒熊母章太宜人七十壽序）

前聯上下句中，『漢水』對『江陵』，『平』對『遠』，『途』對『道』，『七百』對『三千』。後聯上下句中，『蓮』對『梅』，『心』對『子』，『自』對『常』，『苦』對『酸』。其字義與詞性均相對工切，銖兩悉稱，故謂之『同類對』，較『異類對』嚴密甚多。

按詩文中之對仗，其上句用『天』，下句對『地』。上句用『花』，下句對『草』。上句用『山』，下句對『水』。上句用『春華』，下句對『秋實』。上句用『驕矜』，下句對『謙遜』。上句用『明槍』，下句對『暗箭』。此類對仗，無論字義、詞性、平仄，均甚穩妥，且極正切，故稱『正對』、『切對』。又恰如兩璧合一，故稱『合璧對』。在律詩中應用亦多，僅次於『異類對』。今擧二例如次：

戶外一峯秀。
階前衆壑深。（孟浩然題義公禪房詩）

花迎劍佩星初落。
柳拂旌旗露未乾。（岑參和賈舍人早朝大明宮詩）

【六】方位對

鄭家淑媛，說詩義於泥中。
王氏名姬，度歌聲於扇底。（陸繁弨小青焚餘序）

晨鐘一響，聲動南天。
學子三千，歡騰北地。（婁良樂師大校慶頌詞）

【七】當句對 又名『本句對』、『連環對』，即每邊各自爲對也。

圓嶠方壺，涉滄波而靡際。
金臺玉闕，陟懸圃而無階。（武則天夏日遊石淙詩序）

按『圓嶠』對『方壺』，『金臺』對『玉闕』，皆各自爲對。

騰蛟起鳳，孟學士之詞宗。（王勃滕王閣序）
紫電青霜，王將軍之武庫。

按『騰蛟』對『起鳳』，『紫電』對『青霜』，皆各自爲對。洪邁容齋續筆云：『唐人詩文，或於一句中自成對偶，謂之當句對。蓋起於楚詞蕙蒸蘭藉，桂酒椒漿，桂櫂蘭枻，斲冰積雪。自齊梁以來，江文通庾子山諸人亦如此。王勃宴滕王閣序一篇皆然，若：襟三江，帶五湖，控蠻荊，引甌越。龍光牛斗，徐孺陳蕃。騰蛟起鳳，紫電青霜。鶴汀鳧渚，桂殿蘭宮。鐘鳴鼎食之家，青雀黃龍之舳。落霞孤鶩，秋水長天。天高地迥，興盡悲來。宇宙盈虛，丘墟已矣之類，是也。』

【八】虛字對 又名『虛詞對』

宋微子之興悲，良有以也。（駱賓王為武后臨朝移諸郡縣檄）
袁君山之流涕，豈徒然哉。

惟不聽良友之言，以至此耳。（陳球燕山外史）
抑豈料征人之苦，有如是耶。

【九】實字對 完全由實字所組成之對仗

鄭婉秦姘。（黃之雋香屑集自序）
燕姬趙女。

儒林學士。（吳錫麒徵黃太君貞節詩啓）
文籍先生。

按司空曙喜外弟盧綸見宿詩：『雨中黃葉樹，燈下白頭人。』亦是此種對式。

【一〇】有無對

叢臺有霜。（洪亮吉傷知己賦序）
殘月無影。

無向日之萱花。（曾燠儀徵張孝女廟碑）
有病風之椿樹。

【一一】疊字對 又名『連珠對』

日黯黯而將暮。（梁元帝蕩婦秋思賦）
風騷騷而渡河。

遞葉葉之花箋，文抽麗錦。（歐陽炯花間集序）
舉纖纖之玉指，拍按香檀。

【一二】數字對 又名『數目對』

自蜀徂京，幾四千里。
攜孥去國，蓋二十年。（蘇軾謝賈朝奉啓）

蟾圓天上，纔得三百六十回。
蟲劫人間，何啻百千萬億數。（成惕軒山房對月記）

【一三】渾括對 凡上下聯文意相對而字面或音調對仗不工者屬之

乞食餓鴟之餘。
寄命東陵之上。（汪中自序）

按上句用莊子秋水篇鵷鷹嚇雛事，言己賤如餓鴟，以腐鼠爲美味，不能如鵷雛之高潔也。下句用盜跖死於東陵（山名，在山東章邱縣南。）事，言己行險求生，直若盜跖，取敗無時也。『乞食』與『寄命』，『餓鴟』與『東陵』，無論文意、平仄，均不能成對。但若以整句文意觀之，則勉強可對。此種字面對仗不工，平仄亦不甚調和，而須以整句意義爲著眼點，勉強相對者，謂之渾括對。六朝末期以前與六朝末期以後宗法六朝者之作品，對仗多不工整，均屬此種。詩人以此法作對者亦多有之，如杜甫詠懷古跡詩：『伯仲之間見伊呂，指揮若定失蕭曹。』是也。

聽漁父之鼓枻。
思游女之解佩。（汪中漢上琴臺之銘序）

按上句用楚辭漁父屈原見漁父事，下句用葛洪神仙傳鄭交甫江湄遇二仙女事。『漁父』與『游女』，『鼓枻』與『解佩』，文意雖可相對，而平仄不調，此種重視內容，犧牲音調之對仗，亦謂之『渾括對』。

【一四】彩色對

愁縈翠眉斂。（梁元帝蕩婦秋思賦）
啼多紅粉漫。

詞傳黃絹。（陳球燕山外史）
譜寫烏絲。

【一五】成語對

義重於生，雖匹夫不可奪志。（齊愈書張邦昌字送御史臺責詞）
士失其守，或一言幾於喪邦。

按『匹夫不可奪志』見論語子罕篇。『一言幾於喪邦』見論語子路篇，惟文字略有變易耳。

蕩蕩乎無能名，雖莫見宮牆之美。

欣欣然有喜色，咸豫聞管籥之音。（孫覿代高麗國王謝賜燕樂表）

按首句見論語泰伯篇，三四兩句俱見孟子梁惠王篇。

又按：成語之大量移以入文，蓋始於宋人，相沿成習，遂爲宋四六之一大特色。其手法高妙者，輒能食古而化，推陳出新，絕不露一絲痕跡，爲駢體文別開另一新境界。

【一六】聯綿對 亦作『聯緜對』、『連綿對』。

長煙苒惹，尚悄悄以在眸。
餘馥葳蕤，亦倀倀而度日。（黃之雋香屑集自序）

按『苒惹』，綿長貌。『葳蕤』，盛貌。均爲兩字連綴而成一詞。下例亦同。

嚮時鄰笛，都成慷慨之聲。
落月屋梁，但見淒涼之色。（成惕軒哭李漁叔教授文）

按字之聯綴成義者曰聯綿字。約可分爲三種：

㈠雙聲之字，如『寥落』、『流連』、『踴躍』、『鴛鴦』等是。

㈡疊韻之字，如『童蒙』、『徘徊』、『優游』、『淒迷』等是。

㈢非雙聲疊韻之字，如『寂寞』、『蟋蟀』、『慘淡』、『依稀』等是。

㈠㈡兩種詳後，右舉二例屬第㈢種。『慷慨』雖爲雙聲字，但與『淒涼』相對，仍屬第㈢種。

【一七】雙聲對 凡字之聲母相同者謂之雙聲

貫歷覽其中操兮，意慷慨而自卬。
左右悲而垂淚兮，涕流離而縱橫。（司馬相如長門賦）

按『慷慨』雙聲，『流離』雙聲。

盧龍之徑，於彼新開。
銅駝之街，於我長閉。（徐陵與北齊尚書令求還書）

按『盧龍』雙聲，『銅駝』雙聲。

【一八】疊韻對（凡字之韻母相同者謂之疊韻）

聲易淒迷，寡女千絲之淚。
光何慘淡，貧家一盌之燈。（吳錫麒洪稚存同年機聲燈影圖序）

按『淒迷』疊韻，『慘淡』疊韻。

鳥間關而共嬌。
鵲聯翩而不定。（黃之雋香屑集自序）

按『間關』疊韻，『聯翩』疊韻。

【一九】雙聲疊韻對

琉璃硯匣，終日隨身。
翡翠筆牀，無時離手。（徐陵玉臺新詠序）

按『琉璃』雙聲，『翡翠』疊韻。

效包胥之慟哭，慷慨登臺。
賦宋玉之大招，旁皇生祭。（洪亮吉冬青樹樂府序）

按『慷慨』雙聲，『旁皇』疊韻。

【二〇】疊韻雙聲對

飄颻餘雪，入簫管以成歌。皎潔清冰，對蟾光而寫鏡。（蕭統大簇正月啓）

按『飄颻』疊韻，『皎潔』雙聲。

披莊子之七篇，逍遙物外。玩老氏之兩卷，恍惚懷中。（蕭統林鍾六月啓）

按『逍遙』疊韻，『恍惚』雙聲。

【二一】流水對　凡上下聯意義相貫串不可分割者屬之

天而既厭周德矣。吾其能與許爭乎。（左傳隱公十一年）

惟漢室上繼三代之盛。而班史自成一家之書。（歐陽修謝賜漢書表）

按流水對在近體詩中時時可見，此乃我國古典文學登峯造極，出神入化之作。例如：

此地一爲別。孤蓬萬里征。（李白送友人詩）

惟將遲暮供多病。（杜甫野望詩）
未有涓埃答聖朝。

誰言瓊樹朝朝見。（李商隱南朝詩）
不及金蓮步步來。

反覆雒誦，良多趣味。以杜詩而言，上句言晚年病魔纏身，是因。下句言無功報答朝廷，是果。兩句詩意自然貫串，有如流水，不可分割。而其關鍵所在，則全在『惟將』與『未有』兩組虛詞之運用。此爲詩文中最標準之流水對。胡震亨唐音癸籤云：『嚴羽卿以劉愼虛「滄浪千萬里，日夜一孤舟」爲十字格。劉長卿「江客不堪頻北望，塞鴻何事又南飛」爲十四字格。謂兩句只一意也，蓋流水對耳。』所言甚是。惟駢文受格式之限制，鑄句不易，故作者較少耳。

【二二】囘文對

春草暮兮秋風驚。（江淹恨賦）
秋風罷兮春草生。

秋何月而不清。（梁元帝蕩婦秋思賦）
月何秋而不明。

按囘文有廣狹二義：廣義之囘文，只須詞意囘環，而無須往復成句，如前舉二例是也。狹義之囘文，則須往復成句，讀之無不可通者。如王融春遊詩：『池蓮昭曉月，幔錦拂朝風。』無名氏聯語：『落月寒窗梅映雪，清波遠岸柳生煙。』『晴波碧柳春歸燕，細雨紅窗晚落花。』是也。狹義之囘文對，駢文絕難產生。

【二三】巧對

摶羊角而高騫，浩若無津。
附驥尾以上馳，邈焉難託。（駱賓王上司列太常啓）

三光日光星。
四詩風雅頌。（岳珂程史）

按此類對句，極不易得，故曰『巧對』，元兢髓腦謂之『奇對』。今人有以『王壬秋』對『卜子夏』，『中南海』對『右北平』者，亦極工巧。

【二四】雙擬對

林慚無盡。
澗愧不歇。（孔稚珪北山移文）

明月有心，照來清夢。
落花無語，捫遍空枝。（徐枕亞玉梨魂第四章）

按修辭學有擬人法（Personification），亦稱人格化。即將人類以外之物賦予人性，亦有喜怒哀樂之感情，此法頗爲一般作家所喜用。例如：

蠟燭有心還惜別。
替人垂淚到天明。（杜牧贈別詩）

有情皓月憐孤影。（黃景仁綺懷詩）
無賴閒花照獨眠。

落絮無聲春墮淚。（吳文英浣溪沙詞）
行雲有影月含羞。

以及詞章家所常用之『花笑』、『雲愁』、『蜂悲』、『蝶怨』等均是。其著眼點無非在變死句爲活句，化無情爲有情，使人間處處充滿感情，而形成一個有情世界。

【二一五】懸橋對 名稱未定，姑以名之。

㈠伯牙絕絃於鍾期。㈢痛知音之難遇。（曹丕與吳質書）
㈡仲尼覆醢於子路。㈣傷門人之莫逮。

㈠窮途異縣。㈢非無阮籍之悲。（蕭統中呂四月啓）
㈡歧路他鄉。㈣誠有楊朱之泣。

按右舉二例，依其形式，應屬『偶句對』，其正常句型應分別作：

㈠伯牙絕絃於鍾期。㈡痛知音之難遇。
㈢仲尼覆醢於子路。㈣傷門人之莫逮。

㈠窮途異縣。㈡非無阮籍之悲。
㈢歧路他鄉。㈣誠有楊朱之泣。

而作者卻將一事分爲兩截，各以性質相同者歸爲一聯。無以名之，姑稱之爲『懸橋對』。玆再舉三例，以備參酌，並供觀賞：

㈠若豐藻克贍。㈡風骨不飛。
㈢則振采失鮮。㈣負聲無力。（文心雕龍風骨篇）

㈠朱鮪涉血於友于。㈡漢主不以爲疑。
㈢張繡剚刃於愛子。㈣魏君待之若舊。（丘遲與陳伯之書）

㈠鍾期殁而伯牙輟絃。㈢痛知音之不作。
㈡惠施死而莊生寢說。㈣悲冥契之既逝。（吳錫麒曾盱江遺詩序）

其正常句型應分別作：

㈠若豐藻克贍，㈢則振采失鮮。
㈡（若）風骨不飛，㈣（則）負聲無力。

㈠朱鮪涉血於友于，㈡漢主不以爲疑。
㈢張繡剚刃於愛子，㈣魏君待之若舊。

㈠鍾期殁而伯牙輟絃，㈡痛知音之不作。
㈢惠施死而莊生寢說，㈣悲冥契之既逝。

【二六】借對

以彼天爵。
鬱爲人龍。（沈約司徒謝朏墓誌銘）

按天爵，謂天然之尊貴，指品德，詳孟子告子篇。人龍，卽人中龍，喻人傑，見晉書宋纖傳。

雁行攸序。
龍作簡才。（江總陸尚書誄）

按上句喻百官朝列班次有序也，下句喻才華之傑出者。

又按『借對』係不得已而爲之，以常例而言，名詞對名詞，動詞對動詞，爲正常之對法。惟對仗既然須要工整，則其條件當極爲嚴苛，例如名詞（Noun）中有專有名詞（proper noun）與普通名詞（common noun）之分，則當以性質相同者爲對，始稱工巧。若上聯爲專有名詞，而下聯適無專有名詞與之匹對時，則以普通名詞替代之，以解救其造對之困難，此則借對之所由生也。

【二七】假　對

自朱耶之狼狽。
致赤子之流離。（沈括夢溪筆談引）

按朱耶亦作朱邪，唐時西突厥部族之號，世居沙陀，以朱邪爲姓，歸唐後賜姓李，卽五代後唐李氏之先。赤子，喻人民，見漢書龔遂傳。『朱』對『赤』，『耶』對『子』，是爲假對。假對產生之原因與『借對』略似。

又按：狼狽，俱獸名，此作肆惡解。流離，梟別名，此作轉徙離散解。『狼狽』與『流離』用作動詞，固可相對，用作名詞，亦可相對，吾國文字運用之妙，於此可見一斑。

白帝徂秋。
黃金勝友。（駱賓王冒雨尋菊序）

按白帝，五天帝之一，在西方，爲司秋之神。黃金勝友，卽良友。周易繫辭：「二人同心，其利斷金，同心之言，其臭如蘭。」

【二八】虛實對

愧無橫草之功。（柳宗元為裴中丞賀東平表）
坐見覆盂之泰。

按橫草之功，謂戰功也（見漢書終軍傳），乃人所共見者，是爲「實」。覆盂，喻安定（見漢書東方朔傳），乃抽象之詞，是爲「虛」。以虛事對實事，或以實事對虛事，俱屬「虛實對」，其原理亦與「借對」略同。

聚古今之精英。（蘇軾乞校正陸宣公奏議劄子）
實治亂之龜鑑。

按物之純美者曰精英，是爲「實」。龜卽龜甲，以卜吉凶，鑑爲銅鏡，能辨美醜，故用作鑑察參考之意，是爲「虛」。

【二九】蹉對

又名「顚倒對」、「錯綜對」、「交股對」，卽對仗之不規律者也。

蕙肴蒸兮蘭藉。（楚辭九歌東皇太一）
奠桂酒兮椒漿。

按「蕙肴蒸」當作「蒸蕙肴」，以與「奠桂酒」相對，今倒用之，則語勢矯健，是爲顚倒對。

春與猿吟。（韓愈柳州羅池廟碑）
秋鶴與飛。

按「秋鶴與飛」當作「秋與鶴飛」，以與「春與猿吟」相對，而韓氏亦倒用之，其模擬楚辭，至爲明顯。

又按『蹉對』原非對偶之正法，就對句組織之原理而言，苟非逐字相對，卽不能成爲對偶。但自被楚辭偶然拈出之後，酷嗜詭異者遂競相襲用，卒成風尚。魏慶之詩人玉屑引藝苑雌黃云：『僧惠洪冷齋夜話載介甫詩云：「春殘葉密花枝少，睡起茶多酒盞疏。」以「密」字對「疏」，以「多」字對「少」，交股用之，所謂蹉對法也。』又沈括夢溪筆談云：『韓退之集中羅池廟碑銘有「春與猿吟兮，秋與鶴飛。」石刻乃「春與猿吟兮，秋鶴與飛。」古人多用此格，如楚辭：「吉日兮辰良。」又：「蕙殽蒸兮蘭藉，奠桂酒兮椒漿。」蓋欲相錯成文，則語勢矯健耳。杜子美詩：「香稻啄餘鸚鵡粒，碧梧棲老鳳凰枝。」此亦語反而意全。』又李商隱詩：「裙拖六幅湘江水，鬢掩巫山一段雲。」亦緣於愛奇而故使顚倒爲對也。

三〇】互文對

孤臣危涕。
孽子墜心。　（江淹恨賦）

按文選李善注：『心當云危，涕當云墜，江氏愛奇，故互文以見義。』

意奪神駭。
心折骨驚。　（江淹別賦）

按心可驚而不可折，骨可折而不可驚，亦是互文。惟此既是互文對，亦是當句對。

以上列舉三十種對，駢文對仗之法，大體略備於是。前十六種爲對仗之正格，亦文家所習用者。後十四種爲對仗之變格，非深於此道者不易爲，間亦有文家炫露才華之作，心靈神來之筆，學者觀賞卽可，不必勉強步武，以免蹈畫虎類狗之誚。

劉勰撰文心雕龍麗辭篇，既標舉對仗四大原則（請參閱表四），復指出對仗四大弊病，以爲後人摛辭行文之參考，茲分別列舉並闡述如下：

【一】重　出

麗辭篇：『張華詩稱：「遊鴈比翼翔，歸鴻知接翮。」劉琨詩言：「宣尼悲獲麟，西狩泣孔邱。」若斯重出，卽對句之駢枝也。』

按詩文中對偶意義相同者，謂之重出，亦稱合掌，言如兩手之雖分左右，而同具五指也。以劉氏所舉二詩而言，『遊鴈』與『歸鴻』同屬一物，『宣尼』與『孔丘』同屬一人，非重複而何。又如以『聽』對『聞』，以『返』對『歸』，以『遠』對『遙』，以『朝』對『曙』之類皆是。葛立方韻語陽秋曰：『選詩駢句甚多，如「宣尼悲獲麟，西狩泣孔邱。」「千憂集日夜，萬感盈朝昏。」「萬古陳往還，百代勞起伏。」「多士成大業，羣賢濟洪績」之類，恐不足爲後人之法也。』胡應麟詩藪曰：『作詩最忌合掌，近體尤忌，而齊梁人往往犯之。如以朝對曙，將遠屬遙之類，初唐諸子，尚襲此風。推原厲階，實由康樂，沈、宋二君，始加洗削，至於盛唐盡矣。』蔡寬夫詩話曰：『晉宋間詩人，造語雖秀拔，然大抵上下句多出一意，如「魚戲新荷動，鳥散餘花落。」「蟬噪林愈靜，鳥鳴山更幽」之類，非不工矣，終不免此病。』至王安石集句，以『風定花猶落』對『鳥鳴山更幽』，則上句靜中有動，下句動中有靜，乃對偶之佳者，操觚者當以此爲作對之準的。

【二】不　均

麗辭篇：『若兩事相配，而優劣不均，是驥在左驂，駑爲右服也。』

按兩事相配必須同時顧到大小、輕重、高低、遠近……等，使之趨於平衡，不致礙眼，始稱傑構。如陳巖肖庚溪詩話所引宋景文詩曰：『捫虱須逢英俊士，釣鰲豈在牛蹄涔。』又引東坡一聯曰：『聞說騎鯨游汗漫，亦嘗捫虱話悲辛。』對句雖工穩，然以小物對大物，終嫌不均。

【三】孤　立

麗辭篇：『若夫事或孤立，莫與相偶，是夔之一足，趻踔而行也。』

按爲文之道，貴乎駢散雜陳，奇偶互用，奇中有偶，偶中有奇，始臻高格。朱一新無邪堂答問曰：『有陽則有陰，有奇則有偶，此自然之理。古文參以排偶，其氣乃厚，馬班韓柳皆如此。』曾國藩送周荇農南歸序亦曰：『自漢以來，爲文者莫善於司馬遷，遷之文，其積句也皆奇，而義必相輔，氣不孤伸，彼有偶焉者存焉。』是皆深造有得之言也。

【四】庸　冗

麗辭篇：『若氣無奇類，文乏異采，碌碌麗辭，則昏睡耳目。』

按詩文對偶，旨在求美，但尤貴事理之圓密，庶幾表裏相資，蔚爲佳章。吾師李健光先生文心雕龍講疏曰：『無論言對或事對，若辭氣既無瑰奇事類，相與配偶，文句又乏特殊丹采，可資點染，而一味飣餖幫湊，勉強駢儷其辭，則讀之者必感耳昏目眩，沈沈欲睡矣。』可謂善發其旨者矣。

夫詩文對仗，其弊甚多，劉勰所論，僅揭四端，固不足以概其全部，惟其彰明較著者，大體不脫此範圍，取以參鏡，或能有得於筌蹄之外乎。

又程杲識孫梅四六叢話論對頗精切，多發前人未發之義，特節錄以備參閱：

四六盛於六朝，庾徐推爲首出，其時法律尙疏，精華特渾，譬諸漢京之文，盛唐之詩，元氣瀰淪，有非後世所能造其域者。唐興以來，體備法嚴，然格亦未免稍降矣。前如燕許稱大手筆，嗣如王楊盧駱稱四傑，今卽其集博覽之，所以擅名一代者，不尙可尋其緒乎。宋自盧陵眉山以散行之氣，運對偶之文，在駢體中，另出機杼，而組織經傳，陶冶成句，實足跨越前人，要之兩端不容偏廢也。由唐以前，可以徵學殖，由宋以後，可以見才思，苟兼綜而有得焉，自克樹幟於文壇。四六主對，對不可以不工，雕龍所論言對、事對、反對、正對盡之矣。至謂言對易，事對難，反對優，正對劣，其所謂難者，若古『二十四考中書，三十六年宰輔』，『秦塞重關一百二，漢室離宮三十六』之類，比事皆成絕對，故難也。近時繙類書，擧故事，往往一意衍至數十句，不惟難者不見其難，抑且劣者彌形其劣。孫夫子於總論篇中有以意爲主之說，學駢體者，不可無別裁之識。

按四六對法，一句相對者爲單對，兩句相對者爲偶對。一篇中須以單偶參用，方見流宕之致。要使百鍾千鍊，句斟字酌，閱之有璧合珠聯之采，讀之有敲金戛玉之聲，乃爲能手。

四六中以言對者，惟宋人采用經傳子史成句爲最上乘，卽元明諸名公表啓，亦多尙此體，非胸有卷軸，不能取之左右逢原也。以事對者，尙典切，忌冗雜，尙清新，忌陳腐。否則陳陳相因，移此儷彼，但記數十篇通套文字，便可取用不窮。況每類皆有熟爛故事，俗筆伸紙，便爾撏撦，令人對之欲嘔。然又非必舍康莊而求僻遠也，要在運筆有法，或融其字面，或易其稱名，或巧其屬對，則舊者新之，頓覺別開壁壘，莊子所謂臭腐化爲神奇也。

附　弘法大師●文鏡祕府論二十九種對

或曰：文詞姸麗，良由對囑之能，筆札雄通，實安施之巧。若言不對，語必徒申，韻而不切，煩詞枉費。元氏云：『易曰：「水流溼，火就燥。」「雲從龍，風從虎。」書曰：「滿招損，謙受益。」此皆聖作切對之例也。況乎庸才凡調，而對而不求切哉。』

余覽沈陸王元等詩格式等，出沒不同。今棄其同者，撰其異者，都有二十九種對，具出如後。其賦體對者，合彼重字、雙聲、疊韻三類，與此一名。或疊韻、雙聲，各開一對，略之賦體。或以重字屬聯綿對。今者開合俱舉，存彼三名，後覽達人，莫嫌煩冗。

【一】的名對又名正名對，又名正對，又名切對。

的名對者，正也。凡作文章，正正相對。上句安天，下句安地。上句安山，下句安谷。上句安東，下句安西。上句安南，下句安北。上句安正，下句安斜。上句安遠，下句安近。上句安傾，下句安正。如此之類，名爲的名對。初學作文章，須作此對，然後學餘對也。

或曰：天、地，日、月，好、惡，去、來，輕、重，浮、沉，長、短，進、退，方、圓，大、小，明、暗，老、少，兇、儜，俯、仰，壯、弱，往、還，淸、濁，南、北，東、西。如此之類，名正對。

詩曰：『東圃青梅發，西園綠草開。砌下花徐去，階前絮緩來。』

釋曰：上二句中：『東』『西』是其對，『園』『圃』是其對，『青』『綠』是其對，『梅』『草』是其對，『開』『發』是其對。下二句中：『階』『砌』是其對，『前』『下』是其對，『花』『絮』是其對，『徐』『緩』是其對，『來』『去』是其對。如此之類，名爲的名對。

又曰：『手披黃卷盡，目送白雲征。玉霜摧草色，金風斷雁聲。片雲愁近戍，半月隱遙城。』

釋曰：上有『手披』，下有『目送』，上『黃』下『白』，上『玉』下『金』。故曰的名對。

又曰：『雲光鬢裏薄，月影扇中新。年華與壯面，共作一芳春。』

釋曰：上有『雲光』，下有『月影』，落句雖無對，但結成上意而已。自餘詩皆效此最爲上。

又曰：『送酒東南去，迎琴西北來。』

釋曰：『迎』『送』詞翻，『去』『來』義背，下言『西北』，上說『東南』。故曰正名也。

又曰：『鮮光葉上動，艷彩花中出。疏桐映蘭閣，密柳蓋荷池。』

釋曰：持『艷』偶『鮮』，用『光』匹『彩』，『疎桐』『密柳』之相酬，故受的名。

又曰：『日月光天德，山河壯帝居。』

有虛名實名，上對實名也。

又曰：『恆斂千金笑，長垂雙玉啼。』

元兢曰：正對者，若『堯年』、『舜日』。堯舜皆古之聖君，名相敵，此爲正對。若上句用聖君，下句用賢臣。上句用鳳，下句還用鸞。皆爲正對也。如上句用松桂，下句用蓬蒿，松桂是善木，蓬蒿是惡草。此非正對也。

【二】隔句對

隔句對者，第一句與第三句對，第二句與第四句對，如此之類，名爲隔句對。

詩曰：『昨夜越溪難，含悲赴上蘭。今朝逾嶺易，抱笑入長安。』

釋曰：第一句『昨夜』與第三句『今朝』對，『越溪』與『逾嶺』是對。第二句『含悲』與第四句『抱笑』是對，『上蘭』與『長安』對。並是事對，不是字對。如此之類，名爲隔句對。

又曰：『相思復相憶，夜夜淚沾衣。空悲亦空歎，朝朝君未歸。』

釋曰：兩『相』對於兩『空』，隔以『沾衣』之句，『朝朝』偶於『夜夜』，越以『空歎』之言。從首至末，對屬間來，故名隔句對。

又曰：『月映茱萸錦，艷起桃花頰。風發蒲桃繡，香生雲母帖。』

又曰：『翠苑翠叢外，單蜂拾蕊歸。芳園芳樹裏，雙燕歷花飛。』

釋曰：夫『艷起』對『香生』，隔以映茱萸之錦，『月錦』偶『風繡』，又間諸雲母之帖。其雙『芳』『燕』四兩『翠』『蜂』，『裏』『外』間成，故云隔句。

又曰：『始見西南樓，纖纖如玉鉤。未映東北墀，娟娟似蛾眉。』

【三】雙擬對

雙擬對者，一句之中所論，假令第一字是『秋』，第三字亦是『秋』，二『秋』擬第二字，下句亦然。如此之類，名爲雙擬對。

詩曰：『夏暑夏不衰，秋陰秋未歸。炎至炎難卻，涼消涼易追。』

釋曰：第一句中，兩『夏』字擬一『暑』字。第二句中，兩『秋』字擬一『陰』字。第三句中，兩『炎』字擬一『至』字。第四句中，兩『涼』字擬一『消』字。如此之法，名爲雙擬對。

又曰：『乍行乍理髮，或笑或看衣。』

又曰：『結萼結花初，飛嵐飛葉始。』

釋曰：既雙『結』居初，亦兩『飛』帶末，宜書宜時之句，可題可憐之論，准擬成對，故以名云。而又以雙擬爲名。

又曰：『可聞不可見，能重復能輕。』

又曰：『議月眉欺月，論花頰勝花。』

釋曰：上陳二『月』，隔以『眉欺』，下說雙『花』，襇諸『頰勝』。文雖再讀，語必孤來，擬用雙文，故生斯號。

或曰：春樹春花，秋池秋日。琴命清琴，酒追桂酒。思君念君，千處萬處。如此之類，名曰雙擬對。

【四】聯綿對

聯綿對者，不相絕也。一句之中，第二字、第三字是重字，卽名爲聯綿對。但上句如此，下句亦然。

詩曰：『看山山已峻，望水水仍清。聽蟬蟬響急，思卿卿別情。』

釋曰：一句之中，第二字是『山』，第三字亦是『山』，餘句皆然。如此之類，名爲聯綿對。

又曰：『嫩荷荷似頰，淺河河似帶，初月月似眉。』

釋曰：兩『荷』連讀，放諸上句之中，雙『月』並陳，言之下句之腹。一文再讀，二字雙來，意涉連言，坐茲生號。

又曰：『烟離離萬代，雨絶絶千年。』

釋曰：情起多端，理曖昧難分，情參差迢迹。且自無關賦體，實乃偏用開格。

又曰：『望日日已晚，懷人人不歸。』

又曰：『霏霏斂夕霧，赫赫吐晨曦。軒軒多秀氣，奕奕有光儀。』

又曰：『視日日將晚，望雲雲漸積。』

或曰：朝朝，夜夜，灼灼，菁菁，赫赫，輝輝，汪汪，落落，索索，蕭蕭，穆穆，堂堂，巍巍，訶訶。如此之類，名連綿對。

【五】互成對

互成對者，天與地對，日與月對，麟與鳳對，金與銀對，臺與殿對，樓與樹對。兩字若上下句安，名的名對。若兩字一處用之，是名互成對，言互相成也。

詩曰：『天地心間靜，日月眼中明。麟鳳千年貴，金銀一代榮。』

釋曰：第一句之中，『天地』一處。第二句之中，『日月』一處。第三句之中，『麟鳳』一處。第四句之中，『金銀』一處。不在兩處用之，名互成對。

又曰：『玉釵丹翠纏，象榻金銀鏤。青昳丹碧度，輕霧歷簷飛。』

釋曰：『丹翠』自擬，『金銀』別對，各途布列，而互相成。『飛』『度』二言，並如斯例。

又曰：『歲時傷道路，親友念東西。』

【六】異類對

異類對者，上句安天，下句安山。上句安雲，下句安微。上句安鳥，下句安花。上句安風，下句安樹。如此之類，名爲異類對。非是的名對，異同比類，故言異類對。但解如是對，並是大才，籠羅天地，文章卓秀，才無擁滯，不問多少，所作成篇，但如此對，益詩有巧。

詩曰：『天淸白雲外，山峻紫微中。鳥飛隨去影，花落逐搖風。』

釋曰：上句安『天』，下句安『山』，『天』『山』非敵體，『白雲』『紫微』亦非敵體。第三句安『鳥』，第四句安『花』，『鳥』『花』非敵體，『去影』『搖風』亦非敵體。如此之類，名爲異類對。

又曰：『風織池間字，蟲穿葉上文。』

釋曰：『風』『蟲』非類，而附對是同。『池』『葉』殊流，而寄巧歸一。或雙聲以酬疊韻，或雙擬而對迴文。別致同詞，故云異類。

又曰：『鯉躍排荷戲，燕舞拂泥飛。琴上丹花拂，酒側黃鸝度。』

釋曰：鳥飛魚躍，琴歌酒唱，事迹旣異。至如鳥飛樹動，魚躍水淺，葉潤憑水而成文，枝搖託風而

制語，諺赤鯉爲對引酒歌傍傳酒唱二各相無故異類題目空中起事。（按以上二十五字文多脫誤）

又曰：『離堂思琴瑟，別路繞山川。』

又如以『早朝』偶『故人』，非類是也。元氏（按指元兢，兢著有髓腦。）曰：『異對者，若來禽、去獸，殘月、初霞。』此『來』與『去』，『初』與『殘』，其類不同，名爲異對。異對勝於同對。

【七】賦體對

賦體對者，或句首重字，或句首疊韻，或句腹疊韻，或句首雙聲，或句腹雙聲。如此之類，名爲賦體對。似賦之形體，故名賦體對。

詩曰：

句首重字：『裊裊樹驚風，麗麗雲蔽月。』『皎皎夜蟬鳴，朧朧曉光發。』

句腹重字：『漢月朝朝暗，胡風夜夜寒。』

句尾重字：『月蔽雲曬曬，風驚樹裊裊。』

句首疊韻：『徘徊四顧望，悵恨獨心愁。』

句腹疊韻：『君赴燕然戍，妾坐逍遙樓。』

句尾疊韻：『疎雲雨滴瀝，薄霧樹朦朧。』

句首雙聲：『留連千里賓，獨待一年春。』

句腹雙聲：『我陟崎嶇嶺，君行嶢峭山。』

句尾雙聲：『妾意逐行雲，君身入暮門。』

釋曰：上句若有重字、雙聲、疊韻，下句亦然。上句偏安，下句不安，卽爲犯病也。但依此對，名爲賦體對。

又曰：『團團月挂嶺，納納露沾衣。』頭。

『花承滴滴露，風垂裊裊衣。』腹。

『山風晚習習，水浪夕淫淫。』尾。

釋曰：有鸞鳴噲噲，鹿響幼幼，往往處處，婀娜之名，澤波菡萏之狀，模潮濟而薈蔚，寫荇菜而參差，既正起重言，亦傍生疊字者。青按：『有鸞』以下，對仗不屬，文多脫誤。據詩經：『噲噲』作『噦噦』，『幼幼』作『呦呦』，『澤波』作『澤陂』，『潮濟』作『朝隮』。

【八】雙聲對

詩曰：『秋露香佳菊，春風馥麗蘭。』

釋曰：『佳菊』雙聲，係之上語之尾。『麗蘭』雙聲，陳諸下句之末。秋朝非無白露，春日自有清風，氣側音諧，反之不得。『好花』『精酒』之徒，『姸月』『奇琴』之輩。如此之類，俱曰雙聲。

又曰：『飋飁歲陰晚，皎潔寒流清。結交一顧重，然諾百金輕。』

又曰：『五章紛冉弱，三冬縈陸離。悵望一途阻，參差百慮違。』

釋曰：『飋飁』『皎潔』，卽是雙聲得對雙聲。『冉弱』『陸離』，卽是雙聲自得成對。

又曰：『洲渚遞縈映，樹石相因依。』

或曰：奇琴、精酒，妍月、好花，素雪、丹燈，翻蜂、度蝶，黃槐、綠柳，意憶、心思，對德、會賢，見君、接子。如此之類，名雙聲對。

【九】疊韻對

詩曰：放暢千般意，逍遙一個心。漱流還枕石，步月復彈琴。』

釋曰：『放暢』疊韻，陳之上句之初。『逍遙』疊韻，放諸下言之首。雙道二文，其音自疊，文生再字，韻必重來。曠望、徘徊、綢繆、眷戀，例同於此，何藉煩論。

又曰：『徘徊夜月滿，肅穆曉風清。此時一罇酒，無君徒自盈。』

又曰：『鬱律構丹巘，稜層起青嶂。』

筆札云：『徘徊、窈窕、眷戀、彷徨、放暢、心襟、逍遙、意氣、優遊、陵勝、放曠、虛無、讌酌、思惟、須臾。如此之類，名曰疊韻對。』

【一〇】迴文對

詩曰：『情親由得意，得意遂情親。新情終會故，會故亦經新。』

釋曰：雙『情』著於初、九，兩『親』繼於十、二。又顯頭『新』尾『故』，還標上下之『故』『新』。列字也久，施文已周，迴文更用，重申文義，因以名云。

【一一】意　對

詩曰：『歲暮臨空房，涼風起坐隅。寢興日已寒，白露生庭蕪。』

又曰：『上堂拜嘉慶，入室問何之。日暮行採歸，物色桑榆時。』

釋曰：『歲暮』『涼風』非是屬對，『寢興』『白露』罕得相酬，事意相因，文埋無爽，故曰意對耳。

青按：右十一種對，弘法大師謂『古人同出斯對』。

【一二】平　對

平對者，若青山、綠水，此平常之對，故曰平對也。他皆效此。

【一三】奇　對

奇對者，若馬頰河、熊耳山，此『馬』『熊』是獸名，『頰』『耳』是形名，既非平常，是爲奇對。他皆效此。又如柒沮、四塞，『柒』與『四』是數名，又兩字各是雙聲對。又如古人名，上句用曾參，下句用陳軫，『參』與『軫』者同是二十八宿名。若此者，出奇而取對，故謂之奇對。他皆效此。

【一四】同　對

同對者，若大谷、廣陵，薄雲、輕霧，此『大』與『廣』、『薄』與『輕』，其類是同，故謂之同對。同類對者，雲、霧，星、月，花、葉，風、烟，霜、雪，酒、觴，東、西，南、北，青、黃，赤、白，丹、素，朱、紫，宵、夜，朝、旦，山、岳，江、河，臺、殿，宮、堂，車、馬，途、路。

【一五】字　對

或曰：字對者，若桂楫、荷戈，『荷』是負之義，以其字草名，故與『桂』爲對，不用義對，但取字爲對也。

或曰：字對者，謂義別字對是。

詩曰：『山椒架寒霧，池篠韻涼飆。』

『山椒』，卽山頂也。『池篠』，傍池竹也。此義別字對。

又曰：『何用金扉敞，終醉石崇家。』

『金扉』『石家』卽是。

又曰：『原風振平楚，野雪被長菅。』

卽『菅』與『楚』爲字對。

【一六】聲對

或曰：聲對者，若曉路、秋霜。『路』是道路，與『霜』非對，以其與『露』同聲故。

或曰：聲對者，謂字義俱別，聲作對是。

詩曰：『彤騶初驚路，白簡未含霜。』

『路』是途路，聲卽與『露』同，故將以對『霜』。

又曰：『初蟬韻高柳，密蔦挂深松。』

『蔦』，草屬，聲卽與『鳥』同，故以對『蟬』。

【一七】側對（崔名字側對）

元氏曰：側對者，若馮翊（地名，在右輔也。）、龍首（山名，在西京也。）。此爲『馮』字半邊有『馬』，與『龍』爲對。『翊』字半邊有羽，與『首』爲對。此爲側對。又如泉流、赤峯，『泉』字其上有『白』，與『赤』爲對。凡一字側耳，卽是側對，不必兩字皆須側也。以前八種切對，時人把筆綴文者多矣，而莫能識其徑路。于公義藏之篋笥，不可棄示於非才。深祕之，深祕之。

或曰：字側對者，謂字義俱別，形體半同是。

詩曰：『忘懷接英彥，申勸引桂酒。』

『英彥』與『桂酒』，卽字義全別，然形體半同是。

又曰：『玉雞清五洛，瑞雉映三秦。』

『玉雞』與『瑞雉』是。

又曰：『桓山分羽翼，荊樹折枝條。』

『桓山』與『荊樹』是。如此之類，名字側對。

青按：右六種對，弘法大師謂出元兢髓腦。

【一八】鄰近對

詩曰：『死生今忽異，歡娛竟不同。』

又曰：『寒雲輕重色，秋水去來波。』

上是義，下是正名。此對大體似的名，的名窄，鄰近寬。

【一九】交絡對

賦詩曰：『出入三代，五百餘載。』

或曰：此中『餘』屬於『載』，不偶『出入』。古人但四字四義皆成對，故偏舉以例也。

【二〇】當句對

賦詩曰：『薰歇燼滅，光沉響絶。』

【二一】含境對

詩曰：『悠遠長懷，寂寥無聲。』

【二二】背體對

詩曰：『進德智所拙，退耕力不任。』

【二三】偏　對

詩曰：『蕭蕭馬鳴，悠悠旆旌。』謂非極對也。

又曰：『古墓犂為田，松柏摧為薪。』

又曰：『日月光太清，列宿曜紫微。』

又曰：『亭皐木葉下，隴首秋雲飛。』

全其文彩，不求至切，得非作者變通之意乎。若謂今人不然，沈給事詩亦有其例。詩曰：『春豫過靈沼，雲旗出鳳城。』此例多矣。但天然語，今雖虛亦對實，如古人以『芙蓉』偶『楊柳』。亦名聲類對。

【二四】雙虛實對

詩曰：『故人雲雨散，空山來往疏。』

此對當句義了，不同互成。

【二五】假對

詩曰：『不獻胸中策，空歸海上山。』

或有人以『推薦』偶『拂衣』之類是也。

靑按：右八種對，弘法大師謂出釋皎然詩議。

【二六】切側對

切側對者，謂精異粗同是。

詩曰：『浮鐘宵響徹，飛鏡曉光斜。』

『浮鐘』是鐘，『飛鏡』是月，謂理別文同是。

【二七】雙聲側對

雙聲側對者，謂字義別，雙聲來對是。

詩曰：『花明金谷樹，葉映首山薇。』

『金谷』與『首山』字義別，同雙聲側對。

又曰：『翠微分雉堞，丹氣隱簷楹。』

『雉堞』對『簷楹』，亦雙聲側對。

【二八】疊韻側對

疊韻側對者，謂字義別，聲名疊韻對是。

詩曰：『平生披黼帳，窈窕步花庭。』

『平生』『窈窕』是。

又曰：『自得優遊趣，賞知聖政隆。』

『優遊』與『聖政』，義非正對，字聲勢疊韻。

或曰：夫爲文章詩賦，皆須屬對，不得令有跛眇者。跛者，謂前句雙聲，後句直語，或復空談。如此之例，名爲跛。眇者，謂前句物色，後句人名，或前句語風空，後句山水。如此之例，名眇。何者，風與空則無形而不見，山水則有蹤而可尋，以有形對無色。如此之例，名爲眇。或云：景風心色等，可以對虛，亦可以對實。今江東文人作詩，頭尾多有不對。如：『俠客倦艱辛，夜出少平津。馬色迷關吏，雞鳴起戍人。露鮮花劍影，月照寶刀新。問我將何去，北海就孫賓。』

此卽首尾不對之詩，其有故不對者若之。

靑按：右三種對，弘法大師謂出崔氏唐朝新定詩格。

【二九】總不對

如：『平生少年日，分手易前期。及爾同衰暮，非復別離時。

勿言一罇酒，明日難共持。夢中不識路，何以慰相思。』

此總不對之詩，如此作者，最爲佳妙。夫屬對法，非眞風花竹木，用事而已。若雙聲卽雙聲對，疊韻卽疊韻對。

※　※　※　※

以上爲日本弘法大師所著文鏡祕府論東卷所列之二十九種對，每種對皆詳引詩句，以資佐證，雖稍嫌繁碎，亦尙堪信據，況其書乃專爲日人學習中國詩文而作者乎。弘法大師俗名遍照金剛，又稱空海。生於西元七七四年，卒於西元八三五年，爲中唐時代日本派遣來華留學之高僧，返國後卽手著文鏡祕府論、文筆眼心抄，專論我國南朝以後中唐以前之駢儷文字。楊守敬日本訪書志論述文鏡祕府論有云：『此書蓋爲詩文聲病而作，匯集沈隱侯、劉善經、劉滔、僧皎然、元兢及王氏、崔氏之說，今傳世惟皎然之書，餘皆泯滅。』據此，則此書不但給予日人學漢語漢文者不少助益，亦且保有許多中唐以前古典文學理論之重要參考資料。

按：在弘法大師以前，論詩文對仗之法者，除文鏡祕府論所列擧之元兢、崔融、皎然三人外，稍早尙有初唐之上官儀。據李淑詩苑類格所載，上官儀嘗先後創六對及八對之說，雖開先維難，未臻美備，然亦不無參考價值。玆分別迻錄於後，以便比較。

【一】上官儀・六　對

㈠正名對　日月——山河

㈡同類對　花葉——草芽

㈢連珠對　蕭蕭——赫赫

㈣雙聲對　黃槐——綠柳

㈤疊韻對　彷徨——放曠

㈥雙擬對　春樹——秋池

【二】上官儀・八　對

㈠的名對

送酒東南去。
迎琴西北來。

㈡異類對

風織池邊樹。
蟲穿草上文。

按『風』屬天文門，『蟲』屬動物門，不同類屬。

㈢雙聲對

秋露香佳菊。
春風馥麗蘭。

按『佳菊』『麗蘭』均為雙聲字。

㈣疊韻對

放蕩千般意。
遷延一介心。

按『放蕩』『遷延』均爲疊韻字。

㈤聯綿對

殘河若帶。
秋月如眉。

㈥雙擬對

議月眉欺月。
論花頰勝花。

㈦回文對

情新因意得。
意得逐情新。

㈧隔句對

相思復相憶，夜夜淚沾衣。
空歎復空泣，朝朝君未歸。

按隔句對又名扇對，卽以第一句對第三句，以第二句對第四句。

二 典故繁夥

（一）概說

駢文之繁用典故，自魏晉以後成爲必要之條件，病之者謂爲戕賊性靈，賞之者謂爲用意深厚。清代桐城派諸子及民初五四運動主盟諸公更集矢於此，以爲雕蟲小技，有傷眞性。此種仁智之所見，原屬歷史公案，殊難遽下斷語，定其是非。惟吾人在此須鄭重聲明者，文學乃緣歷史以發生，人不習知歷史，則不能從事文學之研究，此中國文史所以恆爲一體，不容分割也。夫典，事也，所謂典故，古之事也，亦卽歷史之事也。是以典之定義，凡引證歷史中事實及前人言語入於文者，皆曰典故，前者謂之『用事』，後者謂之『用詞』。苟不能禁人斷絕歷史知識，則不能禁人不引用古事，卽不能禁人不引用典故，矧用典且爲修辭之一法乎。（參用近人吳芳吉氏再論吾人眼中之新舊文學觀之說）文學作品之用典者，無間中外，所在多是，以言英文習見之典，報章雜誌中可時時發見之，譬如我國人言『千鈞一髮』，英文則言『the sword of Domocles』，我國人言『快刀斬亂麻』，英文則言『to cut the Gordian's Knot』，非大用而特用乎，亦何傷其爲流暢之作品耶。是以典非不可以用，祇看各人能不能用，善不善用，詩文修辭之法，不止白描一端，固夫人而知之者也。

抑更進一步言之，駢文爲唯美文學之一種，亦卽屬於美感之文學，不可不著重詞采，其來源皆取材於典籍故實，讀書稍多，造語自有來歷。駢文原是間接表達作者之意念，魏晉以前多用排比，魏晉以後乃用典實，其作用在於用簡潔之文字表達繁複之意思，使作品富有濃厚的神祕性、象徵性與趣味性，以增加讀者之美感，從而提高其藝術價值。文心雕龍事類篇曰：

事類者，蓋文章之外，據事以類義，援古以證今者也。

所謂『事類』，卽引事比類，亦卽舊時所謂『用典』，今世所謂『引用』是也。近人劉永濟釋之曰：

文家用古事以達今意，後世謂之用典，實乃修辭之法，所以使言簡而意賅也。故用典所貴，在於切意，切意之典，約有三美：一則意婉而盡，二則藻麗而富，三則氣暢而凝。（文心雕龍校釋麗辭篇）

又曰：

文家用典，亦修辭之一法。用典之要，不出以少字明多意，其大別有二：一用古事，二用成辭。用古事者，援古事以證今情也。用成辭者，引彼語以明此義也。（文心雕龍校釋事類篇）

黃侃先生於文家引言用事，尤多卓見：

齊梁而後，聲律對偶之文大興，用事采言，尤關能事。其甚者，捃拾細事，爭疏僻典，以一事不知爲恥，以字有來歷爲高。文勝而質漸以漓，學富而才爲之累，此則末流之弊，故宜去甚去奢，以節止之者也。然質文之變，華實之殊，事有相因，非由人力。故前人之引言用事，以達意切情爲宗，後有繼作，則轉以去故就新爲主。陸士衡云：『雖杼軸於余懷，怵他人之我先，苟傷廉而愆義，故雖愛而必捐。』豈唯命意謀篇，有斯懷想，卽引言用事，亦如斯矣。是以後世之文，轉視古人增其繁

縟，非必文士之失，實乃本於自然，今之訾警用事之文者，殆未之思也。（文心雕龍札記麗辭篇）

言徵引故實，比附今事，爲文章修辭之助，非作者之失也。吾師成楚望先生更詳言之曰：

㈠用典可以減少文字上的累贅　因爲用典的目的，卽在以極少的字句來表達更多的意思，也就是要以最簡單的字句來說明很複雜和很曲折的意思。譬如『沐猴而冠』，『揠苗助長』，『守株待兔』，『得魚忘筌』，『愛屋及烏』，『投鼠忌器』等等，每一句成語都代表一個典故，也都蘊含着很豐富很複雜的意義，如果我們能把有關的故實，很適當地應用到文章裏去，便可省說許多不必要的話。

㈡爲議論找根據　一般人多少帶有一點『信古』心理，我們在文章裏發議論時，拿古人的話或事實來作議論的根據，可以爭取或加强讀者的信心，而使其同意文中的見解。劉彥和在文心雕龍事類篇所說的『據事以類義，援古以證今』，以及他所列舉書易以次歷代作者『舉人事』、『引成辭』的種種情形，也都不外乎這個道理。

㈢便於比況和寄託　有些不易直率表達的意思，或者不願和不可明顯說出的話，祇有用比附、隱喩、暗射、襯托種種方法來委婉代言，而對這些方法在取材上給以便利的，自然要算歷史中『夥頤沈沈』的故事了。像李義山錦瑟詩裏的『莊生曉夢』，『望帝春心』，重過聖女祠詩裏的『蕚綠華來』，杜蘭香去』，解者無慮千百家，但他究竟所說何事，所指何人，除起義山於九原，別人實在無法知道。此卽由於義山的身世和遭遇，頗多難言之隱，祇好借用典故來抒寫其『勞者自歌，非求傾聽』的心情，也就管不得別人的懂與不懂了。

㊃**用以充足文氣**　臨文之際，遇着意盡而文氣不足的時候，可借用典的方法來濟其窮。如孫德謙在六朝麗指中所述：『文章運典，於駢體爲尤要。梁簡文敍南康簡王蕚上東宮啓：『伏維殿下愛睦恩深，棠棣天篤。北海云亡，騎傳餘稾，東平告盡，驛問留書。嗚呼此恨，復在玆日。』此陳況古今，並以足其文氣也。儻無北海兩人故事，文至愛睦二語，不將窮於辭乎，故古典不可不諳習也。有此古典，藉以收束，而文氣亦充滿矣。』便是一個很好的例子。（中國文學裏的用典問題〇東方雜誌復刊一卷十一期。下同，不另注。）

說明文學上何以須用典故之理由，闡幽抉隱，屈曲洞達，彼信口詆娸用典將錮蔽性靈者，允宜三復斯言。

用典隸事，起源甚古，屈宋諸騷，已著先鞭，揚劉張蔡（揚雄、劉歆、張衡、蔡邕。），試用日繁，然多屬意到筆隨之作，非有成竹在胸也。爰逮建安，始刻意經營，漸趨美備，觀應璩雜詩可以知其端倪矣。

> 細微可不慎，隄潰自蟻穴，腠理蚤從事，安復勞鍼石。哲人覩未形，愚夫闇明白，曲突不見賓，燋爛爲上客。思願獻良規，江海倘不逆，狂言雖寡善，猶有如雞跖。雞跖食不已，齊王爲肥澤。

按第二句出淮南子人間訓及韓非子喻老篇，第三句出素問舉痛論，五六兩句出史記趙世家，七八兩句出漢書霍光傳，十三十四兩句出呂氏春秋用衆篇及淮南子說山訓。寥寥十四句而用典多達五起，故鍾嶸評其詩曰：『善爲古語，指事殷勤，雅意深篤，得詩人激刺之旨。』（詩品）可謂知言。

太康以後，用典益繁，潘陸二子，導其先路。潘岳之西征賦幾於一字一典，金谷集作、悼亡、在懷縣作諸詩，亦古事盈篇。而陸機之豪士賦序、五等諸侯論、弔蔡邕文、弔魏武帝文，以至短篇之連珠牋啓，隸事之多，匪惟漢魏所無，抑亦晉文中有數之作。例如：

彼洪川之方割，豈一簣之所堙，故尼父之惠訓，智必愚而後賢。諒知道之已妙，曷信道之未堅，忽寧子之保己，效萇叔之違天。冀澄河之遠日，忘朝露之短年。（弔蔡邕文）

短短十語，幾無句不隸事。又如：

臣聞頓網探淵，不能招龍，振綱羅雲，不必招鳳。是以巢箕之叟，不眄邱園之幣，洗渭之民，不發傅巖之夢。（演連珠）

李兆洛云：『隸事之富，始於士衡。』（駢體文鈔）良然。是後風氣一開，作家遞相追逐，有非用典不足以言佳作之勢焉。文章如此，詩歌亦然，率舉數例，繫諸左方。

㈠周任有遺規，其言明且清。（張華答何劭二首之二）

㈡感彼雍門言，悽愴哀往古。（張協七哀詩二首之一）

㈢折衝樽俎間，制勝在兩楹。（張協雜詩十首之五）

㈣馮公豈不偉，白首不見招。（左思詠史八首之一）

㈤荊軻飲燕市，酒酣氣益振。哀歌和漸離，謂若旁無人。（左思詠史八首之六）

㈥惠連非吾屈，首陽非吾仁。（左思招隱二首之二）

㈦廉藺門易軌，田竇相奪移。（曹攄感舊詩）

㈧白登幸曲逆，鴻門賴留侯，重耳任五賢，小白相射鉤。（劉琨重贈盧諶）

(九)李牧鎮邊城，荒夷懷南懼。趙奢正疆場，秦人折北慮。（盧諶贈崔溫）

(十)漆園有傲吏，萊氏有逸妻。（郭璞遊仙詩十四首之一）

是則欲於兩晉詩文中尋求純白描之篇幅，已不可多覯矣。

南朝文士因受前代清談與玄學之影響，作品遂由情韻之表現，轉爲事理之鋪陳，而又處心積慮，欲在修辭技巧上突過前人，於是吐膽嘔心，全力經營，因而造成用典隸事風氣之全盛，使詩文形式完全改觀。其首唱者當推宋之顏延之謝莊，而將古詩比興之法，純以用典代之，變其本而新其貌者，則任昉王融也。鍾嶸詩品序云：

> 觀古今勝語，多非補假，皆由直尋。顏延謝莊，尤爲繁密，于時化之。故大明泰始中，文章殆同書抄。近任昉王元長等，詞不貴奇，競須新事，爾來作者，寖以成俗。遂乃句無虛語，語無虛字。

蕭子顯南齊書文學傳論亦云：

> 今之文章，作者雖衆，總而爲論，略有三體。……次則緝事比類，非對不發，博物可嘉，職成拘制。或全借古語，用申今情，崎嶇牽引，直爲偶說。

履霜之漸，蓋非一朝一夕之故矣。後進之士，不惟以用典爲能事，甚且廣羅祕書，爭疏僻典，以爲一事不知，學者之恥，一事無據，不以爲高。綿延至於徐庾，用典已臻於登峯造極，出神入化之域，而集六朝之大成，導三唐之先路。試觀以下數聯：

㈠楚王宮內，無不推其細腰。衛國佳人，俱言訝其纖手。（徐陵玉臺新詠序）

㈡畏南山之雨，忽踐秦庭。讓東海之濱，遂餐周粟。（庾信哀江南賦序）

㈢高臺已傾，稷下有聞琴之泣。壯士一去，燕南有擊筑之悲。（庾信思舊銘序）

無不神機獨運，妙到毫顛，而又出以典雅之筆，可謂古今獨絕，唯美文學至此，令人歎觀止矣。

考南朝隸事風氣之所以獨盛，原因甚多，累紙所不能盡，要而言之，則編纂類書與隸事競賽是已，今分別述其崖略。

㈠關於編纂類書者　捃摭羣書，以類相從，便於檢閱之書曰類書。我國類書編纂最早者爲魏初之皇覽，三國志劉劭傳云：

劭黃初中受命集五經羣書，以類相從，作皇覽。

是爲類書之濫觴，編纂目的在供詞章家獵取辭藻、綴輯故實之用。其後代有繼作，極盛於梁朝。據隋書經籍志子部雜家類所著錄雜家書凡九十七部，合二千七百二十卷，其中可以推定其爲六朝人所纂之類書者有華林遍略、長洲玉鏡、類苑等五十餘種。誠可謂洋洋大觀，眩人耳目。按隸事與類書乃互爲因果，用典多，則類書必應運而生，類書多，則用典之風愈盛，作者不復以自鑄新詞爲高，而以多用事典爲博矣。

如李兆洛駢體文鈔云：

隸事之富，始於士衡，織詞之縟，始於延之，詞事並繁，極於徐庾，而皆骨足以載之。初唐諸作，則惟恐肉之不勝也。（評顏延之三月三日曲水詩序）

鍾嶸評顏延之之詩云：

一句一字，皆致意焉。又喜用古事，彌見拘束，雖乖秀逸，是經綸文雅才。（詩品）

又評任昉之詩云：

昉既博物，動輒用事。……少年士子，效其如此。（同上）

南史王僧孺傳云：

其文麗逸，多用新事，人所未見者，時重其富博。

陳書姚察傳云：

每有製述，多用新奇，人所未見，咸重富博。

當時風氣，於斯可見，嘗鼎一臠，足概其餘矣。

(二)關於隸事競賽者　類書雖肇始於魏之皇覽，然以深藏祕府，一般文人無由得見，自難以尋檢入文，故隸事之風猶未極盛也。南朝吟詠大盛，操觚者衡文角藝，蔚爲風尙，馴至『以一事不知爲恥，以字有來歷爲高』，開此風氣之先者，則非齊之王儉莫屬。自此文士馳騁詞場，競相隸事，呈現空前絕後之奇觀。試稽史册，以窺其凡。南史王摛傳：

尚書令王儉嘗集才學之士，總校虛實，類物隸之，謂之隸事，自此始也。儉嘗使賓客隸事多者賞之，事皆窮，唯廬江何憲爲勝，乃賞以五花簟、白團扇。坐簟執扇，容氣甚自得。摛後至，儉以所隸示之，曰：『卿能奪之乎。』摛操筆便成，文章旣奧，辭亦華美，擧坐擊賞。摛乃命左右抽憲簟，手自掣取扇，登車而去。儉笑曰：『所謂大力者負之而趨。』竟陵王子良校試諸學士，唯摛問無不對。

又陸澄傳：

王儉自以博聞多識，讀書過澄。澄謂曰：『僕少來無事，唯以讀書爲業，且年位已高。令君少便鞅掌王務，雖復一覽便諳，然見卷軸未必多僕。』儉集學士何憲等盛自商略，澄待儉語畢，然後談所遺漏數百十條，皆儉所未覩，儉乃歎服。儉在尙書省出巾箱几案雜服飾，令學士隸事，事多者與之，人人各得一兩物。澄後來，更出諸人所不知事，復各數條，并舊物奪將去。

王儉門下才士如雲，皆隸事高手，要當以王摛陸澄爲第一流，何憲爲第二流，雖淵博如儉者，亦不得不甘拜下風矣。又劉顯傳：

沈約爲丹陽尹，命駕造焉。於坐策顯經史十事，顯對其九。約曰：『老夫昏忘，不可受策，雖然，聊試數事，不可至十。』顯問其五，約對其二。陸倕聞之擊席喜曰：『劉郎子可謂差人，雖吾家平原詣張壯武，王粲謁伯喈，必無此對。』其爲名流推賞如此。

沈約與劉顯相見，互相策試經史中事，亦隸事競賽也。又劉峻傳：

梁武帝招文學之士，有高才者多被引進，擢以不次。峻率性而動，不能隨衆沈浮。武帝每集文士策經史事，時范雲沈約之徒皆引短推長，帝乃悅，加其賞賚。會策錦被事，咸言已罄，帝試呼問峻，峻時貧悴冗散，忽請紙筆，疏十餘事，坐客皆驚，帝不覺失色。自是惡之，不復引見。

按梁武爲六朝帝王之佼佼者，在位四十八年，文治武功，彪炳史册，唐宗漢武，差可比隆。惟賦性褊狹，不能容納勝己者，致有江淹『才盡』（見南史本傳）於前，劉峻『寂寞』（見南史本傳）於後。尤其劉峻博極羣書，文藻秀出，崔慰祖譽爲『書淫』，又編定類苑一百二十卷，而竟爲武帝所惡，固無怪其有『余逢命世英主，亦擯斥當年』（亦見南史本傳）之歎也。又沈約傳：

約嘗侍宴，會豫州獻栗，徑寸半。帝奇之，問栗事多少，與約各疏所憶，少帝三事。約出謂人曰：『此公護前，不讓卽羞死。』帝以其言不遜，欲抵其罪，徐勉固諫乃止。

君臣以隸事較短長，本屬雅事，以梁武嫉忌，沈約幾乎因此獲罪，易雅事爲僨事矣。又北史藝術徐之才傳：

嘗與朝士出游，遙望羣犬競走，諸人試令目之。之才卽應聲云：『爲是宋鵲，爲是韓盧，爲逐李斯東走，爲負帝女南徂。』

北朝受南方風氣影響，亦盛行隸事。脫非之才『聰敏強識，有兼人之敏』，又平日『尤好劇談體語，公私言聚，多相嘲謔』，已成習慣，未必能應聲數典。況且之才幼有神童之目，八歲時造梁周捨宅，聽老子，捨爲設食，乃戲之曰：『徐郎不用心思義，而但事食乎。』之才卽以老子中語答曰：『蓋聞聖人虛其心而實其腹。』捨大嗟歎。年十三卽與南朝士大夫劉孝綽、裴子野、張嵊相往還，隸事之藝固早已爛熟矣。

隸事之風，既彌漫文壇，學者寖以成俗，日久則弊亦隨之，而轉爲穿鑿矣。南史任昉傳云：

> 旣以文才見知，時人云『任筆沈詩』。昉聞甚以爲病。晚節轉好著詩，欲以傾沈，用事過多，屬辭不得流便，自爾都下士子慕之，轉爲穿鑿，於是有才盡之談矣。

於是引起鍾嶸與裴子野之不滿，大張撻伐，分別撰詩品及雕蟲論以非之。惟劉勰則取折衷，所論較爲平允，不涉意氣。劉氏首先說明用典對文章之重要，其次强調用典須切合文章之主題與內容，達到『徵義』『明理』之目的。惟載籍浩博，欲求靈活運用，必須充實學問，知所抉擇，乃能匠心獨運，純美無疵。其文心雕龍事類篇云：

> 夫薑桂同地，辛在本性，文章由學，能在天資。才自內發，學以外成。有學飽而才餒，有才富而學貧，學貧者迍邅於事義，才餒者劬勞於辭情，此內外之殊分也。是以屬意立文，心與筆謀，才爲盟主，學爲輔佐，主佐合德，文采必霸，才學褊狹，雖美少功。

學既優贍，且須貫通，始能推陳出新，作獨創性的發揮。又云：

> 是以綜學在博，取事貴約，校練務精，捃理須覈，衆美輻輳，表裏發揮。劉劭趙都賦云：『公子之客，叱勁楚令歃盟，管庫隸臣，呵强秦使鼓缶。』用事如斯，可謂理得而義要矣。

又云：

> 凡用舊合機，不啻自其口出，引事乖謬，雖千載而爲瑕。……夫山木爲良匠所度，經書爲文士所擇，木美而定於斧斤，事美而制於刀筆，研思之士，無慚匠石矣。

夫驅遣古事，固盡人所能，惟優劣之判，則胥視各人之巧思耳。

由於六朝人作文繁用典故，遂使文章形態逐漸發生變化，由廣義之駢文衍變為狹義之駢文（即四六文○請參閱本章前言），四六文之形態遂至六朝末期而告固定。自茲厥後，四六文乃奪取廣義駢文之地位而代之，而成為駢文之正統，典故繁夥則為其構成之重要條件。凡行文不用一典而以白描出之者，均被視為駢文中之別裁，而不以正統與之。例如陳均編唐駢體文鈔，王志堅纂四六法海，均不錄陸贄之文，是其明證。

（二）用典之種類

用典之種類，要而言之，大約分為三種：一曰用事，二曰用詞，三曰事詞合用。凡徵引古人古事以比況今人今事者，謂之用事。凡徵引古人之話語或截取古籍中之成語入文者，謂之用詞，亦謂之用語。凡徵引古事及古語合併入文者，謂之事詞合用。茲分別舉例說明之：

【一】用　事

㈠才非干寶，雅愛搜神。
情同黃州，喜人談鬼。（蒲松齡聊齋志異自序）

按上聯用干寶搜神事。晉書干寶傳：寶字令升，新蔡人。其父有寵婢，母甚妒忌，父亡，母生納之墓中，寶時年小不知。後十餘年母喪，開墓而婢伏棺如生，載歸經日乃蘇，因言其父常與飲食，故不死，嫁之生子。寶兄嘗病氣絕，積日不冷，尋復蘇，言天地間鬼神事，如夢覺。寶於是撰搜神記三十卷，集古今神祇靈異諸變幻狀也。

下聯用蘇軾在黃州事。孔平仲續世說：『蘇子瞻在黃州，客與遊，詼諧放蕩，有不能談者，則強之使說鬼。』

四句言己亦雅好談神說鬼也。

(二) 如黃祖之腹中。（汪中經舊苑弔馬守真文）
在本初之弦上。

按上句用禰衡事。禰衡字正平，東漢平原人。少有才辯，而氣尙剛傲，矯時慢物。孔融薦於曹操，衡以操輕士，擊鼓大罵，曹怒其狂，欲殺之，而恐蒙害賢之名，乃遣送劉表，表亦以侮慢不能容，又送與江夏太守黃祖。祖初重之，辟爲書記，輕重疏密，各得體宜，祖攜其手步於庭中曰：『處士，此正得祖意，如祖腹中之所欲言也。』見後漢書文苑傳。

下句用陳琳事。陳琳字孔璋，東漢廣陵人。以文學與王粲等齊名，爲建安七子之一。初爲何進主簿，進謀誅宦官不遂，竟以取禍。琳避難冀州，依渤海太守袁紹，典文章，嘗爲紹草檄討曹操，數其罪狀，及紹敗於官渡，琳歸操。操謂琳曰：『卿昔爲本初（袁紹字）移書，但可罪狀孤而已，惡惡止其身，何乃上及父祖耶。』琳謝罪曰：『箭在弦上，不得不發。』操愛其才，以爲記室，軍國書檄，多出其手。見三國志魏志本傳及文選爲袁紹檄豫州注。

二句言己長期爲人掌管書記（即今之秘書），俯仰異趣，哀樂由人，降志辱身若此，而深自悼傷也。

(三) 笳聲咽月，文姬有歸漢之期。

指印留環，玉簫踐再生之約。（徐枕亞玉梨魂第一章）

按上聯用文姬歸漢事。後漢書列女傳：蔡琰字文姬，陳留人，邕之女也，博學有才辯，妙解音律，邕鼓琴斷絃，文姬屢猜俱中。初適河東衞仲道，夫亡無子，歸寧於家。興平(靈帝年號)間，天下喪亂，爲胡騎所掠，沒於匈奴十二年，爲左賢王后，王甚愛之，生二子。曹操素與邕善，痛其無嗣，乃遣大將軍以金璧贖之以歸，重嫁屯田都尉董祀。後傷感亂離，追懷悲憤，作詩二章。首章爲五言古詩，描寫漢末一般亂離之慘象。次章爲楚辭體，縷述一己之遭遇，而於先所生二子尤深致懷念云。相傳文姬作品尚有胡笳十八拍一篇，載樂府詩集卷五十九，前十拍敍己入胡之原因及經過，其餘八拍則亦思子之哀吟。

下聯用玉簫傳奇故事。唐韋臯少遊江夏，館姜氏，有青衣玉簫，與有情，韋贈以玉指環，約七年來娶，及期不至，玉簫遂絕食死。後韋爲西川節度使，念之不置，有善少翁術者，召玉簫魂至，謂韋云：『十三年後，再爲侍妾。』韋既久在蜀，會作生日，東州盧某贈一歌姬，號玉簫，視之，其貌與姜氏之玉簫無異也。事見范攄雲溪友議及江羣玉簫傳。元喬吉有玉簫女兩世姻緣雜劇，明楊柔勝有玉環記傳奇，皆用此故事爲題材。

四句言文姬玉簫均有奇遇，緊我獨無，明恨深也。

【二】用詞

(一)
蓋四方其訓，以無競維人。
必三后協心，而同底於道。　(王安中除少宰余深制)

按上聯見詩經周頌烈文：『無競維人，四方其訓之。不顯維德，百辟其刑之。於乎，前王不忘。』(亦見大雅抑)

下聯見尚書畢命：『三后協心，同底於道，道洽政治，澤潤生民。』

(二)
曉楓零雨，客中之況味曾同。
孤鶩落霞，畫裏之風光宛在。　(成惕軒歷代駢文選序)

按首句見梁簡文帝與蕭臨川書：『零雨送秋，輕寒迎節，江楓曉落，林葉初黃。』
三句見王勃滕王閣序：『落霞與孤鶩齊飛，秋水共長天一色。』

(二)
一髮中原，載勞夢寐。
息壤在彼，敢告山靈。
（成惕軒藏山閣圖記）

按首句見蘇軾澄邁驛通潮閣詩：『餘生欲老海南村，帝遣巫陽招我魂。杳杳天低鶻沒處，青山一髮是中原。』
三句見戰國策秦策：秦武王與甘茂盟於息壤（秦邑），使將兵攻宜陽，五月不拔，王欲罷兵。甘茂曰：息壤在彼。王曰：有之。因悉起兵，復使茂攻之，斬首六萬，遂拔宜陽。後世因以息壤稱盟誓信約。
又古人所鑄造之成語，通行已久，不以時移代易而失其效用者，詞章家亦廣泛引用，如『發聾振聵』，『怵目驚心』，『舍本逐末』，『自相矛盾』，『揠苗助長』，『洪水猛獸』，『按部就班』，『走投無路』，『濫竽充數』，『守株待兔』等。引用此類成語，亦謂之用詞。以其屬於廣義之典故，含有普通意義，已爲世所習用也。

【三】事詞合用

(一)
用舍行藏，仲尼獨許於顏子。
存亡進退，周易不及於賢人。
（蘇軾賀歐陽少師致仕啓）

按上聯見論語述而篇：『子謂顏淵曰：用之則行，舍之則藏，唯我與爾有是夫。』
下聯見易經乾卦：『上九，亢龍有悔。文言曰：亢之爲言也，知進而不知退，知存而不知亡，知得而不知喪，其唯聖人乎。知進退存亡而不失其正者，其唯聖人乎。』
一、三兩句均截自書中原文，而重行組合，是爲用詞。二、四兩句則敘述其事，是爲用事。此兩組典故謂之事詞合用。

（一）明哲以保其身，靡失青氈之舊。（洪适湯思退特授觀文殿大學士制）
喜慍不形於色，可娛綠野之游。

按首句見詩經大雅烝民：『既明且哲，以保其身。』二句用王獻之事，以青氈爲世代書香之代詞。晉書王獻之傳：『獻之夜臥齋中，而有偷人入其室，盜物都盡。獻之徐曰：「偷兒，青氈我家舊物，可特置之。」羣偷驚走。』三句見三國志蜀書先主傳：『先主少言語，善下人，喜怒不形於色。』亦見蔡邕陳留太守胡公碑四句用裴度事。裴度字中立。唐聞喜人，歷秉國政，身繫天下重輕者垂三十年，後以閹宦擅權，搢紳道衰，遂築別墅於洛陽，號綠野草堂，與諸名士觴詠其間，不問世事。見唐書本傳。

一、三兩句直接用書中成語，是爲用詞。二、四兩句間接用書中事義，是爲用事。此兩組典故亦謂之事詞合用。

（二）風聲鶴唳，不但平淮。

雪夜鵝鳴，更觀擒蔡。（李劉賀丞相明堂慶壽並册皇后禮成平淮寇奏捷啓）

按首句見晉書苻堅載記：『堅爲流矢所中，單騎遁還於淮北，聞風聲鶴唳，皆謂晉師之至。』

二句及三、四兩句用李愬平淮事。唐憲宗元和十年，淮西節度使吳元濟據蔡州反，朝廷遣裴度宣慰淮西行營，以李愬爲鄧州節度使，率兵討伐，十二年，愬率師雪夜襲蔡州，懸瓠城旁有鵝鶩池，乃下令擊之，以亂軍聲，卒生擒吳元濟，淮西平。事見唐書李愬傳。

此聯無非是借用李愬雪夜擒蔡之事，以比況丞相史彌遠平定逆賊李全之功。首句逕用書中成語，是爲用詞。其餘三句均與平淮事有關，是爲用事。此種用事多（三句）而用詞少（一句）之情形，亦謂之事詞合用。反之亦然，不另舉例。

(三) 用典之方法

用典之方法甚多，惟一般文家所習用者，不過五種而已，即㈠明用 ㈡暗用 ㈢反用 ㈣借用 ㈤活用是也。玆臚述於次：

【一】明　用

詩文中徵引典實，或明言其人，或明引其事者，是爲明用。此法最爲簡單，亦最爲普遍，載筆之倫，類能用之。

㈠ 寵聞長樂，陳后知而不平。
畫出天仙，閼氏覽而遙妒。（徐陵玉臺新詠序）

上聯見漢書外戚傳。長樂，漢宮名。漢武帝寵愛平陽公主家之歌女衞子夫，陳皇后聞之，心中憤憤不平，曾有數次欲自殺。

下聯見桓譚新論。閼氏，讀若煙支。匈奴單于之妻稱閼氏，猶漢言皇后也。漢高祖被匈奴困於平城，用陳平計，畫一絕代美人，使人持示匈奴閼氏，謂漢欲將此女獻單于，請求解圍，閼氏見畫圖，恐此女來，將奪其愛，遂勸單于解圍一角，高祖得逃去。

㈡ 餘膽罷含。
斷機尚在。（袁枚上尹制府乞病啓）

上句用柳母和丸事。孔帖：『唐柳仲郢嗜學，母韓，丸熊膽（揉和熊膽為丸也）以助其勤。』（事又見唐書柳公綽傳）下句用孟母斷機事。列女傳母儀類：『孟子之少也，既學而歸，孟母方績，問曰：學何所至矣。孟子曰：自若也。孟母以刀斷其織。孟子懼而問其故。孟母曰：子之廢學，若吾斷斯織也。孟子懼，旦夕勤學不息，師事子思，遂成天下之名儒。君子謂孟母知爲人母之道矣。』

（二）著誓墓之文，寄清襟於山水。

抱守廬之志，動靈感於飛征。（吳錫麒機聲燈影圖序）

上聯用王羲之歸隱事。晉書王羲之傳：『王述爲揚州刺史，檢察會稽，羲之稱病去郡，於父母墓前自誓曰：「維永和（東晉穆帝年號）十一年三月癸卯朔九日辛亥，小子羲之敢告二尊之靈：羲之不天，夙遭閔凶，不蒙過庭之訓。母兄鞠育，得漸庶幾，遂因人乏，蒙國寵榮。進無忠孝之節，退違推賢之義，每仰詠老氏周任之誡，常恐死亡無日，憂及宗祀，豈在微身而已，是用寤寐永歎，若墜深谷。止足之分，定之於今。謹以今月吉辰，肆筵設席，稽顙歸誠，告誓先靈。自今之後，敢渝此心，貪冒苟進，是有無尊之心而不子也。子而不子，天地所不覆載，名教所不得容。信誓之誠，有如皦日。』羲之既去官，與東土人士盡山水之遊。朝廷以其誓苦，亦不復徵之。』下聯用唐二孝子事。新唐書孝友傳：『侯知道程俱羅者，靈州靈武人也。居親喪，廬墓次，哭泣無節，知道七年，俱羅三年，率夜半傳墳踴而哭，鳥獸爲之悲號。李華作二孝贊表其行。』飛征，卽飛走，謂飛禽與走獸也。

【二】暗用

徵引典實，須渾然天成，莫測端倪，有如羚羊挂角，無跡可求。又如著鹽水中，無跡有味。使博雅者見之，知文中尚有玄機，而腹儉者讀之，亦能望文而生義。此乃詞章家行文之最高手法，亦爲運典之最高境界。魏慶之詩人玉屑云：『蕭文奐能書善畫，於扇上圖山水，咫尺之內，便覺萬里為遙。老杜戲題山水圖云：「尤工遠勢古莫比，咫尺應須論萬里。」乍讀似非用事。如「男兒既介冑，長揖別上官。」用「介冑之士不拜。」「婦人在軍中，兵氣恐不揚。」用「軍中豈有女子乎」。皆用其事而隱其語。』（用事）所舉三例，殆卽前人所謂用事不使人覺，若胸臆語也。（詳顏氏家訓文章篇）

(一) 玉樹以珊瑚作枝。
珠簾以玳瑁為柙。（徐陵玉臺新詠序）

初看只道尋常寫景，殊不知兩句均出自漢武故事：『上起神屋，前庭植玉樹，以珊瑚為枝，碧玉為葉，花子青赤，以珠玉為之，空其中如小鈴，鎗鎗有聲。又以白珠為簾，玳瑁柙之。』柙，壓也，鎮簾之具。

(二) 人之戚也，既非金石所移。
士之悲也，寧有春秋之異。（庾信思舊銘序）

按淮南子繆稱訓：『春女思，秋士悲，而知物化矣。』高誘注：『春女感陽則思，秋士見陰則悲。』下聯暗用其詞意，言士之具有悲劇性格者，無分冬夏，無間春秋，無時不悲也。

(三) 彌天騰鼓角之聲。
大地碎山河之影。（成惕軒山房對月記）

按此二句蓋自杜甫閣夜詩頷聯蛻化而來，了無痕跡。而杜詩又暗用禰衡漢武之事。周紫芝竹坡詩話云：『凡詩人作語，要令事在語中而人不知。余讀太史公天官書：「天一、槍、棓、矛、盾動搖，角大，兵起。」杜少陵詩云：

「五更鼓角聲悲壯，三峽星河影動搖。」蓋暗用遷語，而語中乃有用兵之意。詩至於此，可以爲工也。』
蔡條西淸詩話亦云：『杜少陵云：作詩用事，要如禪家語「水中著鹽，飲水乃知鹽味。」此說，詩家祕密藏也。如「五更鼓角聲悲壯，三峽星河影動搖。」人徒見凌轢造化之工，不知乃用事也。禰衡傳：「撾漁陽摻，聲悲壯。」漢武故事：「星辰動搖，東方朔謂民勞之應。」則善用事者，如繫風捕影，豈有迹耶。』

【三】反用

文家隸事運典，有直用其事者，有反其意而用之者。前者謂之正用，亦曰明用。後者謂之反用，與『翻案法』略同，最爲奇警。胡仔苕溪漁隱叢話：

藝苑雌黃云：『文人用故事，有直用其事者，有反其意而用之者。元之謫守黃岡謝表云：「宣室鬼神之問，豈望生還。茂陵封禪之書，惟期死後。」此一聯每爲人所稱道，然皆直用賈誼相如之事耳。李義山詩：「可憐夜半虛前席，不問蒼生問鬼神。」雖說賈誼，然反其意而用之矣。林和靖詩：「茂陵他日求遺稿，猶喜曾無封禪書。」雖說相如，亦反其意而用之矣。直用其事，人皆能之。反其意而用之者，非識學素高，超越尋常拘攣之見，不規規然蹈襲前人陳迹者，何以臻此。』苕溪漁隱曰：『藝苑以元之直用賈誼相如事，不若李義山林和靖反用之。然元之是謝表，須直用其事，以明臣子之心，非若作詩可以反意用，此語殊非通論也。』

所言深中肯綮，足資參鏡。

(一)畏南山之雨，忽踐秦庭。讓東海之濱，遂餐周粟。(庾信哀江南賦序)

下聯反用夷齊事。史記伯夷傳：『伯夷叔齊，孤竹君之二子也。父欲立叔齊，及父卒，叔齊讓伯夷。伯夷曰：「父命也。」遂逃去。叔齊亦不肯立而逃之。武王伐紂，伯夷叔齊叩馬而諫。武王已平殷亂，天下宗周，而伯夷叔齊恥之，義不食周粟，隱於首陽山，采薇而食之，遂餓死。』張守節正義：『孤竹國在平州，濱東海也。』

此言己本梁臣，承聖三年出使西魏，值魏軍南犯，遂留長安。及魏禪位於周，己身又仕之，不能如夷齊之高蹈首陽，而竟餐周粟，自愧無節義也。

(二)舟楫路窮，星漢非乘槎可上。風飈道阻，蓬萊無可到之期。(同右)

上聯反用漢人乘槎(水中浮木)至天河事。張華博物志：『舊說天河與海通。近世有人居海濱者，年年八月有浮槎去來，不失期。人有奇志，立飛閣於槎上，多齎糧，乘槎而去。千餘日中，猶觀日月星辰，自後茫茫忽忽，亦不覺晝夜。去十餘日，奄至一處，有城郭狀，屋室甚嚴。遙望宮中，多織婦。見一丈夫牽牛渚飲之。牽牛人驚問曰：「何由至此。」此人具說來意，並問：「此是何處。」答曰：「君還，至蜀郡訪嚴君平則知之。」竟不上岸。因還，如期。後至蜀，問君平，曰：「某年月日，有客星犯牽牛宿。」計年月，正是此人到天河時也。』按荊楚歲時記引此，謂此人即張騫云。

此言吾道已窮，無復前驅之望也。

㈢孟嘗高潔，空懷報國之心。（王勃滕王閣序）
阮籍猖狂，豈效窮途之哭。

下聯反用阮籍窮途慟哭事。晉書阮籍傳：『籍任性不羈，時率意獨駕，不由徑路，車跡所窮，輒慟哭而返。』

此言己雖如阮籍之猖狂，但不效其窮途之哭。

【四】借　用

文家使事，只用古人詞語，而不用其文意者，謂之借用。與修辭學上之『比喻』、『影射』，對偶法之『借對』、『假對』（請參看本章第一節）有異曲同工之妙。楊萬里誠齋詩話云：『詩家借用古人語，而不用其意，最爲妙法。如山谷詠猩猩毛筆：「平生幾兩屐，身後五車書。」猩猩善飲酒，喜著屐，故用阮孚事。其毛作筆，用之鈔書，故用惠施事。二事皆借人以詠物，初非猩猩毛筆事也。』又左傳襄公二十一年：『深山大澤，實生龍蛇。』黃庭堅借用其詞而作中秋月詩云：『寒藤老木被光景，深山大澤皆龍蛇。』已非原意矣。

㈠坐帳無鶴。（庾信小園賦）
支牀有龜。

上句借用三國介象成仙事，以喻己思歸無術。葛洪神仙傳：『介象字元則，會稽人也。吳王徵至武昌，甚尊敬之，稱爲介君。詔令立宅，供帳皆是綺繡，遺黃金千鎰，從象學隱形之術。後告言病，帝以美梨一奩賜象。象食之，須臾便死。帝埋葬之。以日中死，晡時已至建鄴，所賜梨付苑吏種之。吏後以表聞，先主卽發棺視之，唯一符耳。帝思之，與立廟，時時躬往祭之。常有白鶴來集座上，遲迴復去。』言己羈紲異邦，無介象之仙術可還建康。時梁都建康，故國故都，蓋未嘗一日忘情也。

下句借用龜支牀足事，以喻己久羈長安。史記褚先生補龜策列傳：『南方老人用龜支牀足，行二十餘歲，老人死，移牀，龜尙不死。』言己久仕北朝，直若支牀之龜矣。

(二) 龜言此地之寒。
鶴訝今年之雪。　（同　右）

上句借用客龜思歸江南事，以喻己亦不欲埋骨異鄉也。酈道元水經注引車頻秦書：『苻堅建元十二年，高陸縣民穿井得龜，大二尺六寸，背文負八卦古字。堅以石爲池養之，十六年而死。取其骨以問吉凶，名爲客龜。大卜佐高夢龜言：「我將歸江南，不遇，死於秦。」高於夢中自解曰：「龜三萬六千歲而終。終，必亡國之徵也。」爲謝玄破於淮、肥，自縊新城浮圖中，秦祚因卽淪矣。』子山引此，謂己身在西魏，有如客龜之思歸江南，不欲客死於秦也。

下句借用仙禽之語，以喻梁元帝之崩逝。劉敬叔異苑：『晉太康二年冬，大雪，南州人見二白鶴語於橋下曰：「今玆寒，不減堯崩年也。」於是飛去。』按承聖三年（西元五五四年）十一月，西魏攻陷江陵，元帝出降，十二月被殺。此以元帝死比之堯崩，而江陵陷落及元帝殉國均在冬季，故云『鶴訝今年之雪』。

(三) 將軍一去，大樹飄零。
壯士不還，寒風蕭瑟。　（庾信哀江南賦序）

上句借用馮異謙退事，以哀建康之淪陷。後漢書馮異傳：『異爲人謙退不伐，每所止舍，諸將並坐論功，異常獨屛樹下，軍中號曰「大樹將軍」。』子山引此，言侯景寇建康時，已奉命率宮中文武千餘人，營於朱雀航，以拒侯景，及兵敗，其地遂陷，是飄零之義也。

【五】活　用

使事運典，貴能靈活變化，宜令『事爲我使』，而『不爲事使』，直將故事之內涵與自己之立意所在，融爲一體，孰水孰鹽，莫見痕跡。故運典技巧之高者，雖死事死句亦可以靈活運用，極盡出神入化之能事，而達到雅俗共賞之目的。王安石有云：『詩家病使事太多，蓋皆取其與題合者類之，如此乃是編事，雖工何益。若能自出己意，借事以相發明，變態錯出，則用事雖多，亦何所妨。』（蔡寬夫詩話引）楊載亦云：『陳古諷今，因彼證此，不可著跡，只使影子可也。雖死事亦當活用。』（詩法家數用事條）是皆深造有得之言也。

(一) 驚鸞冶袖，時飄韓掾之香；
飛燕長裾，宜結陳王之佩。（徐陵玉臺新詠序）

按第二句巧用賈充女偸西域貢香與其男友韓壽故事，見晉書賈充傳。第三句指趙飛燕。西京雜記：『趙飛燕立爲皇后，其弟合德上遺織成裾。』第四句指曹植。曹植洛神賦：『願誠素之先達兮，解玉佩以要之。』趙飛燕與曹植相距二百餘年，本不相涉，而作者用『宜』字予以綰合，極新穎靈動之致。手法之高妙，令人歎觀止矣。

(二) 指隨心痛，
目與雲飛。（袁枚上尹制府乞病啓）

上句用嚙指痛心事，以言思親情切也。王充論衡：『周曾參、字子輿、事母至孝。參嘗採薪山中，家有客至，母無措，望參不還，乃嚙其指，參忽心痛，負薪以歸，跪問其故，母曰：「有遠客至，吾嚙指以悟汝爾。」』按干寶搜神記云：『曾子隨仲尼在楚，而心動，辭歸問母。母曰：「思爾齧指。」孔子曰：「曾參之孝，精感萬里。」』與論衡所載異。

下句用白雲故鄉事，以言思鄉情切也。唐書狄仁傑傳：『仁傑薦授并州法曹參軍，親在河陽，仁傑登太行山，反顧，見白雲孤飛，謂左右曰：「吾親舍在其下。」瞻悵久之，雲移乃得去。』

按作者用此二典，旨在陳述思親思鄉之情，用字簡而涵義多，極爲感人。若以白描爲之，必不能如此恰到好處，尤不能如此餘味醰醰也。

㈡ 國門可懸。
都人爭寫。（汪中自序）

上句用一字千金事，言文章甚可貴重也。史記呂不韋傳：『不韋使其客人人著所聞，集論以爲八覽、六論、十二紀，二十餘萬言。以爲備天地萬物古今之事，號曰呂氏春秋。布咸陽市門，懸千金其上，延諸侯游士賓客有能增損一字者予千金。』

下句用洛陽紙貴事，言著作風行一時也。晉書文苑傳：『左思欲賦三都，移家京師，構思十年，賦成，皇謐甫爲賦序，張載爲注魏都，劉逵注吳蜀而序之。張華見而歎曰：「班張之流也。」於是豪貴之家，競相傳寫，洛陽爲之紙貴。』

按『一字千金』、『洛陽紙貴』二詞，使用者多，已成濫調，作者乃另鑄新詞以易之，且能融化無痕，極盡化腐朽爲神奇之能事焉。扼要言之，用典之作用有四：㈠避免平凡單調，㈡可以美化文章，㈢可以使文意深婉，㈣可以使言簡而意賅。上舉二例，四者皆備，是其最佳左驗。彼信口詆娸用典爲躲懶藏拙、錮蔽性靈者，可以休矣。

(四)用典之工拙

文字最美妙之意味，在用字簡而涵義多，此斷非用典不爲功。不用典不特不可作文，亦且不可作詩，尤其不可作駢文，此非余一人之私言，乃古今文家之公言也。用典之要，從可知已。惟才有高低，腹有豐儉，於是運典使事，自亦有優劣之判，工拙之別。玆參酌前賢及吾師成楚望先生之論說，將歷代文家用典之工拙者列擧如左，以備參較取鑑。按一至二十條爲用典之優者，二十一至三十二條爲用典之劣者。

【一】高　妙

釋蘿襲袞，出野登朝。（沈約爲武帝與謝朏敕）

上句驟視之如未用典，實則暗用晉書謝安傳論：『褫薜蘿而襲朱組，去衡泌而踐丹墀。』此卽所謂暗典，亦卽禪家所謂『著鹽水中，無跡有味』是也。邢邵云：『沈侯文章，用事不使人覺，若胸臆語。』北史本傳洵非過譽。

【二】適　當

風樹之酷，萬始莫追。霜露之哀，百憂總萃。（梁元帝答羣下勸進初令）

首句用韓詩外傳：『臯魚曰：樹欲靜而風不止，子欲養而親不待。』言父皇初崩，已亦有蓼莪之痛，若臯魚之不能事親也。三句用禮記祭義，亦確切不可移易。

【三】顯豁

①伯牙絕絃於鍾期。③痛知音之難遇。（曹丕與吳質書）
②仲尼覆醢於子路。④傷門人之莫逮。

首句出呂氏春秋本味篇，二句出禮記檀弓篇，皆自引而自說明，上下之意，聯貫爲一，令人可以互知，而無晦澀破碎之病。

【四】自然

奢恥宋臣。（陶潛自祭文）
儉笑王孫。

前句用春秋宋桓司馬自爲石椁，三年而不成，如此豪奢，卒爲孔子所譏故事，見禮記檀弓篇。後句用漢楊王孫臨終時命子將之裸葬，以身親土故事，見漢書本傳。陶氏謂己死後埋葬，既不必如宋臣之奢，亦不必若王孫之儉，語極自然。

【五】普遍

妾怨回文之錦。（梁元帝蕩婦秋思賦）
君思出塞之歌。

上句用晉書列女傳蘇蕙思夫織錦爲八百餘首回文詩故事，下句用西京雜記戚夫人歌出塞曲故事，皆家喻戶曉，平通易行，稍讀書者，類能解之。

【六】寄託

毛修之埋於塞表，流落不存，陸平原敗於河橋，死生慚恨。反公孫之柩，方且未期，歸連尹之尸，竟知何日。遊魂羈旅，足傷溫序之心，玄夜思歸，終有蘇韶之夢。遂使廣平之里，永滯寃魂，汝南之亭，長聞夜哭。（庾信周大將軍吳明徹墓誌銘）

按此十六句中每兩句用一典，共有典故八起，皆非泛泛引用以示淵博，正以藉此哀其魂羈異國之恨，而亦所以自哀也。良以庾氏丁年出使，飄淪異邦，鄉關之思，無時或紓，與明徹誠屬同病相憐，故撰寫本文，乃能言哀入痛，而惺惺相惜之情，遂不覺洋溢於楮墨間，李兆洛謂爲誌文絕唱，固不誣矣。

【七】輕倩

鏡中看影，當不含涕。欄外將花，居然俱笑。（庾信爲梁上黃侯世子與婦書）

按范泰鸞鳥詩序：『昔罽賓王獲彩鸞鳥，三年不鳴，夫人曰：「嘗聞鳥見其類而後鳴，何不懸鏡以照之。」王從其言，鸞睹影悲鳴，哀響中宵，一奮而絕。』首句卽用此事。此爲蕭曄捉刀之作也，丰神飄逸，意態輕盈，柔情綺語，黯然魂銷，其欲不見妒於鴛鴦者，殆不可得，故庾氏不但爲百世駢體宗師，亦一代香奩高手也。

【八】畫龍點睛

尤蔓草之爲會。（陶潛閑情賦）
誦邵南之餘歌。

上句用詩經鄭風野有蔓草男女失婚，曠野幽會之事，深責其有傷風化，應予禁絕。又詩經國風召南（召通邵）凡十四篇，多半敘寫男女間關係正常之詩，陶氏以爲此類作品應多誦讀，所以嚴禮教之大防也。

按全賦多在描繪美人之高潔，陳訴戀情之深功，似有蕩檢踰閑之嫌，至末段始以此二句作結，復歸於正，極畫龍點睛之妙。若信筆直說，必冗雜散漫，難中肯要。

【九】含蓄

無懷氏之民歟。
葛天氏之民歟。（陶潛五柳先生傳）

按陶公身處亂朝，難脫世累，故對於太古時代人民純樸恬淡之生活深爲嚮往，乃用此二典，婉轉表達其意願，以免一覽無遺，而索然意盡，此則拜隸事之賜也。

【一〇】圓潤

龜祀骨於宗祧。
思反身於綠水。（潘岳秋興賦）

作者用莊子秋水篇莊子答楚王使者以爲楚祀神龜之骨於廟堂，彼神龜之本心寧曳尾於泥中，而不願死而留骨於廟堂，供人祭奠，以喻己之寧願隱遁，垂釣自娛，不願出仕於楚之故事，以表示自己亦欲效莊子之所爲，無意再名列朝班，竊位折腰。故下文云：『且斂衽以歸來兮，忽投紱於高厲。耕東皋之沃壤兮，輸黍稷之餘稅。……逍遙乎山川之阿，放曠乎人間之世。優哉游哉，聊以卒歲。』完全寫隱居之樂。由起首『寓直於散騎之省』，一變而『致仕閒居』，其態度之更易，文勢之轉折，全仗此『龜祀骨於宗祧兮，思反身於綠水』二語作樞紐。以其徵引莊子中之寓言，替代自己之話語，反覺簡潔有力，意味深長。

【一一】雋　美

落霞與孤鶩齊飛，
秋水共長天一色。（王勃滕王閣序）

按此二句蓋仿照庾信馬射賦『落花與芝蓋齊飛，楊柳共春旗一色』而作者，惟後者特尤爲雋永耳，故成千古名句。又按孔廣森與朱滄湄書：『若刪去「與」「共」字，便成俗響。』極爲有見。原句之美，端賴『與』『共』兩虛字旋轉其間，文氣乃暢，曼聲吟哦，尤饒佳趣，若刪去二虛字，則韻味盡失，固不止俗響而已。蓋文章聲調，有時以激越爲美，有時以疏宕爲美，本文之美，悉在疏宕。

復按：此種機調，蓋肇始於齊之王儉，其後文士競相模擬，爭奇鬥巧，富美日新，竟成時尚，亦云奇矣。茲將各家文句迻錄於次，以供比觀。

㈠王儉褚淵碑：『風儀與秋月齊明，音徽與春雲等闊。』
㈡隋長壽寺舍利碑：『浮雲共嶺松張蓋，明月與巖桂分叢。』
㈢王勃山亭記：『長江與斜漢爭流，白雲將紅塵並落。』
㈣駱賓王文：『斷雲將野鶴俱飛，竹響共雨聲相亂。』
㈤又：『金飆將玉露俱清，柳黛與荷緗漸歇。』
㈥又：『緇衣將素履同歸，廊廟與江湖齊致。』
㈦陳子昂文：『殘霞將落日交暉，遠樹與孤煙共色。』

㈧又：『新交與舊識俱歡，林壑共煙霞對賞。』

㈨李商隱文：『青天與白水環流，紅日共長安俱遠。』

㈩成惕軒山房對月記：『涇螢與墜露爭飛，澤雁共寒蘆一色。』

【一二】恰　當

他日趨庭，叨陪鯉對。
今晨捧袂，喜託龍門。（同　右）

上聯用子承父教事，見論語季氏篇。下聯用一代龍門事，見後漢書李膺傳。所用二典，均極恰當。上聯言己欲遠赴交趾，省親受教，並暗示自己乃鴻儒名宦之後裔。按王勃為隋末大儒文中子王通之孫，唐初高士王績之從孫，雍州司功參軍王福畤之子。下聯以李膺比閻都督，言今晨謁見長者，如登龍門，陡然提高身價也。進退有度，不亢不卑，眞不愧高門華胄。

【一三】工　巧

楊意不逢，撫凌雲而自惜。
鍾期既遇，奏流水以何慚。（同　右）

上聯用司馬相如若無楊得意之推薦，恐無機會被漢武帝所徵召之故事。以喻己之文章，若無閻公之賞識，恐將埋沒無聞。下聯與上聯意思相反，藉伯牙得知音鍾子期之故事，以喻己既受知於閻公，正可以獻此序而不愧也。如此多層意思，作者僅用二十字卽予以涵蓋之，屈曲洞達，一絲不漏，曠世逸才落筆畢竟不凡，良可佩也。

【一四】暗　諷

霍子孟之不作。
朱虛侯之已亡。（駱賓王為徐敬業討武氏檄）

此言漢室有霍光輔幼主以存漢，劉章誅諸呂以安劉，以暗諷唐代無此類忠臣，有之，則惟徐敬業一人而已。意在激勵內外諸臣協助徐氏，共起勤王，匡復唐祚。

【一五】意　深

宋微子之興悲，良有以也。
袁君山之流涕，豈徒然哉。（同　右）

此言箕子感宗社丘墟，悲歌麥秀，袁安憤外戚專權，暗嗚流涕，旨在說明徐敬業不忍唐室淪亡之志意。含意深遠，令人感動。

【一六】得　體

孔明罕應變之略，不成近功。
偃王躬仁義之行，終於亡國。（徐鉉吳王李煜墓誌銘）

徐鉉原仕南唐，累官至吏部尚書，南唐亡，隨後主歸宋，官散騎常侍。太平興國（太宗年號）三年，後主薨，詔令徐鉉撰故主碑文。此文極難下筆，蓋過分揄揚，則必招時忌，曲加詆毀，則有負舊朝。徐鉉思之詳而計之熟，然後著手。此聯意謂諸葛亮在軍事應變方面雖非所長，已告失敗（陳壽三國志蜀書諸葛亮傳評曰：『連年動衆，未能成功，蓋應變將略，非其所長歟。』）但仍不愧為一代傑出人物。徐偃王雖云好行仁義，但究屬婦人之仁，故不免於亡國之禍。如此寫法，兼顧雙方，既不傷舊主，亦不觸忌諱，可謂面面俱到，無瑕可指。由此可證用典有時確能解決某種文字上之困難。（參用吾師成楚望先生之說）按魏泰東軒筆錄云：『太平興國中，吳王李煜薨，太宗詔侍臣撰吳王神道碑，時有與徐鉉爭名而欲中傷之者，面奏曰：「知吳王事迹莫若徐鉉爲詳。」太宗未悟，遂詔鉉撰碑。鉉遽請對而泣曰：「臣舊事李煜，陛下容臣存故主之義，乃敢奉詔。」太宗始悟讓者之意，許之。故鉉之爲碑，但推言歷數有盡，天命有歸而已。其警句云：「東鄰構禍，南箕扇疑。投杼致慈親之惑，乞火無里婦之詞。始勞因壘之師，終後塗山之會。」太宗覽讀稱歎。東鄰，謂錢俶也。』可資參證。

【一七】精　絕

皓首窮經，少伏生之八歲。
青雲得路，多太公之二年。（梁顥謝親友啓）

宋梁顥年屆八十二始擧進士第一，非惟前此所未有，實亦擧世所僅見，其自憙之情，當可推而知之。此聯援引漢伏勝年九十還傳博士之經、周呂尚年八十猶佐武王定天下二事以自況，何等精絕，故當時頗爲人所傳誦。

【一八】貼　切

志在逃秦，入境遂稱於張祿。
名非伯越，乘舟偶效於陶朱。（范仲淹告親友啓）

宋范仲淹生二歲而孤，母更適長山朱氏，從其姓，名說。迨祥符八年擧進士第，始歸本宗，更其名，因作此啓以告親友。此種書啓，本極難下筆，作者卻援引其范氏先德范睢范蠡變易姓名之事以自況，皆當家故事，極占身分，使事若此，何等貼切。更姓易名，原屬俗事，惟經作者加以美化，遂成佳話矣。

【一九】精切

漢家之厄十世，宜光武之中興。
獻公之子九人，惟重耳之尚在。

（汪藻隆祐太后告天下手書）

宋欽宗靖康二年（西元一一二七年），金人入侵，徽欽北狩，汴京既陷，萬姓無依。哲宗廢后孟氏出支危局，並議立康王趙構爲帝，由汪藻代撰手書，布告天下。此聯所用漢光武帝與晉文公二事，比喻極其精切，神情尤爲悲壯，可謂天造地設，無獨有偶。吾師成楚望先生謂此聯之特點有三：漢至平帝爲十世，宋至欽宗爲九世，歷時均在二百年上下，一也。光武爲劉氏宗室之後，康王則爲趙氏諸王之一，二也。晉獻公有子九人，重耳最後得國，康王是徽宗第九子，即此次舉以入承大統者，三也。援古證今，人與事無一不稱，而又措辭得體，恰如其分，絲絲入扣，娓娓動人，運典若此，尚有不達之情，不明之事乎。

【二〇】清奇

負曹交九尺四之身，敢云副是腰腹。
遵晏子三十年之訓，直將暖過今生。

（袁枚謝慶侍郎贈灰鼠裘啓）

上聯用曹交語。曹交自以爲身長九尺四寸，遠逾常人，而與商湯文王相當，然德業遠不及聖人，徒食粟而已，因問孟子將如何而後可及聖人。見孟子告子篇。下聯用有若語。言晏子相齊，以節儉爲天下倡，所著裘狐，歷三十年而不去，問曾子是否合禮。見禮記檀弓篇。所用二事，均極清奇，逸趣橫生則猶其餘事已。

※　※　※　※

【二一】浮濫

吳曾祺涵芬樓文談：

漢魏六朝人文中，更有一種習用語，如稱人之介必曰由夷，稱人之智必曰良平，稱人之孝必曰曾閔，稱人之忠必曰龍比，稱人之辯必曰蘇張，稱人之勇必曰賁育，稱人之貴必曰金張，稱人之富必曰陶猗。此等語數見不鮮，在今日已成芻狗，不如不用爲妙。

又成楚望先生云：

例如稱人才學之高，動曰『五車』『八斗』，繩人詩文之美，動曰『繡虎』『雕龍』。不惟浮泛不切，夸飾失常，且已變成『人云亦云』的陳腔濫調。

【三二】生僻

帝車南指，遁七曜於中階。
華蓋西臨，藏五雲於太甲。（王勃益州夫子廟碑）

此四句出處不詳，雖淵博如唐代駢文大家張說者，猶不知所指，千載以下，解人難索，至今已成爲『懸案』矣。王志堅評云：『王勃益州夫子廟碑云：「帝車南指，遁七曜於中階。華蓋臨西，藏五雲於太甲。」張燕公讀至此，不解，訪之一行（高僧名），一行言「北斗建午，七曜在南方，有是之祥，無位聖人當出。華蓋以下，卒不可悉。」蓋其學之奧僻如此，雖古人不盡知，亦不諱其不知也。』（四六法海）

又按駢文宗師徐陵庾信所作詩文亦間有生僻之典，如徐陵爲貞陽侯重與王太尉書之『內相外相，終當相屈。』春日詩之『何殊九枝蓋，薄暮洞庭歸。』庾信小園賦之『三春負鋤相識，五月披裘見尋』等，皆不可解。而梁之王僧孺，陳之姚察，尤多用新事，人所未見，時人既不明其意，後人亦無從查考，是等於杜撰也。蓋文章貴在達意，用典當有所本而爲人所共喻者爲首要，生僻與冷僻之典故固不可用，卽當代新事而爲人所罕知者亦不可用。否則將使讀者莫明底蘊，如墮五里霧中，因而失去撰述意義，甚不值也。

【二三】割　裂

痛心拔腦。
有如孔懷。　（陸機與長沙顧母書）

按詩經小雅常棣有『死喪之威，兄弟孔懷』之語，陸機遂以兄弟爲『孔懷』，此則割裂文義之弊也，宜力避之。顏氏家訓文章篇云：『詩云：「孔懷兄弟」。孔，甚也，懷，思也，言甚可思也。陸機與長沙顧母書述從祖弟士璜死，乃言「痛心拔腦，有如孔懷。」心既痛矣，卽爲甚思，何故言「有如」也。觀其此意，當謂親兄弟爲「孔懷」。詩云：「父母孔邇」。而呼二親爲「孔邇」，於義通乎。』

又成先生云：『如以「友于」爲兄弟，「貽厥」爲孫謀，「則哲」爲知人，「曾是」爲在位，古人雖有屢用之者，但割裂文義，究非所宜，吾輩未可貿然蹈襲。又「歇後語」亦宜愼用。如葉夢得石林詩話所引：「唐彥謙題漢高廟云：耳聞明主提三尺，眼見愚民盜一抔。雖是著題，然語皆歇後。一抔事無兩出，或可略土字；如三尺，則三尺律、三尺喙皆可，何獨劍乎。」夢得所糾，雖未必盡當，第用「歇後語」入諸詩文，易滋誤解，要是一病。』

【二四】訛　誤

安得忘歸草。
言樹背與襟。　（陸機贈從軍車騎詩）

用典訛誤爲詞章之大忌，不惟將使作品遜色，而作者之形象亦將爲之破壞。故在落筆之前，宜尋檢原書，審之至當，自可免除此弊。顏師古匡謬正俗云：『伯兮篇云：「焉得萱草，言樹之背。」毛傳：「背，北堂也，謂於堂北種之以忘憂耳。」而陸士衡詩云：「焉得忘憂草，言樹背與襟。」便謂身體前後種之，此亦誤也。』

又顏氏家訓勉學篇云：『江南有一權貴，讀誤本蜀都賦註，解「蹲鴟，芋也」，乃誤作羊字。人饋羊肉，答書云：「損惠蹲鴟。」舉朝驚駭，不解事義，久後尋跡，方知如此。』此則誤將芋頭當作羊肉也。

又舊唐書李林甫傳：『林甫舅子姜度（太常少卿）妻誕子，林甫手書慶之曰：「聞有弄麞之慶。」客視之掩口。』按詩經小雅斯干：『乃生男子，載弄之璋。乃生女子，載弄之瓦。』生而弄璋者，欲其比德於玉也。後因稱生男曰弄璋，本此。麞乃野獸名。林甫誤將嬰兒當作野麞，訛誤殊甚，其後人遂以『弄麞宰相』譏之，固其宜也。蘇軾賀陳述古弟生子詩嘲之云：『甚欲去爲湯餅客，惟愁錯寫弄麞書。』

又嚴挺之傳：『戶部侍郎蕭炅不知書，嘗與挺之言，稱蒸嘗伏臘誤爲伏獵。挺之見張九齡曰：「省中而有伏獵侍郎乎。』按多祭曰蒸，秋祭曰嘗。伏臘，均爲秦漢時節日名，伏日在夏，臘日在冬。蕭氏腹儉，遂有此失，足爲不學而竊據高位者戒。

又成先生云：『凡用某一典故，必先洞悉其內容，明瞭其意義，絕對不可一知半解，稍涉粗疏，或者張冠李戴，妄加引用。』

【二五】擬於不倫

昔李斯之受罪兮，歎黃犬而長吟。
悼嵇生之永辭兮，顧日影而彈琴。（向秀思舊賦）

先哲有言：『擬人必於其倫。』見禮記曲禮申而論之，卽援引古事，以況今情，必須輕重相宜，銖兩悉稱，始得謂爲佳構，蓋文章乃千古之事，豈可稍涉輕忽乎。文心雕龍指瑕篇云：『君子擬人，必於其倫。而崔瑗之誄李公，比行於黃虞，向秀之賦嵇生，方罪於李斯，與其失也，雖寧僭無濫，然高厚之詩，不類甚矣。』又顏氏家訓文章篇云：『陳思王武帝誄：「遂深永蟄之思。」潘岳悼亡賦：「乃愴手澤之遺。」是方父於蟲，譬婦爲考也。蔡邕楊秉碑云：「統大麓之重。」潘尼贈盧景宣詩云：「九五思飛龍。」孫楚王驃騎誄云：「奄忽登遐。」陸機父誄云：「億兆宅心，敦敘百揆。」姊誄云：「俔天之和。」今爲此言，則朝廷之罪人也。王粲贈楊德祖詩云：「我君餞之，其樂泄泄。」不可妄施人子，況儲君乎。』又成先生云：『凡以故事擬人，必須雅稱其人的行誼與身分。若擬於不倫，聚非其類，卽可構成文中極大的瑕疵。近人饒漢祥於民國初年，爲黎副總統元洪草一電文推重馮國璋，並示遜位之意。中有一聯：「寧有辭條之葉，仍返林柯。墮溷之花，再登茵席。」以飄茵墮溷等極不莊敬之詞，用來比擬一個民主國家的元首，事之不得體要，有逾於此者乎。「校練務精，捃理須覈」，「引事乖謬，雖千載而爲瑕」，彥和之言，所宜三復。』

【二六】生　硬

義不戴天，難下單于之拜。
哀深陟岵，忍聞禁休之音。　（夏悚辭奉使表）

王銍四六話：『不拜單于，用鄭衆事。而公羊謂夷樂曰禁休。此生事對熟事格也。後永叔作歸田錄，改云：義不戴天，難下穹廬之拜，情深陟岵，忍聞夷樂之聲。』按『禁休』一詞極生僻，非常人所能曉，以之入文，除炫耀淵博外，別無意義。歐陽氏改爲『夷樂』，意思顯豁，而又不失典雅，的是高手。劉勰曾對用字遣詞立一標準曰：

『後世所同曉者，雖難斯易。時所共廢，雖易斯難。』(文心雕龍練字篇)此誠千古不易之論也。

【二七】合　掌

人人自謂握靈蛇之珠。
家家自謂抱荆山之玉。(曹植與楊德祖書)

按『合掌』卽劉勰所謂『正對』也，其文心雕龍麗辭篇云：『反對爲優，正對爲劣。』對仗合掌，固非上品，隸事合掌，亦非佳篇也。上句用靈蛇報恩事，見淮南子覽冥訓高誘注。下句用卞和獻璧事，見韓非子和氏篇。此言建安諸子皆自以爲才如隋珠和璧之美也，兩句含義完全相同，是爲合掌。阮元四六叢話後敍：『握徑寸之靈珠，享千金於荆玉。』劉琨重贈盧諶詩：『宣尼悲獲麟，西狩泣孔丘。』其病亦與此同。

又按駢文家之雙行意念特別牢固，又受四六文『音必調馬蹄』(卽馬蹄韻)規格之限制，所作文章，大抵編字不隻，鍾句皆雙，修短取均，偶語充牣，故應以一言蔽之者，輒增爲二言，應以兩句成文者，必析爲四句，而排比屬對，亦力求其工切，此則駢文之最大特色。駢文之所以爲世所詬病者以此，而駢文之所以被謚爲美術文學(belles-lettres)者亦以此也。

【二八】杜　撰(卽向壁虛構)

陸游老學庵筆記：

蘇軾刑賞忠厚之至論云：『當堯之時，皋陶爲士，將殺人。皋陶曰：「殺之」，三。堯曰：「宥之」三。時梅堯臣爲試官，得之以示歐陽修，俱不知其出處。榜既發，歐問軾，軾笑曰：「想當然耳。」』

不謂東坡一時興到，隨意杜撰之詞，竟成場屋佳話，然終不可爲訓。

又成先生云：

所謂嚮壁虛造，卽本無其事，憑空臆造的意思。昔東坡省試刑賞忠厚之至論有云：『皐陶爲士，將殺人。皐陶曰：殺之三。堯曰：宥之三。』時梅聖兪爲試官，得之以示歐陽公。公曰：『此出何書。』聖兪曰：『何須出處。』公以爲皆偶忘之。及揭榜見東坡姓名，始謂聖兪曰：『此郎必有所據。』他日，聖兪以問東坡，東坡笑曰：『想當然耳。』（見綠雪亭雜言及芥隱筆記）風簷矮屋之下，爲的是爭一日之短長，以東坡的高才博學，臨文馳騁，編造一個『自我作古』的小故事，借他來考驗考驗闈中閱卷的官兒，似屬無傷大雅。但這畢竟是英雄欺人的事，也祇有才學超羣如東坡者，纔可偶一爲之，『東施效顰』是絕對不可以的。記得近人筆記中提到遜清光緒年間，文廷式殿試卷中有『閭面』二字，讀卷官疑『閭面』無出，當係筆誤，而翁叔平相國則以曾見一詩，以『閭面』對『簷牙』，或有出處告之。文遂及第。事後發現其爲錯誤，言官竟提出彈劾，文亦博得『閭面榜眼』之稱，這也就是由於臆度故事所造成的笑話。

【二九】俚　俗

四圍皆王母靈禽。
一片悉嫦娥寶樹。（陳維崧文）

孔廣森與朱滄湄書：『此調殊惡，在古人寧以兩「之」字易「靈」「寶」二字。』按孔說是也。『王母靈禽』、『嫦娥寶樹』二語，詞句庸俗，格調濫熟，易以二『之』字，則雅馴多矣。

【三〇】熟　調

地老天荒，畢竟悲多歡少。
海枯石爛，大都別易會難。（陳球燕山外史）

按『地老天荒』『海枯石爛』其詞非不美也，其奈襲用者多，遂成熟調，此類成語，當避而不用，以免令文章遜色。燕山外史之所以不爲通人所重視者，或即緣於書中熟調太多之故。

【三一】拼　湊

阿房楚火，紅啼蜀道之鵑。
鍾阜繁霜，白染明陵之草。（葉楚傖壬子宮駝記）

本文係描述民國元年鼎革之際，清宮中之淒涼狀態，文筆生動，詞采華美，無愧南社巨子。其首段云：『索靖宮門，一感懷荆棘，參軍賦筆，追慨蕪城。蓋一姓之興亡，亦萬古所憑弔。非特阿房楚火，紅啼蜀道之鵑，鍾阜繁霜，白染明陵之草已耳。』起首四句用兩個典故說明目經滄桑者之感慨，古今無異，意眞辭麗，屬對自然。結尾二句言明孝陵在紫金山麓，山中繁霜悉將陵上之草木染成白色，衡情度理，當有可能。惟作者爲使對仗工整，竟貿然將阿房楚火與蜀鵑啼血二事牽扯在一處（按駢文在章法之轉承上，通常是以兩句，一聯為單位，構成一組完整之意義。）非惟不近情理，文意尤難貫串，拼湊之跡顯，然可見。

【三二】失　實

魏慶之詩人玉屑引遯齋閒覽：

杜牧華淸宮詩云：『長安回望繡成堆，山頂千門次第開。一騎紅塵妃子笑，無人知是荔枝來。』尤膾炙人口。據唐紀，明皇以十年幸驪山，至春卽還宮，是未嘗六月在驪山也。然荔枝盛暑方熟，詞意雖美，而失事實。

按駢文家用典失實之例甚多，當另撰專文以詳之，玆姑從略。

附 歷代重要類書簡明目錄

類書爲我國古代工具書之一種，將許多古籍中之原文，按其內容性質，分門別類，摘錄編排，彙集成書，爲讀者提供參考材料，性質與今之資料彙編近似。三國志魏書劉劭傳載劭黃初中受命集五經羣書，以類相從，作皇覽，是爲類書之始。隋書經籍志雜家有皇覽百二十卷，注稱繆襲等撰，何承天，徐爰合之，蕭琛抄之。唐書藝文志始著類書之名，卽以何承天等幷合之皇覽居首，而以當時之歐陽詢之藝文類聚、虞世南之北堂書鈔之類居後。自後歷代書志皆有類書之部。類書之作，有以類分者，兼收各類如藝文類聚、太平御覽等，專收一類如小名錄、職官分記等。亦有以字分者，齊句尾之字（依韻目分類）如韻海鏡源、佩文韻府等，齊句首之字（依首字相同之詞排列）如駢字類編等。古籍散亡，不十存一，遺文舊事，往往賴此以傳。其裨益儒林，沾溉文苑者，尤非淺尠。茲爲淸晰計，特將歷代重要類書作一簡表，以便觀覽。

㈤歷代重要類書略表

書名	卷數	時代	編纂者	存佚	內容提要	出版者	備考
①皇覽	一二〇	魏	繆襲 王象	殘卷	自五經羣書，分類爲篇，以供皇帝閱讀。	商務	㈠編者或言爲繆襲、王象，或言爲劉劭、王象，疑不能明。㈡據魏略稱書凡千餘篇，分四十餘部，每部數十篇，合八百餘萬字。㈢清孫馮翼有輯本一卷，僅存逸禮及冢墓記二類八十餘條，尚不及四千字。
②文章流別集	四一	晉	摯虞	殘存	隋書經籍志：『總集者，以建安之後，辭賦轉繁，衆家之集，日以滋廣，晉代摯虞苦覽者之勞倦，於是採擿孔翠，芟剪繁蕪，自詩賦下，各爲條貫，合而編之，謂爲流別。』	商務	㈠藝文類聚輯錄一條，太平御覽輯錄八條，全晉文輯錄十一條。㈡歐陽詢藝文類聚序：『流別、文選，專取其文，皇覽、遍略，直書其事。』則流別亦類書也。

③纂要	一	劉宋	顏延之	佚			亦云戴安道撰。
④皇覽	一二三	劉宋	何承天	佚			
⑤皇覽	五〇	梁	徐爰	佚			
⑥皇覽抄	二〇	梁	蕭琛	佚			
⑦採璧	三	梁	庾肩吾	佚			
⑧類苑	一二〇	梁	劉峻	佚	詳藝文類聚卷五十八。		
⑨華林遍略	六二〇	梁	徐僧權	佚			
⑩壽光書苑	二〇〇	梁	劉杳	佚			
⑪法寶聯璧		梁	蕭子顯	佚			
⑫文選	三〇	梁	蕭統	存	選錄秦漢下逮齊梁之詩文，古今詩文總集以是書爲弁冕。	華正	歐陽詢藝文類聚序：『流別、文選，專取其文。』則文選亦類書也。
⑬錦帶	一	梁	蕭統	存	其文皆比事麗語，且詞氣不類六朝，亦復不類唐格，疑宋人按月令集爲駢句，以備箋啓之用，後人不知，乃爲輯入昭明太子集中，題曰錦帶書十二月啓。	新興	陳振孫直齋書錄解題則云梁元帝撰。

⑭長春義記		梁	蕭綱	佚			蕭綱卽梁簡文帝。
⑮古今同姓名錄	二	梁	蕭繹	存	所錄同姓名人，雖不及後來余寅諸家之備，然類書之存於今者，以是書爲最古。	商務	蕭繹卽梁元帝。
⑯修文殿御覽		北齊	祖珽	佚			
⑰長洲玉鏡	二三八		虞綽	佚			
⑱編珠	二	隋	杜公瞻	存	公瞻書宋志著錄，然文淵閣書目不載，高士奇稱得自內庫，殊不可信。其中多犯隋諱，尤爲可疑。以殆與所補、所續，均一手僞作。所引皆唐以前書，頗爲古雅。	商務	附補遺二卷，續編珠二卷，均爲清高士奇所撰。
⑲藝文類聚	一〇〇	唐	歐陽詢	存	中有蘇味道、李嶠、宋之問、沈佺期詩，皆後人竄入也。凡四十八門，以事實居前，詩文列後，在諸類書中，體例最善。	文光	臺北新興書局亦有影印本，於一九七四年出版。
⑳北堂書鈔	一六〇	唐	虞世南	存	北堂者，隋祕書省之後堂，猶未入唐時所作也。凡八百一類。多摘錄字句，而不盡註所出，不及歐陽詢書首尾完具。又原本爲明陳禹謨所竄改，亦非其舊。然所引究多古書，故考證家猶援以爲據焉。	新興	㊀清孔廣陶爲作校注。㊁臺北文海出版社亦有影印本，大約在一九六五年前後出版。
㉑龍筋鳳髓判	四	唐	張鷟	存	其名似乎法家，實則隸事之書。蓋唐制以判試士，故輯以備用也。	商務	

					其書臚比官曹，條分件繫，組織頗工。其註爲明劉允鵬作，意主詳明，而稍傷冗蔓。		
㉒初學記	三〇	唐	徐堅	存	其例前爲敘事，次爲事對，次爲詩文。敘事雖雜取羣書，而次第若相連屬，較他類書，獨有條理。事對，詩文，採錄亦皆不苟。在唐人類書中，博不及藝文類聚，而精則勝之。	商務	
㉓白孔六帖	一〇〇	唐	白居易 孔傳	存	六帖本三十卷，唐白居易撰。續六帖本亦三十卷，宋孔傳撰。其合兩書爲一，而析成百卷，不知爲誰，據玉海所載，則宋本已然矣。二書均仿北堂書鈔之例，而傳書稍詳其名。六帖者，唐制帖經，以得六爲通也。	商務	六帖自合併以後，世遂竟無單行本。然孔傳續白居易書，當以居易書爲主，故今仍以居易之時代爲次。又此書亦簡稱孔帖
㉔蒙求集注	二	後晉	李瀚	存	此書取古人事蹟，類爲四字韻語，以便記誦，皆以對偶成文，徐子光註雖稍冗蔓，而援引賅博，多所糾正。	商務	宋・徐子光注。
㉕事類賦	三〇	宋	吳淑	存	吳淑併自註。凡一百篇。皆檃括故實，以一題爲一賦，頗爲簡要。康熙末，華希閔嘗病其未備而廣之。然精博不逮淑也。	商務	清黃葆眞復加增輯，並易名爲『增補事類統編』，凡九十三卷，一九六〇年由臺北佩文書社出版。

㉖太平御覽	一〇〇〇	宋	李昉	存	凡五十五門。所採書一千六百九十種。雖多轉引類書，不能一一出自原本，而蒐羅浩博，至今爲考據之淵藪，他類書莫能先也。	商務	臺北新興書局及大化書局均曾分別於一九五九年及一九七七年影印本書出版。
㉗冊府元龜	一〇〇〇	宋	王欽若	存	凡三十一部，部有總序；一千一百四門，門有小序。採摭浩繁，而惟取六經子史，不錄小說。去取特爲謹嚴。舊有音義十卷，爲孫奭奉詔所作，今則佚矣。	中華 商務	此書與太平御覽、文苑英華、神醫普救，三書並爲藝苑瓌寶，合稱『宋四大書』。
㉘事物紀原	一〇	宋	高承	存	考書錄解題，稱承書凡二百十七事，而此本乃多至一千七百六十五事，非陳振孫所記有譌，即後人有所竄入也。其書於一事一物，皆考索古書，求其緣起，雖不必盡確，而多可以資博識。	新興 商務	
㉙書敘指南	二〇	宋	任廣	存	皆採掇典籍成語，以備尺牘之用，故以書敘爲名。徵引不免叢冗，而大抵皆採自本書，不由稗販。	商務	
㉚海錄碎事	二二	宋	葉廷珪	存	凡十六部五百八十四目。閩書稱廷珪聞士大夫家有異書，無不借讀，因作數十大冊，擇其可用者手鈔之，名曰海錄。後知泉州，因取類之。然則廷珪所錄，皆從本書而來，故此書頗簡而有要。	新興	明・劉鳳校刊。

㉛太平廣記	五〇〇	宋	李昉	存	凡分五十五部，所採書三百四十五種，古來軼聞瑣事，僻笈遺文，咸在其間，蓋小說家之淵海也。其書不但可以閱讀，亦且可供查檢、徵引材料之用，故具有類書性質。	文史哲點校本。商務
㉜錦繡萬花谷	一二〇	宋	無名氏	存	其原本成於淳熙中，書肆輾轉增加，乃下括紹定、端平事蹟。前集凡二百四十二類，後集凡三百二十六類，續集凡四十七類。所錄雖冗雜瑣碎，多無條理，而所引究多古書。宋代軼事逸詩，所載尤夥。	新興 商務
㉝事文類聚	二三六	宋	祝穆	存	前集六十卷，後集五十卷，續集二十八卷，別集三十二卷，新集三十六卷，外集十五卷，遺集十五卷，凡二百三十六卷。前、後、續、別四集，皆宋祝穆撰。新集、外集，元富大用撰。遺集，元祝淵撰。穆書每類皆始以羣書要語，次古今事實，次古今文集，略仿藝文類聚，其詩文多載全篇，亦復相同。大用與淵，相繼增加，體例皆一無所改。	商務
㉞記纂淵海	一〇〇	宋	潘自牧	存	其分門隸事，與他家略同。惟以天地人物提綱，而天道僅五卷，地理則二十卷，人事則六十四卷，物	新興

					類又僅十一卷，詳近略遠，詳大略細，與他家體例迥殊。』		
㉟山堂考索	二〇二	宋	章如愚	存	前集分十三類，後集分七類，續集分十五類，別集分十一類。門目互相出入。大抵此集所遺，卽彼集補苴，節節葉葉而成之，故體例頗爲糅雜，亦南宋類書之通弊。至其引據博贍，考辨精核者，則非南宋類書所及也。	新興	又名羣書考索。
㊱古今合璧事類備要	三六六	宋	謝維新	存	前集六十九卷，後集八十一卷，續集五十六卷，別集九十四卷，外集六十六卷。前集凡六十一門，後集凡四十八門，續集別集各六門，外集十六門。採掇頗詳，惟不載郡縣山川名勝，以祝穆方輿勝覽已備也。每門皆前爲事實，後爲詩文。宋代軼事逸篇，往往而在。後集所列宋代官職，尤多史志所未詳，遠在錦繡萬花谷之上。	新興	
㊲古今源流至論	四〇	宋	林駉	存	前集十卷，後集十卷，續集十卷，別集十卷。前集、後集、續集，宋林駉撰。別集，宋黃履翁撰。其書亦備程試之用，而於歷代政治沿革，別目分門，條列件繫，尚有體要。於宋代朝章國典，敍述尤詳。	商務	
㊳玉　海	二〇〇	宋	王應麟	存	凡二十一類。本爲詞科而作，故	華文	附王應麟自撰『詞

					所列門目，率鉅典鴻章，所錄故實，亦多吉祥善事，與他類書體例迥殊。又應麟博極羣書，諳練掌故，徵引奧博，條理通貫。唐宋諸大類書中，杜佑通典可以抗行，馬端臨以下，皆非其敵也。	
㊴小學紺珠	一〇	宋	王應麟	存	分門隸事，與諸類書略同。而每門之中，以數爲綱，以所統之目，繫於數下，其例始自陶潛四八目，應麟取以類事，遂爲擬格。張九韶以下，皆沿其餘波者也。	商務
㊵翰苑新書	一五六	宋	無名氏	存	前集七十卷，後集上二十六卷，後集下六卷，別集十二卷，續集四十二卷。舊序但稱爲宋人刻本，題謝枋得者，妄也。前集皆備書啓之用，後集上皆備箋表之用，後集下爲類姓，而補前集未備者三門，別集皆錄宋人箋表之類，續集皆錄宋人書啓之類。大例以前集、後集載事，別集、續集載文也。其書雖爲應酬而作，而於宋代典故文章，頗資考證。	商務
㊶回溪史韻	二三	宋	錢諷	存	其書爲近代著錄家所罕見，惟宋趙希弁讀書附志以爲依唐韻分四聲，以十七史之句注於下。而陳振孫書錄解題亦云：『其附韻類事，頗便檢閱，蓋宋人兎園册，類摘雙字，編四聲，以便尋檢。而回	商務

學指南』四卷。

					谿獨采成語，多至三四句，未嘗割裂原文，洵著書之良法也。』		
㊷皇朝類苑	六三	宋	江少虞	存	所輯皆北宋朝野事迹，依類編次，分二十二門，各以四字標題。	明文源流	四庫提要稱『事實類苑』，今人改稱『宋朝事實類苑』。
㊸居家必用事類		元	無名氏	存	爲一般家庭所常用之類書，極便查檢。	明文	
㊹純正蒙求	三	元	胡炳文	存	炳文以李瀚蒙求，多以對偶求工，不盡有關於法戒，因別作是書。上卷敍設教明倫，中卷敍立身行己，下卷敍待人接物。每卷一百二十句，併自爲之註。	商務	
㊺羣書通要	七三	元	無名氏	存	其書自甲集天文，至庚集譬諭，凡三十七門，每十卷爲一集。捃摭經傳子史，及前人詩文中成語，分類排纂，頗藉以有考，視明人類書餖飣稗販者，大相徑庭。	商務	
㊻羣書類編故事	二四	元	王罃	存	其書類分十八門，所采故事，史傳之外，多取唐宋說部。大旨仿朱勝非五色線之體，亦類書中之一格也。	新興	
㊼稗編	一二〇	明	唐順之	存	其體例略仿章如愚山堂考索，而大旨欲無所不該。故門目浩博，條列始以六經，六經所不能括者，條列	新興	

					以九流之學術，凡爲類二十有七。終以六官，六官所不能括者，賅擧以歷代史傳，凡爲類二十有五。順之沒後，頗爲茅一相所竄亂，故瑕纇在所不免。而蒐羅宏富，要足爲漁獵之資。		
㊽喩林	一二〇	明	徐元太	存	採古人設譬之詞，分類編輯，凡十門五百八十餘子目。其體例爲古所未有，其徵引古籍，具列書名，又仿資暇集、演繁露之例，併註其篇目卷第，尤明人之所不能。	商務 新興	
㊾經濟類編	一〇〇	明	馮琦	存	其以琦手稿刪定排纂，分爲二十三類者，琦弟瑗及琦門人周家棟、吳光儀也。大致仿册府元龜，而兼錄文章，體例小異，惟道術、物類二門，頗爲蕪雜，是瑗等刊削之無法矣。	成文	按此書取名經濟，蓋依古訓爲經世濟民之意，非英文字 economy 之意也。
㊿說略	三〇	明	顧起元	存	其書摘錄說部，分門編次，但纂言而不記事，與徐元太喩林相近，翦裁鎔鑄，頗爲條理分明。	商務	
51天中記	六〇	明	陳耀文	存	以所居近天中山，因以爲名。明代博洽推楊愼，起而與之爭者，惟胡應麟與耀文。故所輯類書，終較有根據，閒附辨證，亦掇類書之所無。世所行本五十卷，此刻獨六十卷，乃晚年所定足本也。	文海	

⑫三才圖會	一〇六	明	王圻	存	是書彙輯諸書圖譜，共爲一編，分天文、地理、人物、時令、宮室、器用、身體、衣服、人事、儀制、珍寶、文史、鳥獸、草木十四門。採摭浩博，足資考核。然所收務廣貪多，冗雜特甚。	成文	
⑬圖書編	一二七	明	章潢	存	取古人左圖右書之義，裒輯諸圖，係以論斷。凡經義十五卷，象緯歷算十三卷，地理三十九卷，人道六十八卷，附以易象、類編、學詩、多識各一卷。引據古今，詳賅本末，遠在王圻三才圖會之上。	商務	
⑭駢志	二〇	明	陳禹謨	存	取古事之相類者，對偶標題，而各註其事於條下。大抵與方中德之古事比，大致相近，而博贍則勝之矣。	商務	
⑮山堂肆考	二二八	明	彭大翼	存	凡四十五門，大抵薈萃類書而成，非伐山自作。編次亦未免蕪雜，然包括羣言，取材終富。	商務	又補遺十二卷。
⑯古儷府	一二	明	王志慶	存	皆取六朝、唐、宋駢偶之文，採摭英華，分類編載。凡十八門，一百八十二子目。或錄全篇，或取節本，如藝文類聚之例，皆採自本書，不同割裂餖飣，迷其所出。在明人類書中，猶爲具有根柢者。	商務	

⑰廣博物志	五〇	明	董斯張	存	凡二十二門，一百六十七子目。凡所引據，於古書之佚亡者，雖不免轉取類書，然多據唐、宋亘帙，不至販鬻於坊本。其古籍尚存者，則皆採自原書，具有首尾，故往往文句略繁，然勝他類書之割裂多矣。	商務	
㊽五雜俎	一六	明	謝在杭	存	此書分天、地、人、物、事五部，其辭總九流，兼三才，併儒雜二家言，多聞如段成式，而無其怪。	新興	清代列入禁書，鼎革後始解禁。
㊾唐類函	二〇〇	明	俞安期	存	就藝文類聚、北堂書鈔、初學記、六帖等類書，刪除重複部分，合併而成此書。又以韓鄂歲華紀麗、杜佑通典等有關內容，補其所缺。爲唐代類書之彙編。	文瑞樓	文瑞樓爲上海專印線裝書之書局。
㊿類苑瓊英	一〇	明	俞安期				
⑹萬姓統譜	一四六	明	凌迪知	存	其書亦仿章定氏族言行類稿，而蒐羅較廣，其龐雜牴牾，亦以騖廣而生。以世俗之所通行，故亦存備參考焉。	商務	附『氏族博考』十四卷。
⑹儒函數類	五八	明	汪金姬	存		商務	
⑹八編經世類編	二八五	明	陳仁錫	存		華文	

64 駢語雕龍	四	明	游日章				
65 麗句集	六	明	許之吉				
66 事類通考	一〇	明	劉葉				
67 淵鑑類函	四五〇	清	張英	存	體例本於安期唐類函，而博採諸書，益以唐、宋、元、明詩文事蹟。計其卷數，雖僅及太平御覽之半，而細行密字，頁篇繁重，所載乃嬴於太平御覽三之一，實古今類書之淵海也。	新興	㊀清聖祖敕撰。㊁另目錄四卷。
68 駢字類編	二四〇	清		存	收錄古籍中二字相連之複詞，分隸十二門，而以上一字類從，所隸標首字凡一千六百零四字。每條目所引，以經史子集爲次，與佩文韻府同。引書必注明篇名，引詩文必題其原題。	學生	㊀清聖祖敕撰。㊁此書只標『御定』字樣，不著錄編撰者名氏。㊂莊爲斯編『駢字類編引得』，由四庫書局出版。
69 分類字錦	六四	清	何焯	存	類書之有事對，始於徐堅初學記，按：隋杜公瞻編珠亦全用事對，然其書眞僞難明，故不以為始。然每門不過數聯。至全書皆以成語對偶，巧合天然，則自古以來，未有巨於是編者。亦未有翦裁組織，更精於是編者，與御定駢字類編，皆超軼前代之制作也。	文友	清聖祖敕撰。

⑦⓪子史精華	一六〇	清	吳　襄	存	四庫之中，惟史部最爲浩繁，惟子部最爲蕪雜。纂言記事，博涉爲難。乃特命擷其要語，別類分門，以大書挈綱領，以細註具始末，俾學者棄其糟粕，而咀其膏腴。於讀子史者，良有事半功倍之益焉。	新興	清聖祖敕撰。
⑦①佩文韻府	四四四	清	張玉書	存	佩文韻府係康熙四十三年奉敕撰，以元陰時夫韻府羣玉、明凌稚隆五車韻瑞所已載者列前，而博徵典籍，補所未備列於後，並以經、史、子、集爲次。然舊有者不及十之二三，新增者逾於十之七八。自韻海鏡源以來，未有如是之總括詞林、環絡藻府者也。康熙五十九年又命詞臣撰修韻府拾遺一百一十二卷，以拾佩文韻府之遺，凡前編所未載者，謂之補藻。其已載而增所未備者，謂之補註。務期清詞麗句，咸入蒐羅。仰見睿慮周詳，纖微必察，雖一典籍之編摩，亦反覆研求，至精至密，不留隻字之挂漏也。	商務 新興 中華 光文	商務影印本將『韻府』與『拾遺』合編爲六冊，另附索引一冊，索引分部首及四角號碼兩種，極便查閱。
⑦②格致鏡原	一〇〇	清	陳元龍	存	類事之書，大都縷陳事蹟，臚列典章。此書所分三十門，皆博識之學，故名曰格致。每物必溯其源委，略如高承事物紀原之例，故名曰鏡原。較諸類書之採掇字句，不具始末者，特有條理，足資考證。	新興 商務	

⑺讀書記數略	五四	清	宮夢仁		分類隸事，各以數爲綱。大致因王應麟小學紺珠、張九韶羣書拾唾爲藍本，而旁摭他書附益之。	新興 商務	
⑺花木鳥獸集類	三	清	吳寶芝	存	所集花木鳥獸故實，凡一百七十目，皆以備詞藻之用，故惟以新穎爲宗，異類書之陳因勦說。	商務	
⑺宋稗類鈔	三六	清	潘永因	存	雜採諸家說部，分六十門，名爲宋稗，然頗及元、明事，又皆不註所出，殊乖體例。然州區部列，頗便檢尋。	商務	
⑺省軒考古類編	一二	清	柴紹炳	存		新興	
⑺類腋	二〇	清	姚培謙	存	此書分天、地、人、物四部，專供詞章家尋檢典故之用。其後趙克宜又加以增補，兼爲訂譌，益臻完善。趙氏藏書之所曰角山樓，因更名爲『角山樓增補類腋。』	玄義 德志	
⑺事物異名錄	三八	清	厲荃	存		新興	關槐增訂。
⑺小知錄	一二	清	陸鳳藻	存		新興	
⑻駢語類鑑		清		佚			
⑻古事苑		清		佚			

⑧②月令粹編	二四	清	秦嘉謨	存		廣文	收入『詩韻全璧』。
⑧③月日紀古	一二	清	蕭智謀	存		新興	
⑧④元明事類鈔	四〇	清	姚之駰	存	皆摘取元明諸書，分門隸載，亦皇朝類苑之流。元人記載較少，故蒐羅主於詳。明人記載最多，故去取主於愼。體例頗爲不苟。	商務	
⑧⑤佩文齋詠物詩選	四八六	清		存	所錄詠物詩，上起漢魏，下迄元明，分四百八十六類，附見者四十九類，計一萬四千六百九十首，諸體咸備。	商務	淸聖祖敕編。
⑧⑥通俗編	三八	清	翟灝	存	採輯日用通俗成語，分爲三十八類，以每一語標題，並明其所自出，援引頗爲詳贍。同時梁同書作直語補證以補其缺。	商務	
⑧⑦巧對錄	八	清	梁章鉅	存			道光己酉甌城文華堂刊。
⑧⑧奇偶典彙	三六	清	梅自馨	存			同治十二年敦厚堂刊。
⑧⑨楹聯彙緝	八	清	王榮商	存			光緒十九年石印袖珍本。
⑨⓪龍文鞭影	一	清	蕭良有 李暉吉	存	龍文，良馬也，見鞭影則疾馳，不俟鞭策而後騰驤也。此蓋是書取	德志	此書初集由明蕭良有纂輯，楊臣諍增

			楊臣諍 徐潛		名之緣由。是書雜採故事，編成四言韻文，以便小兒成誦，爲類書之最淺者。		訂，李恩綬校補。二集由清李暉吉、徐潛纂輯，錢黎民重校。
⑼幼學瓊林	四	清	程允升 鄒聖脈 董浩 蔡東藩	存	此書分三十三類，包羅甚廣，爲曩日童蒙必讀之書。全書悉以四六文綴成，頗便諷誦。亦爲類書之最淺者。	東海	此書原著者爲明程允升，原名幼學須知，又名成語考。增訂者爲清鄒聖脈，並改稱爲幼學瓊林。新增者爲董浩，增訂者爲蔡東藩。
⑽古事比	五二	清	方中德	存	本書廣羅衆籍，以事爲經，以人爲緯，按其內容性質相近似者，予以排比，凡二百六十九類，專供詞章家摛文參考之用。	德志	
⑾詩韻含英	一八	清	劉文蔚	存	其體大抵遵佩文韻府之例，每韻下各附字義典要，便於吟覽。	廣益	廣益書局在上海。
⑿詩學含英	四	清	劉文蔚	存	此書分天文、宮室、遊眺、百花四門，每門又分若干類目，包羅萬象，詞彙猥多，極便初學。	華正	㈠與『詩韻集成』合爲一書。㈡蔡清福爲作增補，凡六十四目。
⒀詩韻集成		清	余照	存	此書悉遵佩文韻府之例，首列韻目，再列韻字，皆以兩字三字相從，分隸於韻字之下。又廣擷蘇軾詩，分隨韻附入。其上幅則附錄	華正	與『詩學含英』合爲一書。

					無名氏之詞林典腋，以爲操觚者採擇之需。		
㊱詩韻合璧		清	許時庚	存	此書性質、內容悉與詩韻集成同，惟更加詳耳。詩韻集成分爲上下兩欄，下欄爲詩韻，上欄爲詞林典腋。而此書則分爲上中下三欄，下欄爲詩韻，中欄爲詞林典腋，上欄爲詩腋、詠史詩腋、歷代賦彙錄要。上中兩欄所收類書專供作詩文時獺祭之用。	廣益	
㊲詩韻全璧	五	清	暢懷書屋主人	存	此書乃『詩韻合璧』之擴大與增補，內容更臻美備，取名全璧，殆非虛語。每頁分爲五欄，最下一欄，胥依詩韻集成與詩韻合璧之例，排列本書主體之詩韻，詩韻之前爲初學檢韻，詩韻之後爲虛字淵藪。第一欄錄詩賦類聯采新解摘要。第二欄錄月令粹編及分韻文選題解摘要。第三欄錄詩腋、詩腋補編、詠史詩腋、賦彙錄要。第四欄錄詞林典腋、金壺字考、賦學指南摘要、字學正譌。別類分門，極便檢尋，洵爲初學之津梁，詞人之寶筏。	華正	㊀作者恐卽是上海錦章書局負責人之化名。㊁與『詩學含英』合爲一書。
㊳清稗類鈔		民國	徐珂	存	分時令、地理、外交、風俗、工藝、文學等九十二類，一萬三千五百條。採錄數百種清人筆記，並參考報章記載而成。其書內容宏富，	商務	分裝四十八册。

					項目詳明，檢查便利，惟選錄稍嫌冗濫耳。		
⑼宋人軼事彙編	二〇	民國	丁傳靖	存	輯錄宋代六百餘人之軼事遺聞，包括帝王、后妃、公主、官宦，文學家、書畫家等。援引書籍約五百餘種，共一百三十六則。	源流 商務	分裝二冊。
⑽古典複音詞彙輯林		民國	楊家駱	存	此書乃就『駢字類編』重編而成，每字照『中國通用檢字號碼表』編明號碼，極便尋檢。	鼎文	分裝八冊。

【說　明】

㈠本表著錄歷代類書，上起六朝，以迄現代，凡一百種。雖買菜求益，或失之冗濫，而披沙揀金，亦往往見寶。其重要而實用者，大體略備於是，閱者倘能有得於筌蹄之外，則尤作者之深幸也。

㈡所列類書較偏重於文章詞藻方面，亦即與行文作詩有密切關係者，殆已採摭無遺，貪多務得之誚，或可免夫。

㈢『內容提要』多錄自四庫全書簡明目錄，爲行文之方便計，一概不予注明，掠美之嫌，固弗敢辭。

㈣類書中有多人合纂者如佩文韻府，只列主編者或領銜者之姓名，以省篇幅。

㈤『出版者』只列書局或出版社名稱，亦爲節省篇幅計也。

㈥所列類書一百種，不過提供參考而已，非人人所能盡購也。一般詞章家所常用者，大約有十二種，其實用順序，依次爲：

①佩文韻府　②詩韻集成　③詩韻全璧　④詩學含英
⑤淵鑑類函　⑥分類字錦　⑦子史精華　⑧藝文類聚
⑨事類賦　⑩類腋　⑪太平御覽　⑫太平廣記

凡欲從事詞章之學者，右列十二種類書，案頭允宜備置，以供徵典隸事之需。

(七)時賢著書或爲文介紹工具書之常識及用法者甚多，已蔚爲風尚，可謂琳瑯滿目，美不勝收，其裨益儒林、沾溉文苑者殊非淺尠。其與類書有關且較詳備者有：

❶吳小如莊銘權合著之中國文史工具資料書學要 明倫出版社
❷無名氏之怎樣使用文史工具書 明文書局
❸張錦郎之中文參考用書指引 文史哲出版社
❹鄭恆雄之新編參考書選介 中央圖書館
❺黃章明王志成合編之國學方法論叢 學人出版社
❻鄧嗣禹之中國類書目錄初稿 古亭書屋

均極具參考及實用價值。

(八)臺北商務印書館刻正影印出版文淵閣四庫全書，預計於一九八八年二月全部出齊，故表中所列該館所印行之類書，可能有若干種尚未問世。

(九)龍文鞭影、幼學瓊林與四書、五經、三字經、百家姓、千字文、千家詩等同爲舊日全國私塾所共同採用之教科書，爲童蒙所必習者，雖內容淺白，見輕高明，但已具常識性質，故予著錄。

㈠前人爲文作詩，或有先檢閱書册，廣羅典故，然後下筆者，終不免貽譏當世。如唐楊炯號點鬼簿（見無名氏玉泉子），李商隱號獺祭魚（見楊億談苑），南唐彭利用號掉書袋（見南唐書本傳），宋楊億號衲被（見蔡氏西清詩話）是也。今日坊間出版之類書數量，尤千百倍於往昔，前車可鑑，隸事宜慎，必也典重、典當、典切三者兼而有之，始能犂然有當，深愜人心，免餖飣之譏，增篇章之美。

㈡近人及時賢所編纂之類書，最富實用價值者有：

❶**辭　源**　陸爾奎方毅王夢鷗主編，民國四年由商務印書館初版發行。

❷**辭　海**　陸費逵熊鈍生主編，民國二十五年由中華書局初版發行。

❸**中文大辭典**　高明林尹主編，民國五十一年由中華學術院初版發行。

❹**辭　通**　朱起鳳編撰，民國二十三年由開明書店初版發行。

❺**聯緜字典**　符定一編，民國三十五年由中華書局初版發行。

❻**成語典**　繆天華主編，民國六十年由復興書局印行。

❼**詞林韻藻**　王熙元陳滿銘陳弘治合編，民國六十七年由學生書局印行。

❽**中國古典文學大辭典**　不著編者名氏，民國六十八年由常春樹書房印行。

❾**中國文學大辭典**　江恆源袁少谷合編，民國六十年由五洲出版社印行。

❿**文史辭源**　不著編者名氏，民國七十二年由天成出版社印行。

此外，尚有歷史、地理、佛學、醫藥、動物、植物等各種專科辭典，足供文士漁獵之需。惟其叢雜猥多，勢難該舉，增訂補苴，容俟異日。

㈢散文可以白描爲之，而作駢文則非有輔佐之資料不能成篇。資料之取得，約有二途：一爲平日記錄，一爲臨時採取。

記錄之功，要在隨時留心，平常讀書，見有可用之典，可愛之辭，應即分類抄存，蓋讀書過眼易忘，一經筆錄，又經一次印象，較爲易記，且經手抄，亦便查閱，運用時能左右逢源。此種筆記，在名家謂之札記，傳之後世，便成一種著述。至於臨時採取，此爲作駢文者必不可免之事，往往爲一對偶不得，於是遍覽類書以求之，此項類書，如淵鑑類函、佩文韻府、子史精華、事類統編、角山樓類腋，皆作駢文者所必備。如能進窺唐人之北堂書鈔、藝文類聚、白孔六帖，宋人之太平御覽，册府元龜、玉海，並熟記唐宋以前事，則最爲上乘。再上焉，則五經注疏、毛詩草木蟲魚疏、文選注、楚辭注，此則須自爲分類矣。

三　辭藻華麗

駢文爲唯美文學之一種，自然特重辭華，亦猶器物之有刻鏤繪畫，衣服之有錦繡色彩也。故辭藻華麗亦是駢文構成之重要條件，蓋去此則不足以言唯美，而與散文等視齊觀矣。惟是，在駢文（指狹義之駢文即四六文）所必備之五種要件（詳本章緒論）中，最爲人所詬病者，厥爲『辭藻華麗』一項，以爲此類作品徒見形式之華麗，而內容則空洞無物。實則內容形式兼備之唯美文學作品，車載斗量，所在多是。質言之，作品之優劣，乃作者表現手法之高低問題，固無與於文體之本身也。抑再進一步言之，辭藻華麗之唯美文學，並非劈空而降，亦非有人蓄意提倡，乃係文學進步之自然結果，請得縷而述之。

昔孔子論文有曰：『言之無文，行而不遠。』（左傳襄公二十五年）又曰：『文質彬彬，然後君子。』（論語雍也篇）又曰：『情欲信，辭欲巧。』（禮記表記）聖人所以反覆言之者，蓋欲人之不可輕忽文采，而應重視修辭也。孔穎達詮釋其說曰：

> 言君子情貌欲得信實，而辭欲得和順美巧，不違逆於理，與巧言令色者異。（禮記正義）

袁枚復再三申之曰：

> 聖人修辭，尚且不避巧字，而況今之爲文章者乎。是以春秋時鄭國辭命，先草創，後討論，再修飾而潤色之，亦不過求巧求人愛而已。（小倉山房文集與祝芷塘太史書）

六經以道傳，實以文傳。易稱修辭，詩稱辭輯，論語稱爲命，至於討論修飾而未有已，是豈聖人之溺於詞章哉，蓋以爲無形者，道也，形於言謂之文。既已謂之文矣，必使天下人矜尚悅繹，而道始大明。若言之不工，使人聽而思臥，則文不足以明道，而適足以蔽道。小倉山房文集虞東先生文集序

古聖人以文明道，而不諱修辭，駢體者，修辭之尤工者也。小倉山房文集胡稚威駢體文序

唐人修辭與立誠並用，而宋人或能立誠，不甚修辭。聖人論爲命，尚且重修飾潤色，所謂言之不文，行之不遠也。小倉山房文集與孫俌之秀才書

故古來載筆之倫，莫不重文采而尚色澤，其尤慧敏者，甚且鏤思銑膽，織錦成文，務使作品之外形臻於藝術美之極峯，期予讀者以視覺(sense of sight)與嗅覺 (olfactory sensation) 之雙重美感 (sense of beauty)，良工心苦，允宜斂衽。善乎劉彥和之言曰：

聖賢書辭，總稱文章，非采而何。……若乃綜述性靈，敷寫器象，鏤心鳥跡之中，織辭魚網之上，其爲彪炳，縟采名矣。故立文之道，其理有三：一曰形文，五色是也。二曰聲文，五音是也。三曰情文，五性是也。五色雜而成黼黻，五音比而成韶夏，五情發者爲辭章，神理之數也。文心雕龍情采篇

又曰：

莊周云辯雕萬物，謂藻飾也。韓非云豔采辯說，謂綺麗也。綺麗以豔說，藻飾以辯雕，文辭之變，於斯極矣。上同

均強調辭華爲文章之要素，亦修辭之一法，其與西洋修辭學之目的論、必要論、功能說若合符節，可謂中

西一揆，遙相輝映矣。

詩賦文章之日趨華麗，蓋始於東漢，觀文選所錄傅毅、班固、張衡、蔡邕之作，面目迥異西京，可以知也。潛夫論務本篇云：

東漢學問之士，好語虛無之事，爭著雕龍之文。

然多半純任自然，未作人工之刻意塗澤。建安以下，文士有一種新的覺醒，文學亦擺脫儒學之羈勒，而飛速向唯美之途邁進。當時作者一致主張追逐綺縟、纂組藻采為文學之第一條件，玆掇錄一二，以見大凡。

㈠魏曹丕典論論文：

詩賦欲麗。

㈡晉陸機文賦：

詩緣情而綺靡，賦體物而瀏亮。

其會意也尚巧，其遣言也貴妍，曁音聲之迭代，若五色之相宣。

藻思綺合，清麗芊眠，炳若縟繡，悽若繁絃。

㈢梁蕭統文選序：

若夫椎輪為大輅之始，大輅寧有椎輪之質，增冰為積水所成，積水曾微增冰之凜，何哉。蓋踵其事而增華，變其本而加厲，物既有之，文亦宜然。

若其讚論之綜緝辭采，序述之錯比文華，事出於沈思，義歸乎翰藻，故與夫篇什，雜而集之。

㊃梁蕭繹金樓子立言篇：

至如文者，惟須綺縠紛披，宮徵靡曼，脣吻遒會，情靈搖蕩。

夫文學之由樸而華，由平淡而絢爛，亦猶人事之由簡而繁，物質之由粗而精，爲自然之趨勢，進化之公例，蕭統所論，是其明證已。而蕭繹更具體指出惟有色、音、情三者俱全，始能稱爲文學。所謂『綺縠紛披』，卽色彩之美。所謂『宮徵靡曼』，卽聲調之美。所謂『脣吻遒會』，卽韻律之美。所謂『情靈搖蕩』，卽情致之美。易詞言之，文學不僅以表達意思爲已足，尚須有藻采，協聲律，而富感情，始克畢其能事，亦卽今日所稱之純文學也。

六朝文士在思想上旣普遍重視文學之藝術美，在行動上亦多能劍及履及，於是刻意逞才，鏤心敷藻，逐景承流，蔚爲風尚，著其先鞭者，厥爲建安諸子。劉師培中古文學史云：

建安文學，革易前型，遷蛻之由，可得而說。……獻帝之初，諸方棋峙，乘時之士，頗慕縱橫，騁詞之風，肇端於此。又漢之靈帝，頗好俳詞（見楊賜、蔡邕傳），下習其風，益尚華靡，雖迄魏初，其風未革。

從此文學風貌爲之一變。其中最重華彩，絡繹形之於詩文辭賦者，又當推王粲曹植。例如王粲神女賦：

惟天地之普化，何產氣之淑貞，陶陰陽之休液，育夭麗之神人。稟自然以絕俗，超希世而無羣，體纖約而万足，膚柔曼以豐盈。髮似玄鑒，鬢類刻成，質素純皓，粉黛不加。朱顏熙曜，曄若春華，口譬含丹，目若瀾波，美姿巧笑，靨輔奇葩。戴金羽之首飾，珥照夜之珠璫，襲羅綺之黼衣，曳縟繡之華裳，錯繽紛以襍佩。袿熠爚而焜煌，退變容而改服，冀致態以相移。發筵對兮倚牀垂，税衣裳兮免簪笄，施華的兮結羽釵。揚娥微眄，懸藐流離，婉約綺媚，寡動多宜。稱詩表志，安氣和聲，探懷授心，發露幽情。彼佳人之難遇，眞一遇而長別，顧大尉之淫慾，亦終身而不滅，心交戰而貞勝，乃回意而自絕。

辭藻姸練，情意纏綿，妃青儷白，切響協音，已非東京舊觀矣。又如曹植之洛神賦，亦以穠麗詞句，刻畫神女，楚楚動人，千載以下，猶爲人所樂誦。玆迻載三段，繫諸左方：

其形也，翩若驚鴻，婉若游龍，榮曜秋菊，華茂春松，髣髴兮若輕雲之蔽月，飄颻兮若流風之迴雪。遠而望之，皎若太陽升朝霞，迫而察之，灼若芙蕖出淥波。穠纖得中，修短合度，肩若削成，腰如約素，延頸秀項，皓質呈露，芳澤無加，鉛華弗御。雲髻峨峨，修眉聯娟，丹脣外朗，皓齒內鮮，明眸善睞，靨輔承權。瓌姿豔逸，儀靜體閑，柔情綽態，媚於語言，奇服曠世，骨像應圖。披羅衣之璀粲兮，珥瑤碧之華琚，戴金翠之首飾，綴明珠以耀軀。踐遠游之文履，曳霧綃之輕裾，微幽蘭之芳藹兮，步踟躕於山隅。

於是忽焉縱體，以遨以嬉，左倚采旄，右蔭桂旗。攘皓腕於神滸兮，采湍瀨之玄芝，余情悅其淑美兮，心振蕩而不怡。無良媒以接歡兮，託微波而通辭，願誠素之先達兮，解玉佩以要之。嗟佳人之信脩兮，羌習禮而明詩，抗瓊珶以和予兮，指潛淵而爲期。執眷眷之款實兮，懼斯靈之我欺，感交甫之棄言兮，悵猶豫而狐疑，收和顏而靜志兮，申禮防以自持。

此作悱惻纏綿，哀感頑豔，美人香草，上繼屈宋比興之思，儷字駢音，下牖江鮑綺縟之習。而造語之精，敷采之麗，匪惟漢代所無，抑亦魏文之冠。中國文學之由『自由藝術』轉爲『人爲藝術』，由不假雕琢轉爲有意刻畫，曹氏實有以先之也。鍾嶸評其詩曰：

魏陳思王植，其原出於國風。骨氣奇高，詞采華茂，情兼雅怨，體被文質，粲溢今古，卓爾不羣。嗟乎，陳思之於文章也，譬人倫之有周孔，鱗羽之有龍鳳，音樂之有琴笙，女工之有黼黻，俾爾懷鉛吮墨者，抱篇章而景慕，映餘暉以自燭。故孔氏之門如用詩，則公幹升堂，思王入室，景陽潘陸自可坐於廊廡之間矣。（詩品）

推挹曹氏，亦云至矣。此雖就詩立言，而移以評文，亦甚確切。此其所以能贏得『八斗』（謝靈運讚曹植語〇見南史本傳）『繡虎』（玉箱雜記〇曾慥類說四）之美譽也。

逮晉世尚文，而潘岳陸機肆以繁縟，遠紹曹王之芳軌，蓋同流而異波也。沈約宋書謝靈運傳論：

降及元康，潘陸特秀，律異班賈，體變曹王。縟旨星稠，繁文綺合，綴平臺之逸響，采南皮之高韻。遺風餘烈，事極江右。

可證潘陸之作，固沿建安之流而加綺密者，故既稱『體變曹王』，又曰『采南皮之高韻』也。潘陸史雖並稱，而時論亦有同異。鍾嶸詩品云：

晉黃門郎潘岳，其原出於仲宣，翰林嘆其翩翩然如翔禽之有羽毛，衣服之有綃縠，猶淺於陸機。謝混云：『潘詩爛若舒錦，無處不佳。陸文如披沙簡金，往往見寶。』嶸謂益壽輕華，故以潘爲勝，翰林篤論，故嘆陸爲深。余常言：陸才如海，潘才如江。

卽此可見潘岳偏重辭華甚於陸機。潘陸而外，詞采並趨綺麗者尚有張華、左思、夏侯湛、陸雲、應璩、傅咸、三張（張載張協張亢）、孫綽、摯虞、成公綏等，故文心雕龍時序篇云：

茂先搖筆而散珠，太沖動墨而橫錦，岳湛曜聯璧之華，機雲標二俊之采，應傅三張之徒，孫摯成公之屬，並結藻清英，流韻綺靡。

蓋唯美思想之浪潮已逐漸漫溢太康永嘉文壇，不可遏抑矣。玆任擧數例，藉覘其概。

嗟余生之不造兮，哀天難之匪忱，少伶俜而偏孤兮，痛忉怛以摧心。覽寒泉之遺歎兮，詠蓼莪之餘音，倩長慼以永慕兮，思彌遠而逾深。伊女子之有行兮，爰奉嬪於高族，承慶雲之光覆兮，荷君子之惠渥。顧葛藟之蔓延兮，託微莖於樛木，懼身微而施重兮，若履冰而臨谷。遵義方之明訓兮，憲女史之典戒，奉蒸嘗以效順兮，供灑埽以彌載，彼詩人之攸歎兮，徒願言而心痗，何遭命之奇薄兮，遘天禍之未悔。榮華曄其始茂兮，良人忽以捐背，靜闔門以窮居兮，塊焭獨而靡依。易錦茵以苫席兮，代羅幬以素帷，命阿保而就列兮，覽巾箑以舒悲。口鳴咽以失聲兮，淚橫迸而霑衣，愁煩寃其誰告兮，提孤孩於坐側。時曖曖而向昏兮，日杳杳而西匿，雀羣飛而赴楹兮，雞登棲而斂翼。歸空館而自憐兮，撫衾裯以歎息，思纏綿以瞀亂兮，心摧傷以愴惻。（潘岳寡婦賦）

此篇係同情少年守寡之姨母而作，除麗句繽紛外，側重心理之摹寫，將寡婦深沉之憂鬱，哀怨之愁情，一一躍現紙上，寫作技巧又較前邁進一大步矣。

潘岳駢賦，固足以高視一代，而哀誄文字，尤擅勝場。如世祖武皇帝、楊荊州、楊武仲、馬汧督、夏侯常侍、皇女諸誄，以及爲任子咸妻作孤女澤蘭哀辭、悲邢生辭、金鹿哀辭、傷弱子辭、弔孟嘗君文、哀永逝文等篇，皆清綺絕世，悽惻動人，上承建安之遺風，下開齊梁之體格。後世文家，凡爲哀誄，莫不采擷其英華，斟酌其情韻，謝混稱其『爛若舒錦，無處不佳』（詩品引）者，豈不然乎。姑錄一段，以示隅反。

唯爾之存，匪爵而貴。甘食美服，重珍兼味。臨終遺誓，永錫爾類。斂以時襲，殯不簡器。誰能拔俗，生盡其養。孰是養生，而薄其葬。淵哉若人，縱心條暢。傑操明達，困而彌亮。柩輅既祖，容體長歸。存亡永訣，逝者不追。望子舊車，覽爾遺衣。愊抑失聲，迸涕交揮。非子爲慟，吾慟爲誰。嗚呼哉哀。日往月來，暑退寒襲。零露沾凝，勁風淒急。慘爾其傷，念我良執。適子素館，撫孤相泣。前思未弭，後感仍集。積悲滅懷，逝矣安及。嗚呼哀哉。（夏侯常侍誄）

譚復堂評曰：『清空一氣，破漢魏之整栗，成晉宋之運轉。』（駢體文鈔）諒哉斯言也。

夫日食由乎交分，山崩起於朽壤，亦云數而已矣。然百姓怪焉者，豈不以資高明之質，而不免卑濁之累，居常安之勢，而終嬰傾離之患故乎。夫以迴天倒日之力，而不能振形骸之內，濟世夷難之智，而受困魏闕之下。已而格乎上下者，藏於區區之木，光乎四表者，翳乎蕞爾之土。雄心摧於弱情，壯圖終於哀志，長算屈於短日，遠跡頓於促路。嗚乎，豈特瞽史之異闕景，黔黎之怪頽岸乎。（陸機弔魏武帝文）

陸機之文，固以纂組輝華，宮商協暢見長，而措語短長相間，竟下開四六之體，觀乎文賦、連珠、豪士賦序諸篇可以信也。至其抒情之作，除瓊章麗句，充牣滿紙，足以秀掩潘岳外，又能重疊反覆，伸喻引證，使其理透闢，其情顯豁，而讀者領略其文境，恍如身入九曲珠中蟻行之路，趣味淵永，靡有窮時。尤其造句鍊字，無一不精，更令讀者欲不細心咀嚼而不可得。在弔魏武帝文序中最可顯出此種文境。上舉一段文字，抑塞悲怨，言愈斂而情愈張，其文法純從太史公來，文情之烈，亦後人所難到也。方伯海評曰：『敍事兼以議論，嶺斷雲橫，不使粘連一片，渾雄深厚，不特拍肩陳思，直可揖讓兩漢，眞晉文之雄也。』要非漫言。又如歎逝賦一首，自寫其人生觀，傷歲月之流邁，悲人世之易往，語妙意新，氣格遒上。其首段云：

伊天地之運流，紛升降而相襲。日望空以駿驅，節循虛而警立。嗟人生之短期，孰長年之能執。時飄忽其不再，老晼晚其將及。對瓊蘂之無徵，恨朝霞之難挹。望湯谷以企予，惜此景之屢戢。悲夫，川閱水以成川，水滔滔而日度。世閱人而爲世，人冉冉而行暮。人何世而弗新，世何人之能故。野每春其必華，草無朝而遺露。經終古而常然，率品物其如素。譬日及之在條，恆雖盡而弗寤。

此不過說人事難常，而用意必比人更深入一層，措辭必比人更警切一倍，自然容易動人。齊梁以後，仍宗此法，謝朓拜中軍記室辭隨王箋卽其著焉者也。

大抵陸氏之文，才高辭贍，擧體淳美，雖偶傷其多，貽人以蕪蔓之譏。然其饜飫膏澤，咀嚼英華，妙句新聲，追蹤漢魏，駢四儷六，垂範齊梁，實文章之淵泉，藝苑之崑鄧也。晉書陸機陸雲傳論云：『古人云：「雖楚有才，晉實用之。」觀夫陸機陸雲，實荆衡之杞梓，挺珪璋於秀實，馳英華於早年。風鑒澄爽，神情駿遇，文藻宏麗，獨步當時，言論慷慨，冠乎終古。高詞迥映，如朗月之懸光，疊意迴舒，若重巖之積秀。

千條析理，則電拆霜開，一緒連文，則珠流璧合。其詞深而雅，其意博而顯，故足遠超枚馬，高躡王劉。百代文宗，一人而已。』堪稱的評。

降及劉宋，風貌又變，氣變而韶，句變而琢，鑄詞益麗，塗澤益濃，詩則於律漸開，文則於排愈甚，是唯美文學全盛之起步也。當時大家除陶潛所作色彩較淡外，若傅亮之爲宋公修張良廟敎、爲宋公至洛陽謁五陵表，謝惠連之雪賦、祭古塚文，顏延之之三月三日曲水詩序、祭屈原文，謝靈運之山水詩，鮑照之蕪城賦、樂府詩，謝莊之月賦、宋孝武宣貴妃誄等，莫不錯采鏤金，琳瑯滿目，美不勝收矣。其中以鮑顏謝三家最號雄傑。蕭子顯南齊書文學傳論評鮑照云：

> 發唱驚挺，操調險急，雕藻淫豔，傾炫心魂。亦猶五色之有紅紫，八音之有鄭衞，斯鮑照之遺烈也。

此則史學家泰甚之辭也。今觀參軍集中，辭采詄麗，盡態極妍之作，固所在多是，謂之『淫豔』，則有失公允。李兆洛駢體文鈔評顏延之云：

> 織詞之縟，始於延之。

極爲有見，蓋延之之作，固以『貴尚巧似』『雕繢滿眼』著稱於世者也。鍾嶸詩品評謝靈運云：

> 名章迥句，處處間起，麗典新聲，絡繹奔會。譬猶青松之拔灌木，白玉之映塵沙，未足貶其高絜也。

文心雕龍時序篇亦云：

> 顏謝重葉以鳳采。

『采』字最要，大謝詩力求表現，故描寫極其刻肖，劉勰所謂『情必極貌以寫物，辭必窮力而追新。』（文心雕龍明詩篇）

修辭之術，愈益精細。其最著者，則大謝常用色彩字以渲染其辭是也。（按古今文士各有其習用之字，李賀喜用『白』字，小謝喜用『綠』字，大謝則諸色字悉用之，而皆得其妙。）試略舉顏鮑文章之美者而榷論之。

維有宋五年月日，湘州刺史吳郡張邵，恭承帝命，建旟舊楚，訪懷沙之淵，得捐珮之浦，弭節羅潭，艤舟汨渚。乃遣戶曹掾某，敬祭故楚三閭大夫屈君之靈：

蘭薰而摧，玉縝則折。物忌堅芳，人諱明潔。曰若先生，逢辰之缺。溫風怠時，飛霜急節。嬴芈遘紛，昭懷不端。謀折儀尚，貞蔑椒蘭。身絕郢闕，迹徧湘干。比物荃蓀，連類龍鸞。聲溢金石，志華日月。如彼樹芳，實穎實發。望汨心欷，瞻羅思越。藉用可塵，昭忠難闕。（顏延之祭屈原文）

此為中國文學史上駢體祭文中最早之一篇，篇中共用四韻，節短音長，詞旨研鍊，亦簡重，亦沉鬱，元嘉時代工雅之章，當以是篇為弁冕。鮑照稱其作品若鋪錦列繡，雕繢滿眼者，豈不然乎。

若夫藻扃黼帳，歌堂舞閣之基，璇淵碧樹，弋林釣渚之館，吳蔡齊秦之聲，魚龍爵馬之玩，皆薰歇燼滅，光沉影絕。東都妙姬，南國麗人，蕙心紈質，玉貌絳脣，莫不埋魂幽石，委骨窮塵，豈憶同輿之愉樂，離宮之苦辛哉。（鮑照蕪城賦）

此賦可得而言者有二：（一）詞句鑄鍊之痕跡愈益彰顯，尤其是『比喻格』之大量運用，使作品彌增姿采，例如『璇淵碧樹』、『蕙心紈質』、『玉貌絳脣』之類，斯乃鮑氏之匠心巧思，故能有此傑構，突過前人多矣。（二）著重聲色臭味之渲染，如『藻』、『黼』、『歌』、『聲』、『璇』、『碧』、『薰』、『燼』、『光』、『影』、『麗』、『玉』、『絳』之類，俳賦之趨於富麗，此其先唱焉。（參用近人朱光潛氏之說○見詩論第十一章）

臣聞憑颸薦響，唱微效長，垂波鑒景，功少致深。是以冰臺築乎魏邑，鳳閣起於漢京，皆所以贊生通志，感悅幽情者也。伏見所製凌煙樓，樓置崇迥，延瞰平寂，即秀神皋，因基地勢。東臨吳甸，西眺楚關，奔江永寫，鱗嶺相葺。重樹窮天，通原盡目，悲積陳古，賞絕舊年。誠可以暉曠高明，藻撤遠心矣。夫識緣感傾，事待言彰，匪言匪述，綿世罔傳。敢作銘曰：

巖巖崇樓，藐藐層隅。階基天削，戶牖雲區。瞰江列楹，望景延除。積清風露，合綵煙塗。俯窺淮海，俛眺荊吳。我王結駕，藻思神居。宜此萬春，修靈所扶。（鮑照凌煙樓銘）

觀其峭直刻深，詼麗而有骨，以視蘭成，如驂之靳矣。惟蘭成以秀勝，明遠則以峭勝也。昔人論鮑詩，謂得景陽之俶詭，合茂先之靡曼。吾於斯銘亦云。

總要而言，鮑照文辭贍逸，蒼勁峻潔，義尚光大，工於騁勢，與謝靈運顏延之號劉宋三傑。杜甫以之與庾信並稱，曰：『清新庾開府，俊逸鮑參軍。』（春日夢李白詩）許槤評之曰：『明遠駢體，高視六代，文通稍後出，差足頡頏，而奇峭幽潔不逮也。』（六朝文絜）而陸時雍更為之低首曰：『鮑照材力標舉，凌厲當年，如五丁鑿山，開人世之所未有，當其得意時，直前揮霍，目無堅壁矣。駿馬輕貂，雕弓短劍，秋風落日，馳騁平岡，可以想見此君意氣所在也。』（詩鏡總論）夫駢文之最高境界，厥有三焉：一曰屬對精覈，二曰藻采紛綸，三曰聲調諧暢。謝靈運顏延之鮑照所致力之功夫，便在於此，故駢文得在吾國確立其文學上特殊優越之地位，殆直接淵源於元嘉諸子更新之作風也。

劉宋以後，迄於陳亡，百年之間，對偶愈變愈工，音律愈變愈細，而辭采則愈變愈華，是唯美文學全盛之高潮也。其中以江淹、劉勰、沈約、劉峻、蕭綱、蕭繹、徐陵、庾信、何遜、劉令嫻、陳叔寶、江總等二十餘人，刻鏤之細，纂組之工，摛辭之美，並皆超軼前代。而徐庾二子更是集六朝之大成，而導四傑之先路，自古迄今，屹然爲四六宗匠。率舉數首爲例，雖大海一瀾，未窮涯涘，而吉光片羽，亦足觀覽焉。

㈠梁・何遜・爲衡山侯與婦書

昔人遨遊洛汭，會遇陽臺，神僊髣髴，有如今別。雖帳前微笑，涉想猶存，而幄裏餘香，從風且歇。掩屏爲疾，引領成勞。鏡想分鸞，琴悲別鶴。心如膏火，獨夜自煎，思等流波，終朝不息。始知萋萋萱草，忘憂之言不實，團團輕扇，合歡之用爲虛。路邇人遐，音塵寂絕，一日三秋，不足爲喻。聊陳往翰，寧寫款懷，遲枉瓊瑤，慰其杼軸。

此爲梁衡山侯蕭恭捉刀之作也。軟語溫存，柔情綺膩，婉孌極艷，黯然魂銷。與庾信爲梁上黃侯世子與婦書、伏知道爲王寬與婦義安主書並稱六朝香奩三絕作。蔣士銓評曰：『風流旖旎，六朝極筆。』（四六法海）譚獻曰：『纖巧如剪綵宮花。』（駢體文鈔）二氏之言，信不謬爾

㈡梁・劉令嫻・祭夫徐敬業文

維梁大同五年新婦謹薦少牢於徐府君之靈曰：惟君德爰禮智，才兼文雅。學比山成，辯同河瀉。明經擢秀，光朝振野。調逸許中，聲高洛下。含潘度陸，超終邁賈。二儀既肇，判合始分。簡賢依德，乃隸夫君。外治徒學，內佐無聞。

幸移蓬性，頗習蘭蕙。式傳琴瑟，相酬典墳。輔仁難驗，神情易促。雹碎春紅，霜凋夏綠。躬奉正衾，親觀啓足。一見無期，百身何贖。嗚呼哀哉。生死雖殊，情親猶一。敢遵先好，手調薑橘。素俎空乾，奠觴徒溢。昔奉齊眉，異於今日。從軍暫別，且思樓中。薄遊未反，尚比飛蓬。如當此訣，永痛無窮。百年何幾，泉穴方同。

劉令嫻爲梁祕書監劉孝綽第三妹，孝綽一門風雅，兄弟子姪七十餘人均能文，妹三人並有才學，令嫻最幼，世稱劉三娘，夫徐悱以名公子受知宮廷，卒後令嫻爲文祭之，悱父勉雅善文辭，本欲造哀辭，睹令嫻此作，遂擱筆。本文聲調清越，華采斑斕，追感悽愴，纏綿欲絕，其平日鶼鰈情深，概可想見，當爲六朝祭文中之最富感情者。蔣士銓評曰：『是編（按指四六法海）上下千餘年，婦人與此者，一人而已。』譚獻曰：『惻愴中無意琢削而語語工，亦當文事最盛之日也。』（駢體文鈔）此言允矣。

㈢梁・蕭繹・採蓮賦

紫莖兮文波，紅蓮兮芰荷，綠房兮翠蓋，素實兮黃螺。於是妖童媛女，蕩舟心許，鷁首徐迴，兼傳羽杯。棹將移而藻挂，船欲動而萍開。爾其纖腰束素，遷延顧步，夏始春餘，葉嫩花初。恐沾裳而淺笑，畏傾船而斂裾。故以水濺蘭橈，蘆侵羅襦，菊澤未及，梧臺迥見，荇溼霑衫，菱長繞釧。泛柏舟而容與，歌採蓮於枉渚。

歌曰：碧玉小家女，來嫁汝南王，蓮花亂臉色，荷葉雜衣香，因持薦君子，願襲芙蓉裳。

此賦上承鮑照遺風，選擇富有采色之詞彙，推敲諸美動聽之聲調。惟結構之謹嚴，形式之錯綜，則非鮑氏所能望其項背。前四句詠蓮，觀察入微，刻畫巧似。中間一段，點染成趣，以江南地方特有之旖旎風光作背景，襯出舟棹之輕搖慢盪。又能注意採蓮者之心理活動，期使情景相互協調，內質與外形歸於統一。故寥寥數語，即將舟船之動勢，小兒女之嬌態，依稀呈現眼前，而構成非常柔和美好的畫面。末復以五言民歌作結，錯落多致，尤饒有革新精神，與庾信之春賦並稱俳賦雙絕。許槤評曰：『體物瀏亮，斯爲不負。』六朝文絜又曰：『生撰語卻佳。以有藻飾，所以讀之不厭。』同上據此，則是篇又爲六朝詠物賦之雋品，堪與謝莊月賦、庾信鏡賦鼎峙而三。

㈣陳・徐陵・梁禪陳詔 節錄

五運更始，三正迭代，司牧黎庶，是屬聖賢。用能經緯乾坤，彌綸區宇，大庇黔首，闡揚鴻烈。革晦以明，積代同軌，哲王踵武，咸由此則。梁德湮微，禍亂薦發，太清云始，見困長蛇，承聖之季，又罹封豕。爰立天成，重竊神器，三光亟沉，七廟乏祀，含生已泯，鼎命斯墜。我武元之祚，有如綴旒，靜惟屯剝，夕惕載懷。

此文典重裔皇，麗采照映，上達廟堂文學之絕詣，盛唐以後臺閣文字，蓋即於此濬其源焉。

㈤陳・徐陵・玉臺新詠序 節錄

既而椒房宛轉，柘館陰岑，絳鶴晨嚴，銅蠡晝靜。三星未夕，不事懷衾，五日猶賒，誰能理曲。優游少託，寂寞多閒。厭長樂之疏鐘，勞中宮之緩箭。輕身無力，怯南陽之擣衣，生長深宮，笑扶風之織錦。雖復投壺玉女，爲歡盡於百驍，爭博齊姬，心賞窮於六箸。無怡神於暇景，惟屬意於新詩。可得代彼萱蘇，微蠲愁疾。

刻畫女子之心思，頗爲細膩，故是一代香奩高手。許槤評曰：『駢語至徐庾，五色相宣，八音迭奏，可謂六朝之渤澥，唐代之津梁。而是篇尤爲聲偶兼到之作，鍊格鍊詞，綺綰繡錯，幾於赤城千里霞矣。』（六朝文絜）所評至爲精賅，眞不愧行家語也。

徐陵駢製，纂組輝華，緝裁巧密者有陳公九錫文、勸進梁元帝表。瓌辭博練，奧義環深者有與王僧辯書、在北齊與楊僕射書。清迥韶秀，風骨高騫者有與李那書。雕文織采，旖旎風華者則爲玉臺新詠序。璀璨滿紙，無煩備擧。

㈥陳・江總・為陳六宮謝章

恭膺禮命，愧集丹縷之顏，拜奉曲私，愁縈翟羽之色。魯宮夜火，伯媛匪驚，楚樹奔濤，貞姜何懼。豈期日月騰影，風雲瀉潤，遂復位崇九御，聲高六列。象服增華，丹軿耀采。何以弼佐王風，克柔陰化。兢惶並集，追想流荇之詩，荷遽相弁，遂失鳴環之節。

⑦陳・江總・為陳六宮謝表

鶴籥晨啓，雀釵曉映。恭承盛典，肅荷徽章。步動雲袿，香飄霧縠。媿纏黶粉，無情拂鏡。愁縈巧黛，息意臨牕。妾聞漢水贈珠，人間絕世，洛川拾翠，仙處無雙。或有風流行雨，窈窕初日，聲高一笑，價起兩環。乃可桂殿迎春，蘭房侍寵。借班姬之扇，未掩驚羞，假蔡琰之文，寧披悚戴。

江總文章風格，一如其詩，造句遣詞，專以纖巧取勝，如修心賦、爲陳六宮謝章、爲陳六宮謝表、攝山棲霞寺碑、玄圃石室銘諸篇，並抽祕逞姸，標新領異，一意雕繪，句句精絕。杜工部有云：『語不驚人死不休』，總持殆足以當之。右舉二篇，乃絕佳之左驗矣。

⑧北周・庾信・東宮玉帳山銘

玉帳寥廓，崑山抵鵲，總葉成帷，連珠起幕。玉蕋難移，金花不落，隱士彈琴，仙人看博。巖留舊鼎，竈聚新荆，煑石初爛，燒丹欲成。桑田屢變，海水頻盈，長聞鳳曲，永聽簫聲。

⑨北周・庾信・明月山銘

竹亭標嶽，四面臨虛，山危簷迥，葉落窗疎。看椽有笛，對樹無風，風生石洞，雲出山根。霜朝唳鶴，秋夜鳴猿，堤梁似堰，野路疑村。船橫埭下，樹夾津門，寧殊華蓋，詎識桃源。

⑽北周・庾信・鏡賦

天河漸沒，日輪將起，鷰噪吳王，烏驚御史，玉花簟上，金蓮帳裏。始摺屏風，新開戶扇，朝光晃眼，早風吹面，臨桁下而牽衫，就箱邊而著釧。宿鬟尙捲，殘粧已薄，無復脣珠，纔餘眉萼，靨上星稀，黃中月落。鏡臺銀帶，本出魏宮，能橫郤月，巧挂迴風，龍垂匣外，鳳倚花中。鏡迺照膽照心，難逢難值，鏤五色之蟠龍，刻千年之古字。山雞看而獨舞，海鳥見而孤鳴，臨水則池中月出，照日則壁上菱生。暫設裝奩，還抽鏡屜，競學生情，爭憐今世，鬟齊故略，眉平猶剃。飛花磚子，次第須安，朱開錦蹹，黛蘸油檀，脂和甲煎，澤漬香蘭。量髻鬢之長短，度安花之相去，懸媚子於搔頭，拭釵梁于粉絮。梳頭新罷照著衣，還從粧處取將歸。暫看絃繫，懸知纈縵，衫正身長，裙斜假襻。眞成個鏡特相宜，不能片時藏匣裏，暫出園中也自隨。

庾信儷體，詞藻紛綸，文采煒燁之作，若春賦、鏡賦、燈賦、七夕賦、對燭賦、鴛鴦賦，與夫行雨山、玉帳山、至仁山、望美人山、明月山諸銘，皆居南朝所爲。此類作品，辭藻音律，均極美妙，就純文學而言，確有其至高成就，目之爲藝術品可也。而其鏡賦更是精雕細琢，織錦成文，有美皆備，無麗不臻，而集前者之大成，江河萬古，信爲不朽矣。許槤嘗有意推爲壓卷而爲之低首曰：『選聲鍊色，此造極巔，吾於子山無復遺恨矣。』又曰：『旖語閒情，紛蕤相引，如入石季倫錦步障中，令人心醉目炫。』（均見六朝文絜）亶其然乎。

惟是，庾氏入北以後，屈體魏周，賦境大變，惟象戲、馬射兩篇，尙仍舊貫。他如小園、竹杖、枯樹、傷心諸賦，與夫吳明徹、思舊諸銘，無不託物興懷，寄慨遙深。尤其是長篇鉅製，橫絕古今之哀江南賦，幾於句句有所指喻，字字加以錘鍊，明麗中出蒼渾，綺縟中有流轉。而在表現之手法上，更已臻於爐火純靑，出神入化之極詣，後人雖仿傚之，然終難追其逸步也。周滕王序其集，深致推服，而曰：『信降山嶽之靈，縕煙霞之秀，器量侔瑚璉，志性甚松筠。妙善文詞，尤工詩賦，窮緣情之綺靡，盡體物之瀏亮。誄奪安仁之美，碑有伯喈之情，箴似揚雄，書同阮籍。』庾開府集序　蓋深知庾氏者也。

隋唐以後，駢文業已定型，而改稱四六文。詞人才子，多守前人矩矱，爲文率以敷藻鋪采爲必要條件之一，踵事增華，變本加厲，蔚爲大觀。雖經唐之陸贄，宋之歐蘇，以散體氣勢行文，色澤轉趨淸淡。惟一般文家多目之爲駢文之變體，不得與於正宗駢文之列。蓋美術作品固不能外乎美之質素也。

※　※　※　※

抑猶有不能已於言者，上之所述，不過備言六朝文士摛文修辭之概貌而已，未嘗論及駢文修辭之方法也。揚榷言之，一切文章修辭之法，原可相通，駢文特尤加細密焉耳。抒情、想像，固極重要，造句練字，則尤不可忽也。孔廣森，淸代駢文大家也，其論修辭，質直而透切，不同泛泛，孫星衍述其言曰：

駢體文以達意明事爲主。不爾，則用之婚啓，不可用之書札，用之銘誄，不可用之論辯，直爲無用之物。六朝文無非駢體，但縱橫開闔，一與散體文同也。

任徐庾三家，必須熟讀。此外四傑，卽當擇取，避其平實之弊，至於玉溪，已不可宗尚。

第一取音節近古，庾文『落花芝蓋，楊柳春旗。』若删卻『與』『共』字，便成俗響。陳檢討句云：『四圍皆王母靈禽，一片悉姮娥寶樹。』此調殊惡，若在古人，寧以二『之』字易『靈』『寶』二字也。楊炯少姨廟碑云：『蔣侯三妹，青溪之軌跡可尋，虞帝二妃，湘水之波瀾未歇。』『未歇』二字，耐人玩讀，今人必不能到。

不可用經典奧衍之詞，又不可雜制舉文柔滑之句。

知此，則駢文修辭之法，思過半矣。茲試揭『駢文修辭十要』，以供參考。

【一】鍛鍊字句

一篇文章係由許多字句所組成，故鍛鍊字句實爲文家之首要功夫。文心雕龍章句篇云：

夫人之立言，因字而生句，積句而成章，積章而成篇。篇之彪炳，章無疵也。章之明靡，句無玷也。句之清英，字不妄也。振本而末從，知一而萬畢矣。

其意蓋謂欲求篇章彪炳，須先求文句清英，欲求文句清英，須先求字義精當。所謂『一字得力，通首光采』是也。昔蘇東坡嘗謂：『詩賦以一字見工拙。』雖嫌誇大，實有至理存焉。劉秉忠嘗作讀元遺山詩四首，其中一首描述遺山吟字練字之艱辛云：

青雲高興入冥搜，一字非工未肯休。
直到雪消冰泮後，百川春水自東流。

袁枚亦嘗作遣興詩，以老太婆刻意梳妝喻詩人刻意鍛鍊字句之情況云：

愛好由來落筆難，一詩千改始心安。

阿婆還是初笄女，頭未梳成不許看。

大才槃槃如袁子才者，創作態度尚且如此謹愼，初學者又何可掉以輕心，急欲求售。

又一篇作品價値之高低，初與創作速度之快慢無關。唐人云：『潘緯十年吟苦鏡，何涓一夕賦瀟湘。』（楊愼丹鉛總錄引）宋人云：『閉門覓句陳無已，對客揮毫秦少游。』（宋長白柳亭詩話引）此成文遲速之關乎才性者。我國作家以快出名者尚有枚皐、曹植、孟嘉、王勃、李白、溫庭筠、韓偓等。以慢出名者尚有司馬相如、張衡、左思、賈島、李商隱、歐陽修等。西洋作家以快出名者，當首推德國之歌德（Goethe 1749-1832），其名著少年維特之煩惱，僅十餘日卽告竣稿。以慢出名者則爲英國之康拉德（Conrad 1856-1924）與法國之福爾拜（Flaubert 1821-1880），同屬慢動作派，然皆轟一時之譽。此殆卽時賢所謂『作家應向苦中行，佳文須自慢中求』者也。畫家亦云：『思訓經年之力，道元一日之功。』（丹鉛總錄引）則美術之才亦有遲速，不獨文學而已。今特舉駢文家鍛鍊字句之實例十則於後，俾知取鑑。

㈠自罹旻凶，秋多代變，帷幕空張，肴俎虛薦。極聽無聞，詳視罔見。（王珣・晉孝武帝哀冊文）

南史王誕傳云：『晉孝武帝崩，從叔尚書令珣爲哀策，出本示誕，曰：「猶恨少序節物。」誕攬筆便益之，接其「秋多代變」後云：「霜繁廣除，風回高殿。」珣歎美，因而用之。』按此爲增益字句之例也。增此二句，全文意思圓潤多矣。

朱熹朱子語類云：『歐陽永叔作晝錦堂記云：「仕宦至將相，富貴歸故鄉，此人情之所榮，今昔之所同也。」後增二字作「仕宦而至將相，富貴而歸故鄉。」』

又云：『歐公文多是修改到妙處。頃有人買得他醉翁亭記原稿，初說「滁州四面有山」，凡數十字，末後改定，只曰「環滁皆山也」五字而已。』

又費袞梁谿漫志云：『蜀中石刻東坡文字稿乞校正陸贄奏議上進劄子云：「以猜忌爲術，而贄勸之以推誠。好用兵，而贄以消兵爲先。好聚財，而贄以散財爲急。」後于逐句首添註「德宗」二字。』一代文豪，爲文審愼如此，增益字句之要，從可知矣。

㊁酒酣耳熱，仰而賦詩。（曹丕・與吳質書）

蕭綱與劉孝儀令云：『酒闌耳熱，言志賦詩。』蕭氏改『酣』爲『闌』，改『仰而』爲『言志』，意在避熟。按曹丕造語，本甚新鬬，後人襲用既久，遂成熟套，蕭綱改後，語又新鬬。（據楊樹達中國修辭學及黃永武字句鍛鍊法之說）

又周易繫辭云：『書不盡言，言不盡意。』而陳後主與詹事江總書云：『言不寫意。』改『盡』爲『寫』。國語云：『貪天之功，以爲己力。』沈約修竹彈甘蕉文云：『每叨天功，以爲己力。』亦所以避熟也。

㊂於是南岳獻嘲，北隴騰笑，列壑爭譏，攢峯竦誚。（孔稚珪・北山移文）

黃永武字句鍛鍊法云：『峯岳隴壑，既自不同，嘲笑譏誚，更善變換。』所言甚是。蓋同字相犯，詞章家視爲大忌，故予變換字面，以免犯重。但亦有故意犯重者，蓋欲增加文章之意趣也。如庾信小園賦：『一寸二寸之魚，三竿兩竿之竹。』許槤評曰：『二句乃疊股法，讀之騷逸欲絕。』（六朝文絜）

㊃南中橙甘，青鳥所食。始霜之旦，采之風味照座，劈之香霧噀人。皮薄而味珍，脈不黏膚，食不留滓。（劉峻・送橘啓）

此段描寫橘柑，刻畫入神。『照』字寫出橙橘朱紅鮮明之色彩，『噀』字寫出剝橘時芬烈噴人之香味。故許槤評曰：『朗潤芬烈，讀之覺生香如挹紙上。』（六朝文絜）盛讚劉峻工於體物也。（參用學長黃永武氏之說○見字句鍛鍊法）

㊄櫂將移而藻挂，船欲動而萍開。（蕭繹・采蓮賦）

『挂』『開』二字描繪荷塘景色細膩而生動，確是生花妙筆。故許槤評曰：『體物瀏亮，斯爲不負。』極爲有見。參用黃永武氏之說

㊅於時露委庭蕙，霜封階砌。坐視帶長，轉看腰細。蕭繹・蕩婦秋思賦

只寫『帶長』、『腰細』，而空房難以獨守之情態歷歷如繪，堪稱神來之筆。故許槤評曰：『逼眞蕩婦情景，琢磨入細。』參用黃永武氏之說

㊆眷予次輔，方宅大憂。陳與義・朱勝非起復制

費袞梁谿漫志云：『陳去非草義陽朱丞相起復制云：「眷予次輔，方宅大憂。」有以「宅憂」爲言者，令綦處厚貼麻，去非待罪。綦改云：「方服私艱。」』

按尚書說命篇云：『王宅憂。』言者意謂原文只能用於天子，人臣不當用也。據楊樹達氏之說

㊇德宗以苛刻爲能，而贄諫之以忠厚。蘇軾・乞校正陸宣公奏議劄子

據費袞梁谿漫志所載，蜀中石刻東坡文字稿，上句原作『德宗以苛察爲明』，上奏前自行改易。按『刻』字重而『察』字輕，音調亦較響亮，文意尤爲顯豁。

㊈但其不幸，仕不遇時。上同

下句原稿作『所事暗君』，亦上奏前自行改易，意在避免使用情緒化之字句刺激時君，而遭無妄之災。

㊉智如子房，而文則過，辯如賈誼，而術不疏。上同

第二句初稿作『而學則過』。按張良既爲帝王之師，其學問當不致太差，而文章則未之見，故以易『學』爲『文』較合實情。

按以上各文皆能巧妙改動字詞，而使句法活潑靈動，文家所謂『句眼』『字眼』，或卽指此。又練字之風，南朝特盛，文心雕龍有聲律、章句、麗辭、比興、夸飾、練字等篇，內容不外重視練字，講究形式之美，至陰何而達於極峯，故杜甫有『頗學陰何苦用心』之歎也。

【二】奇詭

㊀孤臣危涕，孽子墜心。（江淹・恨賦）

按文選李善注：『心當云危，涕當云墜，江氏愛奇，故互文以見義。』

㊁雹碎春紅，霜凋夏綠。（劉令嫻・祭夫徐敬業文）

按『紅』當作『花』，『綠』當作『草』，愛奇之習，波及才媛，固不限於男士也。

㊂月入歌扇，花承節鼓。（庾信・春賦）

按此用班婕妤怨歌行：『裁爲合歡扇，團團似明月。』用『似』則熟，用『入』則奇。

㊃草綠衫同，花紅面似。（庾信・梁東宮行雨山銘）

按句法當云『衫同草綠，面似花紅。』庾氏顚倒之如此，在取新奇也。

六朝文士率以艱深爲矜貴，以平易爲凡庸，殆卽劉勰所謂『意翻空而易奇，文徵實而難工』歟。文心雕龍通變篇曰：『宋初訛而新。』定勢篇又詳言之曰：『自近代辭人，率好詭巧，原其爲體，訛勢所變，厭黷舊式。故穿鑿取新，察其訛意，似難而實無他術也，反正而已。故文反正爲乏，辭反正爲奇，效奇之法，必顚倒文句，上字而抑下，中辭而出外，回互不常，則新色耳。』觀此，則訛之爲用，在取新奇，而奇之爲用，在取新色也。六朝文中類此者，觸處皆是，蓋追求文學之形式美乃當時之巨大潮流也。

又按：孫德謙六朝麗指論之至詳，並廣舉例證，可參閱。

【三】代字

❶日薄星迴，穹天所以紀物，山盈川沖，后土所以播氣。（陸機・演連珠）

按代字法者，學文字中同義同類之字以代本字，乃避陳翻新之道，亦修辭之一法也。李善文選注：『沖，虛也。播，散也。』此以『沖』代『虛』，以『播』代『散』。

❷頳莖素毳，并柯共穗之瑞，史不絕書。（顏延之・三月三日曲水詩序）

按此以『頳莖』代『朱草』，『素毳』代『白虎』，『并柯』代『連理』，『共穗』代『嘉禾』。（見文選李善注）用字避陳翻新，開駢文雕繪之習，知李兆洛謂『織詞之縟，始於延之』（駢體文鈔），非漫言也。

❸東都妙姬，南國麗人，蕙心紈質，玉貌絳脣。（鮑照・蕪城賦）

按文選李善注：『蘭蕙同類，紈素兼名，文士愛奇，故變文耳。』

❹明月入綺窗，髣髴想蕙質。（江淹・雜體詩）

按文選李善注：『蕙，蘭類，故變之耳。』

❺籠張趙於往圖，架卓魯於前籙。（孔稚珪・北山移文）

按此以『架』代『駕』。

六朝人愛美之情特著，尤以文學表現為然，前述練字一道，不過在句法上靈活調配已耳，猶不足以饜其欲也，乃又在語言之選擇上用工夫，於是代字、代詞乃大量湧出矣。蓋六朝文士多精小學，喜用新字，喜鑄新詞，放言落紙，運用假借或同義字詞，自覺典雅。惟用之不慎，故求生僻，至於費解，則將失之晦澀，甚且進入魔道，而反不美矣。近儒孫德謙、黃侃、駱鴻凱三氏於代字一道，論之甚精，特錄之以資參鏡。

❶孫德謙六朝麗指：

余友某君，作爲文辭，喜用古字，余語之曰：『君文好寫古體，何如易以假借。』此君從余言，其後時作四言韻文，而四字之中，全爲假借，幾至費解。余又隨擧古人文粃糠六籍語告之曰：『粃糠兩字，便是廢棄之假借，然所謂六籍者，不復再以假借出之，假借之法，祇當如此。』彼不之信，卒以晦澀見譏於世。夫文之有假借，即代字訣也。吾試取江文通文言之，其齊太祖誄云：『譽馥區中，道夔氓外。』爲蕭拜太尉揚州牧表云：『禮藹前英，寵華昔典。』馥夔藹華，皆代字也。使非代字，而曰：『譽播區中，道高氓外』，有能如是之研鍊乎。藹之訓爲茂，華之訓爲盛，如謂：『禮茂前英，寵盛昔典』，即用其字本義，未嘗不善，究不若藹華代字之豔麗也。他如邱希範永嘉郡敎：『曝背拘牛』，以拘代牽。孔稚珪北山移文：『架卓魯於前籙』，以架代駕。史記六國表：『學者牽於所聞。』注：『拘也。』知拘牛者，牽牛也，然竟用牽牛，則字爲習見，故以拘字代之。架，廣韻：『擧閣也。』此謂擧閣於卓魯之上也。駕者，左傳昭元年：『猶詐晉而駕焉。』杜注：『駕，猶陵也。』字雖不通用，而其取陵駕之意則相同，故知架爲駕之代字。詩品：『專用陵架。』亦取此架字。凡文用代字訣，均是避陳取新之道，六朝文中類此者至多，吾亦不能殫述，從事駢文而不識代字之訣，則遣辭造句，何能古雅，此六朝作者所以多通小學也。然亦須全體相稱，不可僅施之一二字，庶爲完美，若故求生僻，亦失之。

❷黃氏文心雕龍札記指瑕篇：

晉來用字有三弊：一曰造語依稀。……戒嚴曰纂嚴，送別曰瞻送，解識曰領悟，契合曰會心。至如品藻稱譽之詞，尤爲模略。如嵇紹劭長，高坐淵箸，王徽邁上，卞壼峯距，王恭亭亭直上，王忱羅羅清疎，卯其實義，殊欠分明，而世俗相傳，初不探究。

❸駱氏文選學餘論：

六代好用代語，觸手紛綸。舉『日』義言之，曰曜靈，曰靈暉，曰懸景，曰飛轡（並見演連珠），曰陽烏（蜀都賦），皆替代之辭也。此外言『月』則曰素娥，曰望舒，曰玄兔，曰蟾魄，此以典故代也。言山則曰巒、岑、巘、岡、陵，言舟則曰航、舫、舸、艫，言池塘則曰瀦、沼，言車則曰軺、轅，此以訓詁代也。託始於卿固，中興於潘陸，顏謝繼作，綴緝尤繁。而溯其緣起，大抵由文人厭黷舊語，欲避陳而趨新，故課虛以成實。抑或嫌文辭之坦率，故用替代之詞，以期化直爲曲，易逕成迂。雖非文章之常軌，然亦修辭之妙訣也，安可輕議乎。

【四】誇飾

㈠當斯之時，願舉泰山以爲肉，傾東海以爲酒，伐雲夢之竹以爲笛，斬泗濱之梓以爲箏，食若塡巨壑，飲若灌漏卮，其樂固難量。（曹植・與吳季重書）

寫往日縱情歡樂之情景，若不加夸飾，則意不暢而情不顯。

㈡元戎啓行，未鼓而破，伏尸千萬，流血漂櫓。（陳琳・檄吳將校部曲文）

若不如此形容，何以見軍威之盛，軍容之壯。

㈢罄南山之竹，書罪無窮。決東海之波，流惡難盡。（祖君彥・爲李密數隋煬帝罪檄文）

質實言之，隋煬帝並非十惡不赦之暴君，功過相抵，諒無間言。但若不如此誇張其罪惡滔天，如何能傳檄千里，聳動海內耶。此殆卽端木賜所謂『紂之不善，不如是之甚也，是以君子惡居下流，天下之惡皆歸焉』（論語子張篇）之意也。

㊃照水精之眠夢，孤月先愁。寫金粉之飄零，斜陽亦老。吳錫麒・家蘭雪秦淮春泛圖序摹寫心中之幽怨，極見功力，足以動人心絃，感人肺腑。以上四條悉參用黃永武氏之說前人謂：『天若有情天亦老，月如無恨月長圓』上句見李賀金銅仙人辭漢歌，下句爲無名氏所對。亦此意也。

按修辭學中有『誇飾格』亦云『誇大格』，誇飾爲唯美文學之主要原素之一，藉鋪張揚厲之文辭，以豁顯難傳之情狀，目的在聳動視聽，引人入勝，使讀者可味其言外之意，弦外之音。如柳宗元詩：『一身去國六千里』，觀者自能領悟其逐臣孤憤之意，跋涉艱難之狀矣。『六千里』不必其以里計程而適爲六千之整數，不過表示修途異地已耳。然在文學家則爲好句，在科學家則爲僞說矣。又如李白詩所謂『白髮三千丈』，不問而知其出語之無稽，後世不聞有譏之者，則以美術之文不求徵實也。

又按：孫德謙六朝麗指謂誇飾卽是形容，並舉六朝駢文爲例，極有見地，迻錄其說如次：

汪容甫先生述學有釋三九篇，其中篇云：『若其辭則又有二焉：曰曲，曰形容。所謂形容者，蓋以辭不過其意則不鬯，故以形容出之。』可知其深於文矣。文心雕龍夸飾篇：『言高則峻極於天，言小則河不容舠。』嘗引詩以明夸飾之義。吾謂夸飾者卽是形容也，詩經而外，見於古人文字者，不可殫述，試舉六朝駢文證之。梁簡文帝謝賚扇啓：『肅肅清風，卽令象簟非貴。依依散采，便覺夏室含霜。』庾子山謝明帝賜絲布等啓：『天帝賜年，無踰此樂。仙童贈藥，未均斯喜。』又：『是知青牛道士，更延將盡之年。白鹿眞人，能生已枯之骨。』非皆刻意以形容者乎。子山又有謝趙王賚絲布啓，其言云：『妾遇新縑，自然心伏。妻聞裂帛，方當含笑。』則尤爲形容盡致矣。尚書武成篇：『罔有敵於我師，前徒倒戈，攻於後以北，血流漂杵。』此史臣鋪張形容之辭。孟子則謂：『盡信書，則不如無書，以至仁伐不仁，而何其血之流杵。』夫書爲孔子所刪定，孟子豈欲人之不必盡信哉，特以書言血流漂杵，當知此爲形容語，不可遽信其眞也。遽信其眞，不察其形容之失實，而拘泥文辭，因穿鑿附會以解之，斯眞不善讀書矣。故通乎形容之說，可以讀一切書，而六朝之文，亦非苟馳夸飾，乃眞善於形容者也。班固西都賦：『攀井幹而未半，目眴轉而意迷。舍櫺檻而卻倚，若顚墜而復稽。』可知古人爲文，多以形容爲之。

又何文煥歷代詩話考索嘗糾楊愼評杜牧詩之誤，極饒趣味，錄之以資談助。

『千里鶯啼綠映紅，水村山郭酒旗風。南朝四百八十寺，多少樓臺煙雨中。』此杜牧江南春詩也。升菴謂：『千應作十。蓋千里已聽不著看不見矣，何所云「鶯啼綠映紅」邪。』余謂卽作十里，亦未必盡聽得著，看得見。題云『江南春』，江南方廣千里，千里之中，鶯啼而綠映焉。水村山郭，無處無酒旗，四百八十寺，樓臺多在煙雨中也。此詩之意既廣，不得專指一處，故總而命曰『江南春』。詩家善立題者也。

【五】善用虛字

孫德謙六朝麗指：

作駢文而全用排偶，文氣易致窒塞，卽對句之中，亦當少加虛字，使之動宕。六朝文如傅季友爲宋公求加贈劉前軍表：『俾忠貞之烈，不泯於身後。大賚所及，永秩於後人。』任彥昇宣德皇后令：『客游梁朝，則聲華籍甚。薦名宰府，則延譽自高。』邱希範永嘉郡敎：『才異相如，而四壁徒立。高慚仲蔚，而三徑沒人。』或用『於』字，或用『則』字，或用『而』字，其句法乃栩栩欲活。至庾子山謝滕王集序啓：『譬其毫翰，則風雨爭飛。論其文采，則魚龍百變。』更覺躍然紙上矣。然使去此虛字，將譬其論，其易爲藻麗之字，則必平板而不能如此流利矣。於是知文章貴有虛字旋轉其閒，不可落入滯相也。

【六】潛氣內轉

孫德謙六朝麗指：

李申耆先生駢體文鈔以六朝爲斷，蓋使人知駢偶之文，當師法六朝也。其中六朝名篇，搜采殆盡。余三十之年，喜讀此書，始則玩其詞藻耳。久之乃覺六朝文字，其開合變化，有令人不可探索者。顧其時心能喻之，而口不能道，但識其文之雋妙而已。及閱無邪堂答問，有論六朝駢文，其言曰：『上抗下墜，潛氣內轉。』於是六朝眞訣益能領悟矣。蓋余初讀六朝文，往往見其上下文氣，似不相接，而又若作轉，不解其故，得此說乃恍然也。試取劉柳之薦周續之表爲證：『雖汾陽之舉，輟駕於時艱，明揚之旨，潛感於窮谷矣。』上用『雖』字，而於明揚句上並無『而』字爲轉筆，一若此四語中，下二語仍接上二語而言，不知其氣已轉也。所謂『上抗下墜，潛氣內轉』者，卽是如此。每以他文類推，無不皆然。讀六朝文者，此種行文祕訣，安可略諸。

文章承轉，上下必有虛字，六朝則不然，往往不加虛字，而其文氣已轉入後者。江文通劉喬墓銘：『參錯報善，茫昧雲玄。』自『乃毓伊人』下，皆是贊劉，而此兩句卽是轉筆也。若謂銘是韻語，故可無用虛字，苟善讀之，尚易辨析。劉孝儀從弟喪上東宮啓云：『茫昧與善，一旦長辭』，以接『攀附鱗翼，三十餘載』後。此二句或將『一旦長辭』移置於前，雖無虛字，意自顯然。今言『茫昧與善』者，蓋用『天道無親，常與善人』語，以善人應爲天道所與，茫昧者，謂天道茫昧也。茫昧與善，卽是言天道茫昧，不與善人，並不用虛字，卽以此作轉耳。又如昭明陶淵明集序：『豈能戚戚勞於憂畏，汲汲役於人間』下，齊謳趙女之娛，八珍九鼎之食，結駟連騎之榮，侈袂執圭之貴，樂既樂矣，憂亦隨之。』自『齊謳』至此，不細爲推尋，幾疑接上『豈能』兩句之後，不知其辭氣已轉也。卽下文『唐堯四海之主，而有汾陽之心，子晉天下之儲，而有洛濱之志。輕之若脫屣，視之若鴻毛，而況於他人乎。』『唐堯』之上文爲『饕餮之徒，其流甚衆』，意不聯貫，而於『唐』字上且無虛字，蓋其氣則又轉也。故讀六朝人文，須識得潛氣內轉妙訣，乃能於承轉處迎刃而解，否則上下語氣將不知其若何銜接矣。

按孫氏論六朝人慣用『潛氣內轉』之法行文，獨具法眼，深中肯綮。惟自唐以下駢文家，亦多諳此法，固不獨六朝文士而已。

【七】遒　逸

孫德謙六朝麗指：

漢文雄傑，故多大篇，論者每以齊梁小文鄙之，爲才氣薄弱，其說似矣。然鮑明遠河清頌，梁簡文南郊馬寶二頌，薛元卿老氏碑，李公輔霸朝集序，如此等篇，亦復氣體恢宏，從漢文出，但類此者無多耳。若以唐文較之，唐代駢文，無不壯麗，其源出於徐庾兩家，徐庾文體，亦極藻豔調暢，然皆有遒逸之致，非僅如唐文之能爲博肆也。作爲文章，固當兼學漢唐，以論駢體正宗，則宜奉六朝爲法。

【八】奇偶迭運

孫德謙六朝麗指：

碑誌之文，自蔡中郎後，皆逐節敷寫。至有唐以降，乃易其體。若六朝則猶守中郎矩矱，王仲寶沈休文外，以庾子山爲最長，觀其每敍一事，多用單行，先將事略說明，然後援引故實，作成聯語，此可爲駢散兼行之證。夫駢文之中，苟無散句，則意理不顯，吾謂作爲駢體，均當如此，不獨碑誌爲然。譬之撰詩賦者，往往標明作意，列序於前，所以用序者，蓋序卽散體，而詩賦正文則爲駢矣。使詩賦語極穠麗，而無序言冠於其首，讀至終篇，竟不知其恉趣何在。猶駢偶文字，通體屬對，甚至其人事實亦從藻飾，將何免博士買驢之誚乎，病之所在，由未識寓散於駢也。故子山碑誌諸文，述及行履，出之以散，而駢儷之句，則接於其下。推之別種體裁，亦應駢中有散，如是則氣旣舒緩，不傷平滯，而辭義亦復軒爽。陳宣帝天嘉六年修前代墓詔：『若其經綸王業，縉紳民望，忠臣孝子，何世無才。』此散也。而『零落邱山，變移陵谷，咸皆翦伐，莫不侵殘。玉杯得於民間，漆簡傳於世載，無復五株之樹，罕見千年之表。』則駢矣。王褒寄梁處士周宏讓書：『頃年事遒盡，容髮衰謝，芸其黃矣，零落無時，還念生涯，繁憂總集。』此散也。『視陰愒日，猶趙孟之徂年。負杖行吟，同劉琨之積慘。河陽北臨，空思鞏縣。霸陵東望，還見長安。』則駢矣。略舉一二，爲駢文者，毋但泛塡事類，純用排比，以爲文體宜爾，專務華豔，謂與散文有別，庶幾善法六朝者也。且吾讀隋豫王暕遺崔賾書：『昔漢氏西京，梁王建國，平臺東苑，慕義如林。馬卿辭武騎之官，枚乘罷宏農之守。每覽史傳，嘗竊怪之，何乃脫略官榮，棲遲蕃邸。以今望古，方知雅志，彼二子者，豈徒然哉。』蓋又有駢作於前，而散居於後，以引伸其義者。要之，駢散合一乃爲駢文正格，倘一篇之內，始終無散行處，是後世書啓體，不足與言駢文矣。且所謂駢者，不但謂屬對工麗，如一句冗長，當化作兩句，或兩句尚嫌單弱，則又宜分爲四語，總視相體而裁耳。

【九】先模擬後變化

駢文爲唯美文學之極品，辭藻穠麗，世無其匹。信手披覽，江花謝草，宋艷班香，充牣滿紙。猶如置身金谷園中，衆香國裏，未有不令人目眩神迷者。惟是先士嘔心吐膽所鑄造之麗辭，廣爲後學者所襲用，時日既久，遂成習套。上乘之駢文，自當別鑄新辭，自成馨逸，斯爲得之。曹丕稱美建安七子之作云：『於學無所遺，於辭無所假。』（典論論文）『於辭無所假』云者，即昌黎韓氏所謂『惟陳言之務去』之意也。建安七子作品之獨有千古，即以此焉。雖然，初學儉腹，藝事未精，悉空依傍，自造美辭，未免陳義過高，不切實際。故模擬爲創作之初階，已爲古今文家所公認。董其昌氏論書有云：

其始必與古人合，其後必與古人離。（畫禪室隨筆）

姚鼐氏論文亦云：

學古人必始而迷悶，苦毫無似處，久而能似之，又久而自得，不復似之。（惜抱尺牘）

近人陳曾則氏言之尤爲精闢。

初學者必從摹擬入手，雖出於有意，無礙也。其學既進，其境既熟，其術日深，而後能去其形貌，而得其神理。張廉卿先生云：『與古人訢合於無間』，非好學深思，安能得之。（古文比）僉謂初學者不可不多所規摹，以求與古人相合，亦取法乎上之意也。良以初學不從模擬入手，便求與古人離，是猶登高而不自卑，行遠而不自邇，其終無所成也必矣。惟模擬既久，須能自化，模擬而不能自化，則終身役於古人，必不能自成家數。凡百詞藝皆然，又豈止駢文一端已耶。

【十】新　變

㊀零雨送秋，輕寒迎節，江楓曉落，林葉初黃。（蕭綱・與蕭臨川書）

㊁暮春三月，江南草長，雜花生樹，羣鶯亂飛。（丘遲・與陳伯之書）

㊂江南燠熱，橘柚冬青，渭北沍寒，楊榆晚葉。（周弘讓・與王少保書）

按六朝文士率皆絞盡腦汁，追求『新』與『變』，故文章風貌，迥異兩京，上舉諸文，無論寫景抒情，皆非漢人所能想像。王國維人間詞話云：『文體通行既久，染指遂多，自成習套，豪傑之士亦難於其中自出新意，故遁而作他體，以自解脫。』蓋文學隨時代而轉移，至六朝有不得不變之勢。況尚新求變，乃人之常情，兩漢樸質之風，相沿既久，令人昏睡耳目，六朝羣彥霞蔚雲蒸，忽焉丕變，亦文學之復興也。

又按許文雨詩品講疏謂六朝詩歌亦復如此，詩文原係一體之兩面，血脈相通，由來已舊，特錄之以爲本節之殿焉。

文心雕龍明詩篇曰：『宋初文詠，體有因革，莊老告退，而山水方滋。儷采百字之偶，爭價一句之奇，情必極貌以寫物，辭必窮力而追新，此近世之所競也。』案孫許玄言，其勢易盡，故殷謝振以景物，淵明雜以風華，浸欲復規洛京，上繼鄴下。康樂以奇才博學，大變詩體，一篇既出，都邑競傳，所以弁冕當時，扢揚雅道。於時俊彥，尚有顏鮑二謝（謝瞻謝惠連）之倫，要皆取法中朝，辭禁輕淺。雖偶傷刻飾，亦矯枉之理也。夫極貌寫物，有賴於深思，窮力追新，亦資於博學。將欲排除膚語，洗盪庸音，於此假塗，庶無迷路。世人好稱漢魏，而以顏謝爲繁巧，不悟規摹古調，必須振以新詞，若虛響盈篇，徒生厭倦，其爲蔽害，與勦襲玄語者政復不殊。以此知顏謝之術，乃五言之正軌矣。

四 聲律諧美

駢文自東漢中葉大量產生以後，歷經魏晉宋齊之蓬勃發展，至梁陳而遂告定型。所謂定型，即由廣義之駢文衍化而爲狹義之駢文——即四六文。析言之，一篇完美無疵之四六文，必須兼具㈠對偶精工㈡典故繁縟㈢辭藻華麗㈣聲律諧美㈤句法靈動五種條件，始合乎標準，前三種已見前幅，句法則留待後論，本節專論聲律。

六朝末期之詞章家，摛文賦詩特別講求聲律之諧美，目的在使口吻調利，有助詩文之唱歎，期能騰播衆口，飲譽千秋也。玆各擧三例爲式，並標明其平仄。

❶零雨送秋，輕寒迎節，江楓曉落，林葉初黃。（蕭綱・與蕭臨川書）

❷東鄰巧笑，來侍寢於更衣，西子微顰，將橫陳於甲帳。（徐陵・玉臺新詠序）

❸山迴反壤，先封節婦之陵。日入虞淵，實掩賢姬之墓。（庾信・周安昌公夫人鄭氏墓誌銘）○以上駢文

❹佳麗盡關情，風流最有名，約黃能效月，裁金巧作星。粉光勝玉靚，衫薄擬蟬輕，密態隨流臉，嬌歌逐軟聲。朱顏半已醉，微笑隱香屏。（梁簡文帝・美女篇）

❺蕩子從遊宦，思妾守房櫳，塵鏡朝朝掩，寒衾夜夜空。若非新有悅，何事久西東，知人相憶否，淚盡夢啼中。（梁元帝・閨怨）

六麗宇芳林對高閣，新妝豔質本傾城，映戶凝嬌乍不進，出帷含態笑相迎。妖姬臉似花含露，玉樹流光照後庭。（陳後主・玉樹後庭花○以上宮體詩）

平情而論，此種平仄相間、聲調協暢之作品，的確具有莫大之吸引力與可讀性，而且更能收到良好的音響效果。吾故謂駢文實爲一種文藝而兼音樂之特殊文體，此種特殊文體在使用複音字之國家絕對無法產生，可斷言也。

（二）聲律發展述略

梁陳作家在聲律上有如此重大之突破與畫時代之成就，並非一蹴而幾者，跡其發展軌轍，蓋有五變，玆分別一詳陳之。

【一】前已屢言之，中國文字之特質爲孤立與單音，惟其爲孤立，故宜於講對偶，亦卽意義之排偶。惟其爲單音，故宜於務聲律，亦卽聲音之對仗。前者在先秦兩漢之詩文辭賦中已試用日繁，開啓駢儷之風。至於後者，古人雖亦注意及之（如西京雜記載司馬相如之言曰：『一經一緯，一宮一商，此賦之跡也。』）不過重自然音調之和諧，猶未作人爲聲律之限制，卽沈約所謂『高言妙句，音韻天成，皆暗與理合，匪由思至』（宋書謝靈運傳論）者也。文心雕龍聲律篇曰：

　　夫音律所始，本於人聲者也，聲含宮商，肇自血氣，先王因之，以制樂歌。

又附會篇曰：

夫才量學文，宜正體制，必以情志爲神明，事義爲骨髓，辭采爲肌膚，宮商爲聲氣。

近儒黃侃先生更詳言之曰：

至於調和聲律，本愜人情。觀夫琴瑟專壹，不能爲聽。語言哽介，不能達懷。故絲竹有高下之均，宜唱貴清英之響。然則文詞之用，以代語言，或流絃管，焉能廢斯樂語，求諸鄙言，以調喉娛耳爲非，以蹇吃冗長爲是哉。（書後漢書論贊）

推勘文貴聲律之理，至爲昭晰。

至漢建安以後，曹植屬意佛經，深愛聲律（見高僧傳），李登復著聲類，音別清濁，韻判宮商，自是詩文之音節，日益諧美，與前代異趣。如曹操之苦寒行，讀之覺其蒼涼悲壯，曹丕之燕歌行，讀之覺其悠揚委婉。而曹植仙人篇之『四海一何局，九州安所如。』贈白馬王彪詩之『孤魂翔異域，靈柩寄京師。』聖皇篇之『鴻臚擁節旄，副使隨經營。』情詩之『游魚潛綠水，翔鳥薄天飛，始出嚴霜結，今來白露晞。』以至贈徐幹、送應氏、名都篇、美女篇諸詩，尤弦管調協，聲光並茂，變前修而啓後哲，爲五言轉捩之一樞，亦卽漢魏詩體所由判也。**此一變也。**

【二】晉太康年間，陸機特起，除重視詩文之視覺效果外，更追求聽覺效果。其文賦云：

其爲物也多姿，其爲體也屢遷，其會意也尚巧，其遣言也貴姸。暨音聲之迭代，若五色之相宜。雖逝止之無常，固崎錡而難便。苟達變而識次，猶開流以納泉。如失機而後會，恆操末以續顛。謬玄黃之秩敍，故淟涊而不鮮。

言行文之次序，有如一首樂曲，其音調之組織排列，必力求悅耳動聽，始能達到和諧的音樂美。故『文徵徵以溢目，音泠泠而盈耳』（文賦）之作品，乃陸氏所最心醉者也。而兩晉作手如潘岳張協左思之倫，下逮劉琨郭璞孫綽諸子，其詩賦駢體，莫不比響聯詞，精協宮商，極抑揚頓挫之致。**此再變也。**

【三】至於宋之元嘉，范曄繼作，有意將自然之音調，制爲人工之音律。其與諸甥姪書云：

> 性別宮商，識淸濁，斯自然也。觀古今文人，多不全了此處，縱有會此者，不必從根本中來。言之皆有實證，非爲空談。年少中，謝莊最有其分，手筆差易，文不拘韻故也。吾思乃無定方，特能濟難適輕重，所稟之分，猶當未盡。

其論較陸機切實多矣。細味其辭，可資注意者有三：

㈠范文瀾文心雕龍聲律篇注云：『觀蔚宗此辭，似調音之術，已得於胸懷，特深自祕異，未肯告人。左礙而尋右，末滯而討前，卽所謂濟艱難，適輕重矣。謝莊深明聲律，故其所作赤鸚鵡賦，爲後世律賦之祖。』所言甚確。

㈡范氏精曉聲律，頗與通習音樂有關。蓋樂曲之音節，往往適用於文章之聲律，唯美文學（特別是駢文）被謚爲『音樂的文學』者，卽以此焉。

> 吾於音樂，聽功不及自揮，但所精非雅聲，爲可恨。然至於一絕處，亦復何異邪。其中體趣，言之不盡，弦外之意，虛響之音，不知所從而來。雖少許處，而旨態無極。亦嘗以授人，士庶中未有一豪似者。此永不傳矣。（與諸甥姪書）

惟其通習音樂，故能別音之宮商，識聲之清濁，視陸機之但云『音聲之迭代』者，又進一大步矣。所惜天不永年，竟遭迫害，作政爭下之犧牲品，若假以時日，則四聲論提早四十年完成，亦未可知，蓋范氏確有意將自然聲調制爲人工音律也。

㊂范氏頗自憙於獨得音學之祕。而有目無餘子之概。王融嘗稱之曰：『宮商與二儀俱生，自古詞人不知之，惟見范曄謝莊頗識之耳。』詩品序　再觀其所作後漢書各序贊，麗句繽紛，宮商叶暢，後世駢文家無不奉爲圭臬。知其於斯道雅有獨擅，言雖大而非夸也。

夫文學形式美之構成，音律和諧爲其重要條件之一，於時唯美文學方興未艾，故范氏此論既出，與之作桴鼓之應，而又能踐履篤行而光大之者，當數謝靈運。靈運山水諸作，最足以表現宋初詩歌重視寫作技巧之特色，其詩除富有顏色美、圖案美外，尤富有聲音美。詩中多描摹大自然風、鳥、猿、禽之幽淒聲響，更靈活運用雙聲字、疊韻字、重疊字、重疊詞、聯邊字等，使句子特別嘹亮，以增加詩中之音響效果。餘若顏延之鮑照謝莊諸人之作，亦皆瓌詞雄響，音節高亮，與大謝同。**此三變也**。

【四】下逮南齊永明之世，周顒沈約諸子力倡聲律之說，其貢獻於學術尤其是聲韻學者，固無論矣，其貢獻於文藝創作者，則音韻之運用日精，平仄之講求日密。流風所扇，通國上下，凡有製作，無不廉肉相準，音韻克諧，錯采鏤金，絺章繪句，而面目一新矣。茲分三端評述之。

㊀**佛經之翻譯與轉讀**　魏初孫炎著爾雅音義，盡變古人注書所用『讀若某』、『讀如某』、『音同某』之慣例，而改用反切之法注音。所謂反切，即以二字之音相切而成一字之音之方法也。黃季剛先生音略云：

反切之理，上一字是其聲理，不論其爲何韻。下一字是其韻律，不論其爲何聲。質言之，卽上一字祇取發聲，去其收韻。下一字祇取收韻，去其發聲。故上一字定淸濁，下一字定開合。故上一字與切成之字必爲雙聲，下一字與切成之字必爲疊韻。易言之，上一字必與所切字同紐，下一字必與所切字同韻。如終，職戎切，職終同在照紐，戎終同在東韻。故反切者，取上一字之聲，下一字之韻，相切合而成之音也。

其實反切之語，自魏以上已有之，惜未能見重於世，知者用者，均甚寥寥。直至漢末釋典大量傳入以後，乃大行於世。聲律學說似若與佛教無關，不知其學說之昌明，正由梵語翻譯華文之影響。華文以形爲主，形聲僅爲六書之一，初無所謂字母，梵語以三十四聲母，十六韻母，共五十字母，孳生一切文字，其字音又分別陰陽，故印度之雅語必合韻律。其文恆以四字成句，聲韻諧和，異常優美動聽，於是切韻之學，遂與佛經以俱來，孫炎乃因其法而創反切。此則聲律之學緣於翻譯佛經者也。自典午東渡以後，佛教盛行，佛經轉讀之風日熾，切音辨字亦日趨精密，蓋讀經不僅讀其字句，尚須傳其美妙之音節，因此詠經謂之轉讀，歌讚謂之梵音。然而漢字單音，梵音重複，爲適用於轉讀歌讚，卽須參照梵語拼音，以求漢語之轉變，於是反切之法因而大行，四聲之論亦因而成立。此則聲律之學緣於轉讀佛經者也。隋書經籍志云：

自後漢佛法行於中國，又得西域胡書，以十四字貫一切音，文省而義廣，謂之婆羅門書，與八體六文之義殊別。

此爲梵文字母輸入中國之始，使以衍形爲主之中國文字發生巨大變化，不得不注意聲韻問題矣。慧皎高僧傳慧忍傳論：

自大教東流，乃譯文者衆，而傳聲者蓋寡。良由梵音重複，漢語單奇。若用梵音以詠漢語，則聲繁而偈迫，若用漢曲以詠梵文，則韻短而辭長。

又：

天竺方俗，凡是歌詠法言，皆稱爲唄。至於此土，詠經則稱爲轉讀，歌讚則號爲梵音。

又慧叡傳：

陳郡謝靈運篤好佛理，殊俗之音，多所達解。迺諮叡以經中諸字，並衆音異旨，於是著十四音訓敍，條例梵漢，昭然可了，使文字有據焉。

又經師論：

若能精達經旨，洞曉音律，三位七聲，次而無亂，五言四句，契而莫爽。其間起擲盪舉，平折放殺，游飛卻轉，反疊嬌哢，動韻則揄靡弗窮，張喉則變態無盡。故能炳發八音，光揚七善，壯而不猛，凝而不滯，弱而不野，剛而不銳，清而不擾，濁而不蔽，諒足以超暢微言，怡養神性。故聽聲可以娛耳，聆語可以開襟。若然，可謂梵音深妙，令人樂聞者也。

可見魏晉時雖有人致力聲韻之研究，而至齊梁始大盛者，實深受佛經翻譯與轉讀之影響。近儒陳寅恪氏嘗作四聲三問，於中華語音參合佛經轉讀而適定爲四聲一事，論述綦詳，節錄其詞如下：

初問曰：中國何以成立一四聲之說，即何以適定為四聲，而不定為五聲，或七聲，抑或其他數之聲乎。

答曰：所以適定為四聲，而不為其他數之聲者，以除去本易分別，自為一類之入聲，復分別其餘之聲為平上去三聲。綜合通計之，適為四聲也。但其所以分別其餘之聲為三者，實依據及摹擬中國當日轉讀佛經之三聲。而中國當日轉讀佛經之三聲又出於印度古時聲明論之三聲也。據天竺圍陀之聲明論，其所謂聲(svara)者，適與中國四聲之所謂聲者相類似。即指聲之高低言，英語所謂pitch accent者是也。圍陀聲明論依其聲之高低，分別為三：一曰udātta，二曰svarita，三曰anudātta。佛教輸入中國，其教徒轉讀經典時，此三聲之分別當亦隨之輸入。至當日佛教徒轉讀其經典所分別之三聲，是否即與中國之平上去三聲切合，今日固難詳知，然二者俱依聲之高下分為三階，則相同無疑也。中國語之入聲皆附有k、p、t等輔音之綴尾，可視為一特殊種類，而最易與其他之聲分別。平上去則其聲響高低相互距離之間雖有分別，但應分別之為若干數之聲，殊不易定。故中國文士依據及摹擬當日轉讀佛經之聲，分別定為平上去之三聲，合入聲共計之，適成四聲。於是創為四聲之說，並撰作聲譜，借轉讀佛經之聲調，應用於中國之美化文。此四聲之說所由成立，及其所以適為四聲，而不為其他數聲之故也。（清華學報第九卷第二期）

再問曰：四聲說之成立，由於中國文士依據及摹擬轉讀佛經之聲，既聞命矣。果如所言天竺經聲於聲律說所以昌盛於永明時代，亦有極精要之說明。

流行中土，歷時甚久，上起魏晉，下迄隋唐，六七百年間，審音文士、善聲沙門亦已衆矣。然則無論何代何人皆可以發明四聲之說，何以其說之成立不後不先，適值南齊永明之世，而創其說者非甲非乙，又適爲周顒沈約之徒乎。

答曰：南齊武帝永明七年二月二十日竟陵王子良大集善聲沙門於京邸，造經唄新聲。實爲當時考文審音之一大事。在此略前之時，建康之審音文士及善聲沙門討論研求必已甚衆而且精。永明七年竟陵京邸之結集不過此新學說研求成績之發表耳。此四聲說之成立所以適值南齊永明之世，而周顒沈約之徒又適爲此新學說代表人之故也。同上

而於周顒長於佛理，沈約耽嗜內典，故能邃於音理，尤多所闡釋。

建康爲南朝政治文化之中心。故爲善聲沙門及審音文士共同居住之地。二者之間發生相互之影響，實情理之當然也。經聲之盛，始自宋之中世，極於齊之初年。竟陵王子良必於永明七年二月十九日以前即已嫻習轉讀，故始能於夢中詠誦。然則竟陵王當日之環境可以推知也。雞籠西邸爲審音文士抄撰之學府，亦爲善聲沙門結集之道場。永明新體之詞人既在『八友』之列，則其與經唄新聲制定之背景不能不相關涉，自無待言。

周顒卒年史不記載，據傳文推之，當在永明七年五月王儉薨逝以前，永明三年王儉領國子祭酒及太子少傅之後。即使不及見永明七年二月竟陵王經唄新聲之制定，要亦時代相距至近。其與沈約，一爲文惠之東宮掾屬，一爲竟陵之西邸賓僚，皆在佛化文學環境陶冶之中，四聲說之創始於此

二人者，誠非偶然也。又顒傳言：『太學諸生慕顒之風，爭事華辯。』其所謂『辯』者，當卽顒『音辭辯麗，出言不窮，宮商朱紫，發口成句。』及其子捨『善誦詩書，音韻淸辯』之『辯』。皆四聲轉讀之問題也。沈約宋書自序云：『永明五年春又被勅撰宋書，六年二月畢功，表上之。』謝靈運傳論之作正在此時。是其四聲之說實已成立於此時以前。當與周顒不甚相先後，蓋同是一時代之產物，俱受佛經轉讀之影響而已。（同上）

按周顒著有四聲切韻，沈約著有四聲譜，是知四聲之起，與梵文音理不能無緣。至若字母之興，乃隨梵文而輸入，尤屬信而有徵者。要之，聲律之學，淵源於古，而其法則因梵文音理輸入而確立，事理至明，不難覆按也。

㈡永明諸子提倡四聲　永明之世，提倡四聲者多矣。其著專書行世者，有沈約（著四聲譜）周顒（著四聲切韻○俱見南史本傳）王斌（著四聲論○見南史陸厥傳）。惜自隋以後，已漸失傳，莫得其詳。至以四聲行文制韻者，則有沈約、謝脁、王融諸人。

永明時，盛爲文章，吳興沈約、陳郡謝脁、琅邪王融以氣類相推轂，汝南周顒善識聲韻。約等文皆用宮商，將平上去入四聲，以此制韻，有平頭、上尾、蜂腰、鶴膝。五字之中，音韻悉異，兩句之內，角徵不同，不可增減。世呼爲永明體。（南史陸厥傳）

玩繹所言，卽以人工之音律，運用於文學方面耳。蓋詩歌必講音律，而古代詩樂合一，詩之音律，卽存於樂之中，迨詩樂既分，詩之音律不得不存於詞之中。然詞中之音調，宜求其和諧，前人特心知之，而不能言之，至永明諸子始制爲規律，此種人工音律，實聲韻學上一大發明，亦文學史上一大革命，所宜大筆特書者也。

據前所述，當時提倡四聲者，至少有五人，惜周顒早沒，王斌生平不詳，而王融謝朓又皆死於非命，其碩果僅存者，惟沈約耳，沈氏聲名獨著，殆以此歟。

至彼等弘揚四聲之原因，雖典籍亡佚，不得而知，然猶可於宋書謝靈運傳論中略窺端倪。

周室既衰，風流彌著，屈平宋玉，導清源於前，賈誼相如，振芳塵於後，英辭潤金石，高義薄雲天。自茲以降，情志愈廣，王褒劉向揚班崔蔡之徒，異軌同奔，遞相師祖，雖清辭麗曲，時發乎篇，而蕪音累氣，固亦多矣。

蓋鑑於一般作品蕪音累氣充斥，清辭麗曲莫聞，而思有以矯之救之，非欲藉此以標新立異，譁衆取寵也。

㈢沈約之音律論　沈約論音律，可於其所撰宋書謝靈運傳論中見之。

若夫敷衽論心，商榷前藻，工拙之數，如有可言。夫五色相宣，八音協暢，由乎玄黃律呂，各適物宜。欲使宮羽相變，低昂舛節，若前有浮聲，則後須切響。一簡之內，音韻盡殊，兩句之中，輕重悉異。妙達此旨，始可言文。

至於先士茂製，諷高歷賞，子建函京之作，仲宣霸岸之篇，子荆零雨之章，正長朔風之句，並直舉胸情，非傍詩史，正以音律調韻，取高前式。自騷人以來，多歷年代，雖文體稍精，而此祕未覩。至於高言妙句，音韻天成，皆暗與理合，匪由思至。張蔡曹王，曾無先覺，潘陸顏謝，去之彌遠。世之知音者，有以得之，知此言之非謬。如曰不然，請待來哲。

此卽永明諸子所揭櫫之標幟，抑亦晉宋文家所奉行之通則。究其用心，蓋企圖白聲音之輕重，浮切之配合，造出一種聽覺上之美感。若以今日眼光觀之，充其量不過是韻律之調和，平仄之相間，可以收到詩文之音響效果而已，固極平常之事。然在當日，沈氏諸人則視爲天地未發之精靈，前哲未覩之祕奧。雖或有以稍嫌誇大相嗤者，然究因此倡導，使創作技術益趨工巧，藝文形式益趨美化，因而造成梁代唯美文學臻於登峯造極之絕詣。今尋繹其要旨，可得而言者，蓋有四義：

❶宮羽相變低昂舛節　所謂『宮羽』，乃指陰平、陽平、上、去、入五聲（通謂四聲）而言。『宮羽相變，低昂舛節』云者，謂作品須平仄相間，音韻和諧，使讀者有聽覺之美感也。此爲沈氏音律論之總原則，以下六句不過其細目而已。

❷前有浮聲後須切響　此爲沈氏音律論之精要部分，惟語意稍欠顯豁，致後之論者頗有歧見。

㈠劉勰文心雕龍聲律篇：

凡聲有飛沈，響有雙疊，雙聲隔字而每舛，疊韻雜句而必睽，沈則響發而斷，飛則聲颺不還，並轆轤交往，逆鱗相比。迂其際會，則往蹇來連，其爲疾病，亦文家之吃也。

按劉勰與沈氏同時，此論或與之作桴鼓之應者。『飛』字蓋指『浮聲』，『沈』字則指『切響』，卽後人所謂之平仄。沈氏云『前有浮聲，後須切響』，劉氏云『沈則響發而斷，飛則聲颺不還』，皆言平仄必須相間，所以求音調之美也。

又按黃季剛先生文心雕龍札記聲律篇云：『飛謂平清，沈謂仄濁。一句純用仄濁，或一句純用平清，則讀時亦不便，所謂「沈則響發而斷，飛則聲颺不還」也。』所言甚是。

㈡蔡寬夫詩話：

聲韻之興，自謝莊沈約以來，其變日多。四聲中又別其清濁以爲雙聲，一韻者以爲疊韻。蓋以輕重爲清濁爾，所謂前有浮聲則後有切響是也。（宋詩話輯佚）

按蔡氏以爲『浮聲』『切響』卽是『輕重』『清濁』，析言之，『浮聲』謂聲之『輕』『清』者，『切響』謂聲之『重』『濁』者，亦卽後人所謂之平仄，言詩文中須平仄錯綜運用，以求音調之和諧。

㈢何焯義門讀書記：

浮聲切響卽是輕重，今曲家猶講陰陽清濁。

按此乃沿襲蔡氏之說。

㈣劉師培中古文學史宋齊梁陳文學概略：

彥和謂『聲有飛沈，沈則響發而斷，飛則聲颺不還』，卽沈氏所謂『前有浮聲，後須切響，兩句之中，輕重悉異。』謂一句之內，不得純用濁聲之字，或清聲之字也。（聲律說之發明）

㈤陳鍾凡中國文學批評史：

其言『前有浮聲，後須切響』者，所以判低昂，審平仄，蓋一句之中不得純用平聲字或仄聲字也。（第七章第三節）

言『聲有飛沈，沈則響發而斷，飛則聲颺不還』，卽沈氏所謂『前有浮聲，後須切響，兩句之中，輕

重悉異。』謂一句不得純用平聲字或仄聲字也。第七章第四節

⑥郭紹虞中國文學批評史：

須知蔡氏之所謂清濁，卽沈約之所謂輕重，劉勰之所謂飛沈，而後世之所謂平側。平側之分，本亦由於同紐的關係。所以蔡氏謂『蓋又出於雙聲之變』。仇兆鰲杜詩詳注亦宗蔡說。……文心雕龍聲律篇云：『凡聲有飛沈，響有雙疊。』雙疊卽韻與紐的問題，飛沈則清與濁的關係。以濁夾清，則是蜂腰。其病在『沈』，所謂『沈則響發而斷』也。以清夾濁，則爲鶴膝。其病又在『飛』，所謂『飛則聲颺不還』也。第二章第四節第一目

按郭氏宗尚蔡說，惟更加詳耳。

綜覽前說，吾人可以得一簡單結論曰，『浮聲』卽劉勰之所謂『飛』當是平聲，『切響』卽劉勰之所謂『沈』當是仄聲，言文中須平仄錯綜爲用，一句之中若平聲字過多，則其聲飛颺而不能回環，若仄聲字過多，則其聲蹇礙而不能暢順，讀時均有不便。必也『轆轤交往』，『逆鱗相比』，斯爲得之，亦南史陸厥傳所謂『兩句之內，角徵不同』之意也。

❸**一簡之內音韻盡殊**　『音』指字之發聲，亦卽聲母，『韻』指字之收聲，亦卽韻母。言五言詩一句之中，除正用雙聲、疊韻、重言外，不得複用同聲母或同韻母之字。據鄒漢勛五韻論說 亦卽文心聲律篇所謂『雙聲隔字而每舛，疊韻雜句而必暌』者也。

❹**兩句之中輕重悉異**　沈氏所謂『輕重』，卽蔡寬夫所謂『清濁』見前引蔡寬夫詩話，乃指字之聲紐而言。意謂兩句之中，輕重須錯綜爲用，詩之音調始可言美。言南史陸厥傳所云『五字之中，輕重悉異』者，意謂一句之

中，輕重亦須錯綜，則又嚴於此矣。

相傳沈約於四聲之外，復有八病之說。四聲之分乃其基本理論，而八病之忌則是創作文藝之具體條件。易詞言之，積極建設方面，爲明辨四聲與錯綜音韻，而消極避忌方面，則爲詩學八病之探討。按沈約所謂八病，乃指詩而言，與駢文無關，故不具論。其詳細內容可參閱日本弘法大師所著之文鏡祕府論。自玆厥後，文學面貌，煥然一新，更趨於形式與技術之極端唯美。阮元四六叢話後序云：

彥昇休文，肇開聲韻，輕重之和，擬諸金石，短長之節，雜以咸韶，蓋時會使然，故元音盡泄也。

大抵沈約之論，正與古體相反，故是近體之律，雖貽譏於明哲如鍾嶸，實後賢之功魁。**此四變也。**

【五】降及梁陳，文風大盛，駢文變爲四六，古詩變爲新體，一切雜文小品，無不趨於聲律化，駢偶化。在詩方面，若蕭綱之折楊柳，何遜之慈姥磯，徐陵之別毛永嘉，庾信之詠畫屛風詩，陰鏗之晚泊五洲諸篇，已儼然唐律面目，置諸王楊沈宋集中，恐不復易辨。在駢文方面，則以徐陵庾信之成就最大，二人所作，頗變舊體，巍然爲四六宗師。許槤評徐陵玉臺新詠序云：

駢語至徐庾，五色相宜，八音迭奏，可謂六朝之渤澥，唐代之津梁。六朝文絜

評庾信鏡賦云：

選聲鍊色，此造極巔，吾於子山無復遺恨矣。上同

又評燈賦云：

音簡韻健，光采煥鮮，六朝中不可多得。上同

謂二人在調聲上有特殊成就，極爲有見。駢文至此，如百尺竿頭，又進一步矣。今各舉一例以見體。

鏗鏘並奏，能驚趙鞅之魂。
輝煥相華，時瞬安豐之眼。（徐陵與李那書）

對天山之積雪，尙得開襟。
冒廣樂之長風，猶當揮汗。（庾信謝趙王賚白羅袍袴啓）

沈約謂詩文『若前有浮聲，則後須切響。』（見宋書謝靈運傳論）浮聲切響云者，實卽調平仄之事也。第永明諸子，雖心知其然，而不克親自實踐，必待徐庾二子出，而後始進入『字協平仄，音調馬蹄』之規範矣。此五變也。

(二)永明聲律說與後代文學之關係

沈約之音律說，在當時學術界引起極大反響。有致書駁難者，如陸厥甄琛等。有堅決反對者，如鍾嶸梁武帝等。有原則贊同者，如常景劉勰等。其中理論最具體，亦最富有代表性之人物則爲鍾嶸。鍾氏先言前達早已重視音律云：

昔曹劉殆文章之聖，陸謝爲體貳之才，銳精硏思，千百年中而不聞宮商之辨，四聲之論，或謂前達偶然不見，豈其然乎。嘗試言之：古曰詩頌，皆被之金竹，故非調五音，無以諧會。若『置酒高堂上』，『明月照高樓』，爲韻之首。故三祖之詞，文或不工，而韻入歌唱，此重聲韻之義也，與世之言

宮商者異矣。今既不被管絃，亦何取於聲律耶。（詩品序）

堅決主張自然音律，徹底反對人工音律，蓋蓄意與沈氏爲敵者。次則對沈氏聲病說深致不滿云：

齊有王元長者，嘗謂余云：『宮商與二儀俱生，自古詞人不知之，惟顏憲子乃云律呂音調，而其實大謬，唯見范曄謝莊頗識之耳。嘗欲造知音論，未就。』王元長創其首，謝朓沈約揚其波。三賢或貴公子孫，幼有文辯。於是士流景慕，務爲精密，襞積細微，專相陵架，故使文多拘忌，傷其眞美。余謂文製本須諷讀，不可蹇礙，但令清濁通流，口吻調利，斯爲足矣。至於平上去入，則余病未能，蜂腰鶴膝，閭里已具。（同上）

鍾嶸與沈約同時，而論詩不爲所惑，良可宗尚。蓋文之爲用，敍事抒情，務得其眞，雖間或全借古語，用申今情，節以聲律，俾便脣吻，乃創作正軌，宜無間言。惟故爲繁密，以矜淵博，競誇音調，使多拘忌，傷美蠹文，則難免於大雅之譏矣。

然鍾氏所持以反對聲律之理由，亦未盡當。彼以『清濁通流，口吻調利』之自然音律說，抨彈沈氏之人工音律，不免稍涉意氣。蓋詞藝一道，恆隨時代以俱進。即以五言詩而言，先士所作，藻思綺合，清麗芊眠，至齊梁已無可復加，所未盡美者，僅聲律猶未錯綜已耳。沈氏宮羽相變、浮聲切響之說，深合韻文聲律宜有相間相重之音學原理，故齊梁新體，下開三唐律近，其垂範後昆，沾溉來葉者，正靡有紀極，烏可輕易詆訶，一筆抹殺耶。且自古詩完全脫離音樂以後，對詩之欣賞方法，便由歌唱而轉入吟詠，詩之音樂性與詩句韻律之美，不復能仰仗絲竹管絃，而必須乞靈於語言文字之自身。故永明諸賢乃罄其心血，焦其思慮，創造人工音律，以濟詩樂分離之窮，使詩中之韻律，假借人爲力量，而更加諧叶，益趨完美。譬彼鄉僻無識之美人，苟能施以袨服靚妝，而又敎以詩書禮樂，豈不更增其美耶。雖然，吾人固不可輕忽自然之美，以保持其純眞，惟當自然美逐漸殘褪時，則須力謀補救，不宜任其凋零。中年婦女之所以厚施脂粉者，亦欲長保其青春，以濟歲月之窮耳。明乎此理，則於王沈諸子之刻意提倡人工音律，允其斂衽，以拜其賜也。梁書庾肩吾傳云：

齊永明中，文士王融謝朓沈約文章始用四聲，以爲新變，至是轉拘聲韻，彌尙麗靡，復踰於往時。

劉師培中古文學史亦云：

音律由疎而密，實本自然，非由强致。試卽南朝之文審之，四六之體，粗備於范曄謝莊，成於王融謝朓。而王謝詩亦復漸開律體，影響所及，迄於隋唐，文則悉成四六，詩則別爲近體，不可謂非聲律論開其先也。又四六之體既成，則屬對日工，篇幅益趨於恢廣，此亦必然之理。試以齊梁之文上較晉宋，陳隋之文上較齊梁，其異同之迹，固可比較而知也。宋齊梁陳文學概略

是知當日唯美文學趨於全盛，聲律說之昌明，實具有決定性之因素焉。玆分別論述之：

【一】聲律論影響於律詩者　用韻爲創作詩歌之首要條件，此天下之公論也。自擊壤歌、南風歌、三百篇以至荷馬(Homeros)之伊里亞德(Iliad)、奥狄賽(Odyssey)、印度之馬哈巴拉泰(Mahabharata)拉馬耶那(Ramayana)，及但丁(Dante)之神曲(La Divina Commedia)等均有音韻以絡之，蓋聲調鏗鏘之作，可以調利口吻，較能感人，亦較易流行。惟齊梁以前，無有標準韻書，作者惟有暗中摸索，於合

韻與否，則非所計也。逮沈約諸子聲律論一出，始令人了然於所以然之故。王應麟困學紀聞云：

世稱倉頡造字，孫炎作音，沈約作韻，爲椎輪之始。

誠非過譽也。自是載筆之倫，翕然景從，奉行唯謹，歌行雜體遂一變而爲新體矣。

永明中，沈約文辭精拔，盛解音律，遂撰四聲譜。時王融劉繪范雲之徒，慕而扇之，由是遠近文學，轉相祖述，而聲韻之道大行。（封演聞見記）

風雅頌既亡，一變而爲離騷，再變而爲西漢五言，三變而爲歌行雜體，四變而爲沈宋律詩。（嚴羽滄浪詩話詩體）

沈約既以聲律爲天下倡，己之所作，率能劍履相及，非空言逞說者比，觀其詠青苔、早發定山諸什可知也。嗣後王筠、庾信、何遜、陰鏗諸子，無不競尚新體，開後來律詩之端。

筠嘗爲詩呈沈約，卽報書云：『覽所示詩，實爲麗則，聲和被紙，光影盈字。夔牙接響，顧有餘慚，孔翠羣翔，豈不多愧。古情拙目，每佇新奇，爛然總至，權輿已盡。會昌昭發，蘭揮玉振，克諧之義，寧比笙簧。思力所該，一至乎此，歎服吟研，周流忘念。』筠爲文能壓强韻，每公宴並作，辭必姸美。約常從容啓高祖曰：『晚來名家，唯見王筠獨步。』（梁書王筠傳）

漢建安後，迄江左，詩律屢變，至沈約庾信以音韻相婉附，屬對精密，及宋之問沈佺期又加靡麗，回忌聲病，約句準篇，如錦繡成文，學者宗之，號曰沈宋。（新唐書宋之問傳）

五言詩，六朝陰鏗何遜庾信已開其體，但至沈佺期宋之問始可稱律。（王世貞藝苑卮言）

唐祚初啓，上官儀又高唱『對偶說』，於聲病外，復增一規律，而收相輔相成之效。至沈佺期宋之問輩更力求研練精切，聲勢穩順，遂定五七言八句之程式，號為律詩。而絕詩五七言四句之程式亦隨以定焉。

> 律詩起於初唐，而實胚胎於齊梁之世，南史陸厥傳所謂五字之中，音韻悉異，兩句之內，角徵不同者，此聲病之所自，亦卽律之所本。（王東溆柳南隨筆）

要而言之，古詩之變為近體，實萌芽於漢末，茁壯於晉宋，挺秀於齊梁，收實於唐初。其發育成長過程，固因乎自然，而供給其營養者，則音韻學之昌明也。

【二】聲律論影響於駢文者　我國文字之特色為孤立與單音，衍為詞彙，又多用雙數，求其比並，要非甚難，故以駢行文，易臻工巧。以美學觀點，合於平衡(balance)與勻稱(symmetry)之原則。以哲學觀點，偏於二元性(duality)，影響文理，亦非淺鮮。文心雕龍麗辭篇云：

> 造化賦形，支體必雙，神理為用，事不孤立。夫心生文辭，運裁百慮，高下相須，自然成對。唐虞之世，辭未極文，而皐陶贊云：『罪疑惟輕，功疑惟重。』益陳謨云：『滿招損，謙受益。』豈營麗辭，率然對爾。易之文繫，聖人之妙思也，序乾四德，則句句相銜，龍虎類感，則字字相儷，乾坤易簡，則宛轉相承，日月往來，則隔行懸合。雖句字或殊，而偶意一也。

言對偶之起，純出自然，非由人力。東漢以降，質文代變，詞藝日興，內容而外，兼及形式之美，才士屬文，漸趨整飭，蓋亦隨順自然而形成者，初非刻意為之也。逮永明聲病之說起，捶句必偶，選音必諧，文格日趨嚴密，遂變自然為人工矣。肇其端者，亦為沈約。梁書劉杳傳云：

> 沈約郊居宅時新構閣齋，杳為贊二首，並以所撰文呈約，約卽命工書人題其贊予壁。仍報杳書曰：

『生平愛嗜，不在人中，林壑之歡，多與事奪。日暮途殫，此心往矣，猶復少存閑遠，徵懷清曠。結宇東郊，匪云止息，政復頗寄夙心，時得休偃。仲長遊居之地，休璉所述之美，望慕空深，何可髣髴。君愛素情多，惠以二贊，辭采妍富，事義畢舉，句韻之間，光影相照，便覺此地，自然十倍。故知麗辭之益，其事弘多，輒當置之閣上，坐臥嗟覽。別卷諸篇，並為名製。又山寺既為警策，諸賢從時復高奇，解頤愈疾，義兼乎此。遲比敍會，更共申析。』其為約所賞如此。

所謂『句韻之間，光影相照』，『麗辭之益，其事弘多』云云，皆推崇其音節屬對之美也。風氣所播，操觚之士乃競用四聲，以為新變，唯美文學之浪潮遂洶湧澎湃，莫之能禦矣。蕭綱與湘東王書論之曰：

比見京師文體，儒鈍殊常，競學浮疎，爭為闡緩，既殊比興，正背風騷。又時有效謝康樂裴鴻臚文者，亦頗有惑焉。何者，謝客吐言天拔，出於自然，時有不拘，是其糟粕。裴氏乃是良史之才，了無篇什之美。是為學謝則不屆其精華，但得其冗長，師裴則蔑絕其所長，唯得其所短。謝故巧不可階，裴亦質不宜慕。故胸馳臆斷之侶，好名忘實之類，方分肉於仁獸，逞郤克於邯鄲，入鮑忘臭，效尤致禍。決羽謝生，豈三千之可及，伏膺裴氏，懼兩唐之不傳。故玉徽金銑，反為拙目所嗤，巴人下里，更合郢中之聽。陽春高而不和，妙聲絕而不尋。竟不精討錙銖，覈量文質，有異巧心，終愧妍手。是以握瑜懷玉之士，瞻鄭邦而知退，章甫翠履之人，望閩鄉而歎息。詩既若此，筆又如之。徒以煙墨不言，受其驅染，紙札無情，任其搖襞。甚矣哉，文之橫流，一至於此。至如近世謝朓沈約之詩，任昉陸倕之筆，斯實文章之冠冕，述作之楷模。張士簡之賦，周升逸之辯，亦成佳手，難可復遇。

『闡緩』云者，指音韻之煩沓而言，謝客詩章，輒蹈此弊。蕭子顯亦以爲言：

今之文章，作者雖衆，總而爲論，略有三體。一則啓心閑繹，託辭華曠，雖存巧綺，終致迂回。宜登公宴，本非准的。而疏慢闡緩，膏肓之病，典正可採，酷不入情。此體之源，出靈運而成也。（南齊書文學傳論）

蓋謝客喜用雙聲字疊韻字入詩，雙疊字多，則一音拗口，以至展轉不斷，故二蕭以『闡緩』『冗長』『疏慢』誚之。謝客爲一代文宗，效其體者踵相接，流弊所及，不可勝書矣。

詩篇如此，文章亦然，故沈氏聲律說，有針對闡緩之病爲言者。

若以文章之音韻，同弦管之聲曲，則美惡妍蚩，不得頓相乖反。譬由子野操曲，安得忽有闡緩失調之聲，以洛神比陳思他賦，有似異手之作。故知天機啓則律呂自調，六情滯則音律頓舛也。（南齊書陸厥傳）

謝派詩文闡緩之累，既爲識者所共喩，永明諸子亟思有以救之，所倡聲律之論，正以新格革除舊弊，用心良苦，殊可概見。（參近人逯欽立四聲考之說○見學原三卷一期）

既而徐陵庾信復極力推揚聲律之波，競以『馬蹄韻』行文，且以四六句平仄相間作對，世因稱之爲徐庾體。駢文至此，逐漸定型。四庫提要所謂『集六朝之大成，導四傑之先路』者，要非漫言。試擧陸機演連珠、庾信擬連珠各二首爲例：

❶臣聞遯世之士，非受匏瓜之性，幽居之女，非無懷春之情。是以名勝欲，故偶影之操矜，窮愈達，故凌霄之節厲。（陸機）

(二)臣聞音以比耳為美，色以悅目為歡。是以衆聽所傾，非假北里之操，萬夫婉孌，非俟西子之顏。故聖人隨世以擢佐，明主因時而命官。陸機

(三)蓋聞勢之所歸，威之所假，必能繫風捕影，纍虎憑河。是以輕則鴻毛沈水，重則磐石凌波。庾信

(四)蓋聞營魂不反，燐火宵飛，時遭獵夜之兵，或鶩空亭之鬼。是以射聲營之風雨，時有寃魂，廣漢郡之陰寒，偏多夜哭。庾信

右舉四首，題材相同，句法相同，而音調則迥然有別。庾文平仄相間，極有規律，乃標準之四六文。陸文則時有兩個平聲字或兩個仄聲字相重疊之情形，而又不合『馬蹄韻』之調聲規則。二人相距約二百三十年，駢文聲律衍化之跡，釐然可尋。孫梅四六叢話總論云：

六朝以來，風格相承，妍華務益，其間刻鏤之精，昔疏而今密，聲韻之功，舊澀而新諧，非不共欣於斧藻之工，而亦微傷於酒醴之薄矣。

格律既嚴，拘忌又多，文章風味自不若前此之濃郁，然此乃淺才庸音始不免斯累耳，固不可一例觀也。逮初唐四傑踵興，上承徐庾衣鉢，研練益精，聲調益暢，四六之體，至此乃完全定型。近人孫德謙氏嘗論駢文之音律，語極精闢，其言曰：

近人以平仄不諧、對切不工爲古，余謂不然。何則，既是駢文，字句之間，當使銖兩悉稱。北魏孝文帝與太子論彭城王詔：『淸規懋賞，與白雲俱潔，厭榮舍紱，以松竹爲心。』沈炯經通天臺奏漢武帝表：『甲帳珠簾，一朝零落，茂陵玉盌，遂出人間。』梁簡文帝與劉孝綽書：『曉河未落，拂桂

棹而先徂，夕鳥歸林，縣孤颿而未息。』白雲之與松竹，甲帳珠簾之與茂陵玉盌，嘯河未落之與夕鳥歸林，桂棹之與孤颿，若講屬對，皆未愜當。又文之有聲律，自休文而後，遂益精密。然江文通建平王聘隱逸教：『周惠之富，猶有漁潭之士，漢敎之隆，亦見棲山之夫。』謝朓辭隨王子隆牋：『瀆汚之水，願朝宗而每竭，駑蹇之乘，希沃若而中疲。』姑擧此兩篇，並不諧協，此足徵古人爲文，本不拘拘於音律也。乃後人明知有韻書，而故使之平仄不調，則失之易矣。（六朝麗指）所擧六朝文中音節不盡諧協之處，至初唐已不復存在矣。

又世多以駢體爲無韻之文，以其不必押韻也。惟清儒阮元獨持異議，力主駢體乃有韻之文，其說具見於文韻說中。（請參閱本書二章）故駢文宜稱之爲『廣義之韻文』，而深受永明聲律說之影響者也。

綜括以上所論述，永明諸賢創聲律說貢獻於中國文學者至大，不但確立美化語文之標準，開拓文藝作品之領域，抑且語文運用之效果日益擴大，詞藝創作之技巧日益靈活。尤其是律賦、四六文、近體詩、聯語、詞、曲六種文藝而兼音樂之特種文體，皆由此而產生，曾在中國文學史上發射萬丈光芒，信足以照耀世界文壇，而與西歐唯美文學（Aestheticism）競一日之長也。

五 句法靈動

句法猶言句型，乃指文句之形式而言。駢文雖盛行於六朝，但其句型則殊少變化，以與初唐以後之駢文較，未免予人以單調之感覺。蓋文學進化之程序，與一般事物初無二致。一般事物之進化，通常皆由簡單而日趨繁複，由質樸而日趨華麗。文學之進化，亦多循斯軌，繁複華麗之結果，遂至巧奪天工，亦不足怪。譬彼詞學，唐末五代之名篇傑構，無非小令，而南宋詞人則非塡長調不能慊之於心。是則駢文句型，古不逮今，今必勝古者，非天之降才爾殊也，蓋亦時勢之所必至耳。先哲有言：『前修未密，後出轉精。』其此之謂乎。

駢文至六朝末葉逐漸衍化而為四六文，至初唐四傑而確然大定。自茲厥後，作駢文者日少，而作四六文者日多，駸駸乎有取而代之之勢。故言駢文之句型，實際上卽四六文之句型。

四六文之句型甚多，其詳蓋累幅不能盡，惟歷代名家所習用者，不過七八十種而已。今擇其尤要者分別列舉如次，並在重要字眼之右側注明其平仄聲。（按一篇四六文係由許多對聯組合而成，故駢文之句型實際上卽對聯之句型。）

❶

四美具。
二難并。（王勃滕王閣序）

經天地。
究人神。（張說唐昭容上官氏文集序）

按文中所用符號，共分三種：『。』表平聲，『•』表仄聲，『△』表拗字。四六文通篇句法，理應平仄相銜，與律詩律賦同體，唐以前不盡然者，法未備也，唐以後間有不然者，如近體詩中之拗句也。

❷ 四 四

才本王佐。
學爲帝師。（蘇軾乞校正陸宣公奏議劄子）

忘情黻冕。
雅意煙蘿。（吳錫麒洪稚存同年機聲燈影圖序）

❸ 五 五

應有期之運。
降不世之英。（張九齡祭張燕公文）

抗埋輪之章。
執驚馬之議。（張說洛州張司馬集序）

❹ 六 六

仰仙雲而搖曳。
登綺席以逶迤。（黃之雋香屑集自序）

無向日之萱花。
有病風之椿樹。（曾煥儀徵張孝女廟碑）

❺ 七 七

落霞與孤鶩齊飛。
秋水共長天一色。（王勃滕王閣序）

彌天騰鼓角之聲。
大地碎山河之影。（成惕軒山房對月記）

❻ 八 八

雖擧族·有北轅。之釁·。
而敷天。同左袒·之心。（汪藻隆祐太后告天下手書）

方當。四十強·仕·之秋。
已展·萬里垂天。之羽·。（孫覿賀魏丞相啓）

⑦
九　九

內以拯·黔首△將亡。之命·。
外以紓。鄰國·見逼·之危。（汪藻隆祐太后告天下手書）

但欲負耒·慕許行。之學·。
豈復叩角△歌甯戚·之詩。（陸游謝葛給事啓）

⑧
十　十

雖外爲。天下惜老成△之去·。
而私喜·明哲得保身。之全。（蘇軾賀歐陽少師致仕啓）

首綴聖賢。性命道德·之言。
旁采古今△治亂安危。之跡·。（真德秀進大學衍義表）

⑨ 十一——十一

既不能飾固陋之心以取容。
復未免折淒涼之腰而逐食。（李廷忠謝王樞使薦擧啓）

斯奮擊而無亡矢遺鏃之勞。
爰邀截而絕匹馬踦輪之返。（李綱辭免知樞密院事表）

⑩ 三——五 三——五

天地者，萬物之逆旅。
光陰者，百代之過客。（李白春夜宴從弟桃李園序）

觀娟麗，則瑤房有寂。
問涼燠，則芳樹無情。（黃之雋香屑集自序）

⑪ 三——七 三——七

侯之廟，豈徒俎豆於吳邦。
侯之功，兼可蒸嘗於曹社。（袁枚祭吳桓王廟文）

秦聲揚，不能激已沮之氣。
魯酒薄，不能消未來之憂。（洪亮吉傷知己賦序）

⑫ 三——八
三——八

從其長，則未嘗爭議於當然。
私於朕，則每獨指言其不可。（綦崇禮秦檜罷右相制）

⑬ 四——四
四——四

裁就嫁衣，便成怨蝶。
聘來玉鏡，但照孤鸞。（吳錫麒徵陳母黃太君貞節詩啓）

大地博博，非以載愁。
惟天穹穹，豈云可問。（洪亮吉傷知己賦序）

⑭ 四——五
四——五

亭皋漫漫，與去國之悲。
旗鼓洶洶，助從軍之樂。（張說洛州張司馬集序）

精衞矢誠，終銜乎壽木。
苕華紀美，永勒爲貞珉。（吳錫麒徵陳母黃太君貞節詩啓）

⑮ 四——六
四——六

鄭家淑媛，說詩義於泥中。
王氏名姬，度歌聲於扇底。（陸繁弨小青焚餘序）

披裘散髮，逍遙垂盡之年。
鑿井耕田，歌詠太平之樂。（歐陽修蔡州乞致仕第二表）

⑯ 四——七
四——七

從周定禮，憲章知損益之源。
返魯裁詩，雅頌得絃歌之所。（王勃益州夫子廟碑）

七年遠謫，不知骨肉之存亡。
萬里生還，自笑音容之改易。（蘇軾謝丁連州朝奉啓）

⑰ 四——八
四——八

韜涵雅訓，蓋平生無未見之書。
刊落陳言，有古人所不到之妙。（方岳賀李右史啓）

調絲擫管，餞斜光於碧岫之前。
落絮飄花，選麗質於綺羅之列。（黃之雋香屑集自序）

⑱
四—九
四—九

過情之譽，雖知無其實而愧於中。
起廢之文，猶欲借此言以華其老。（蘇軾謝丁連川朝奉啓）

杜門郤軌，跌宕於婦人愛子之間。
席地幕天，徜徉於麗日和風之候。（陳維崧三芝集序）

⑲
四—十
四—十

人雖草木，必不謝芳華於雨露之秋。
水近樓臺，益當效涓滴於高深之世。（袁枚上尹制府乞病啓）

⑳
五—四
五—四

授稚子之經，畫殘荻草。
具先生之饌，撤盡簪環。
（袁枚上尹制府乞病啓）

立天山雪中，狂歌無偶。
想洛陽城下，僵臥有人。
（袁枚謝慶侍郎贈友鼠裘啓）

㉑
五——五
五——五

蓋四方其訓，以無競維人。
必三后協心，而同底於道。
（王安中除少宰余深制）

如清夜九霄，落魚山之梵。
如深雪萬嶂，品雷威之琴。
（吳錫麒羅兩峯香葉草堂詩序）

㉒
五——六
五——六

畎畝不忘君，每惓惓於報上。
藩牆皆置筆，幾矻矻以窮年。
（真德秀進大學衍義表）

第養之一言，固須臾所難緩。
而終之一字，非人子所忍言。
（袁枚上尹制府乞病啓）

㉓ 五—七 五—七

雖伏櫪之馬，悲鳴難戀於君軒。
而曳尾之龜，涵養未離於靈沼。（歐陽修謝致仕表）

左太沖作賦，筆札堆藩溷之間。
張壯武屬文，史籍載車箱之內。（陳維崧陸懸圃文集序）

㉔ 五—八 五—八

雖飯豆羹藜，不敢望功名於老大。
然書紳銘座，尚思復玷缺之艱難。（陸游謝葛給事啓）

謂淵源遠矣，實東魯教人之微言。
而綱目燦然，迺南面臨民之要道。（真德秀進大學衍義表）

㉕ 六—四 六—四

歸小婦之高堂，調絃錦瑟。
識上頭之夫壻，絡轡青絲。（孔廣森長離閣詩集序）

庾子山之染翰，巧借丹青。（黃之雋香屑集自序）
嵇叔夜之鳴琴，會諧絲竹。

㉖
六——五
六——五

魏文侯之擁篲，道在而兼尊。（王勃益州夫子廟碑）
董相國之垂帷，風行而俗易。

火鼠出於窮郊，非太平不至。（袁枚謝慶侍郎贈灰鼠裘啓）
輕裘共於朋友，惟賢者爲能。

㉗
六——六
六——六

雖莫陪鴛鷺班，肅上賓榮之賀。（方岳賀李右史啓）
儻得與牛馬走，願窺帝典之暉。

藐然姑射之上，未足比其清華。（黃之雋香屑集自序）
降於巫峽之陽，不能寫其形狀。

㉘
六——七
六——七

年五十而知非，況又逾伯玉之歲。
壽萬千而無害，願回頌魯侯之賢。（真德秀謝賀生日啓）

關雎之得淑女，無險詖私謁之心。
雞鳴之思賢妃，有警戒相成之道。（鄧潤甫行責妃制）

㉙ 六──八
六──八

昔者吳陵握手，殊感豫州知我之言。
玆焉燕市郵書，頻叨敬禮定文之託。（陳維崧陸懸圃文集序）

此日得歸膝下，皆仁人之曲體鰥生。
他年重謁軍門，如嬰兒之再投慈母。（袁枚上尹制府乞病啓）

㉚ 六──九
六──九

戴盆而望天表，雖莫窺十日並照之光。
扶杖而聽詔書，猶能效萬歲三呼之祝。（孫覿賀登極表）

倘毫枯而腕劣，則散行徒增闒茸之譏。
苟骨騰而肉飛，則麗體詎乏驚奇之譽。（陳維崧陸懸圃文集序）

㉛

七—四

七—四

子孫慟哭於江邊，已爲死別。
魑魅逢迎於海上，寧許生還。（蘇軾到昌化軍謝表）

求女媧鍊石之方，腸迴好繫。
是海燕歸梁之日，花怯愁當。（黃之雋香屑集自序）

㉜

七—五

七—五

雖秋禮多詩之化，以洽於齊人。
而宣風觀俗之規，實歸於上宰。（王勃益州夫子廟碑）

謂蕩蕩民無能名，佑啟我以正。
故業業日致其孝，繼序思不忘。（晁補之亳州謝到任表）

㉝

七—六

七—六

郭翁伯形容眇小，居然閭里之雄。
嵇叔夜狀貌傀俄，信是仙靈之器。（陳維崧陸懸圃文集序）

託興則春江月夜，巧窮文士之心。
放懷則前代故都，豪有丈夫之氣。（曾燠聽秋軒詩序）

㉞ 七——七
七——七

薛令公朝右文宗，託末契而推一變。
盧照鄰人間才傑，覽淸規而輟九攻。（楊炯王子安集序）
讀文通傷別之賦，對明月而望玉關。
吟子羽赴邊之詞，臥沙場而醉美酒。（張仁青山房尋夢記）

㉟ 七——九
七——九

撫銅渾而觀變化，則萬象之動不足多也。
握瑤鏡而臨事業，則萬機之湊不足大也。（王勃益州夫子廟碑）

㊱ 八——四
八——四

杜門訟六十年之非，久安散地。
起家忝二千石之重，忽奉明恩。（陸游謝葛給事啓）

公求士甚士之求公，既聞命矣。
後視今猶今之視昔，盍往拜之。（李劉上任中書啓）

㊲

八——六
八——六

蓬萊隔弱水三萬里，獲進謁於殊庭。
上古有大椿八千秋，冀默符於睿算。（陸游會慶節賀壽皇表）

在朝廷無枚數百輩，未必遽少人才。
在老母撫枚三十年，原爲承歡今日。（袁枚上尹制府乞病啓）

㊳

八——八
八——八

履至尊而制六合者，必有權輿宇宙之奇。
席鴻寶而撫八方者，必有囊括乾坤之業。（孫覿賀登極表）

㊴

九——四
九——四

授僕以幽憂孤憤之性，不解衾裯。
博我以風賦比興之旨，空持硯席。（黃之雋香屑集自序）

㊵ 十—七
十—七

高祖武皇帝以黃旗問罪，杖金策以勞華夷。
太宗文皇帝以朱翟承天，穆玉衡而正區宇。

（王勃益州夫子廟碑）

㊶ 三—三—四
三—三—四

一龍蛇，一赤子，人謂斯何。
爲保障，爲繭絲，策將安出。

（王子俊知成都謝到任表）

㊷ 三—三—六
三—三—六

防佞幸，杜私門，深絕魚仇之禍。
抑詭怪，暢皇極，潛銷牛李之萌。

（方蒙謝李丞相啓）

㊸ 三—三—七
三—三—七

飄輕裾，翳長袖，拂花蕊之翩翾。
披繡闥，俯雕甍，辭紅樓之婉娩。

（黃之雋香屑集自序）

不泄邇，不忘遠，要皆如出於京畿。
在知人，在安民，是以不輕於牧守。
（王子俊知成都謝到任表）

44

三——四——四
三——四——四

疑者曰，鼓扇輕浮，班揚掃地。
識者曰，模擬竄竊，莊列寓言。
（黃之雋香屑集自序）

45

三——五——七
三——五——七

言締造，則東南置尉，拓疆無劉濞之雄。
嗟淪胥，則五百從亡，歸骨少田橫之島。
（洪亮吉冬青樹樂府序）

46

四——四——四
四——四——四

枯羸之質，匪伊垂之，而帶有餘。
斂退之心，非敢後也，而馬不進。
（蘇軾謝賜對衣金帶馬表）

47

四——四——六
四——四——六

兵於五材，誰能去之，首弛邊疆之禁。（周南仲追貶秦檜制）
臣無二心，天之制也，忍忘君父之仇。

五百里采，五百里衞，外包有截之區。（王安中大燕樂語）
八千歲春，八千歲秋，上祝無疆之壽。

48
四——六——四
四——六——四

劉向沈研，揚雄寂寞之士，於玆翰墨。（楊炯登秘書省閣詩序）
馬融該博，傅毅文章之才，此焉游處。

49
四——七——五
四——七——五

史館馳聲，擢諫垣而賜金紫，泌之名重矣。（黃庭堅謝氏世譜序）
鸞臺著績，登樞府而掌絲綸，濤之譽巍然。

50
五——五——四
五——五——四

南方之強與，北方之強與，風移俗易。（李劉賀丞相明堂慶壽啓）
東夷之人也，西夷之人也，氣奪膽寒。

欲再行迎養，則衰年有恙，難涉關河。
倘遠訊平安，則隅坐無人，誰調湯藥。（袁枚上尹制府乞病啓）

51
六—四—四
六—四—四

刑莫大於成獄，陛下捨之，罪無重輕。
恩莫深於延賞，陛下推之，澤及存沒。（令狐楚為桂州王洪中丞賀赦表）

52
六—四—六
六—四—六

王羲之之蘭亭，三百餘年，直至今人之賞。
石季倫之梓澤，二十四友，始得吾徒之遊。（王勃遊冀州韓家園序）

53
九—五—五
九—五—五

人情於日暮頹唐之際，顧子孫侍側，而能益精神。
儒生於方寸瞀亂之餘，雖星夜辦公，而必多叢脞。（袁枚上尹制府乞病啓）

54
七—六—三—六
七—六—三—六

溫太眞絕裾違母，以奉廣武之檄，心雖忠，而人議其失性。
徐元直指心戀母，以辭豫州之命，情雖窘，而人予其順天。（王爚辭督府辟書）

(55)
六——七——四——六
六——七——四——六

聖人之行法也，如雷霆之震草木，威怒雖盛，而歸於欲其生。
人主之罪人也，如父母之譴子孫，鞭撻雖嚴，而不忍致之死。（蘇軾乞常州居住表）

在此五十五種句型中，六朝人所習用者，僅②③④⑤⑬⑮⑯㉕㉗等九種而已，故文章形式較少變化。而初唐以後駢文家所習用者，則有②③④⑤⑬⑭⑮⑯⑳㉒㉓㉕㉖㉗㉘㉛㉜㉝等十八種四六文標準句法，且能交錯運用，故文章形式極富變化，靈活生動，姿致嫣然，令人喜愛，此蓋文字後出者彌巧之故歟。至其餘三十七種，則多見於宋四六中，以其參入古文筆法，語氣過於和緩，故不爲正宗駢文家所喜，率以別裁、別體目之。

六　駢體文表解五首

玆精選古今駢文名作五篇，悉按著者所首創表示駢文結構之新法排列。並以時代近者列前，駢文體格變遷之軌跡，昭然可尋。爰略加說明如次：

【一】一篇四六文之構成，莫外於用典、對仗、聲律、敷藻、調句五者。初讀四六文者，首須了解其典故之本意，及其所比附之情事。次須注意其字句之相對，亦卽名詞對名詞，動詞對動詞，形容詞對形容詞，副詞對副詞……等，不可錯亂。次須注意其聲調之低昂，亦卽平仄聲之交錯運用。次須修飾詞句，儘量使之華麗，以符合唯美文學之要求。最後須注意其句法之靈動，卽句型之變化。四六文與一般散文之差異，卽在此處判定之。凡具備上述五條件者，卽爲四六文，反之則爲散文。

【二】玆爲便於初學四六文者，特創表示四六文結構之法——以對句比列，以發語詞、轉語詞冒列對句之上，於各句應叶音處注明其平仄聲，而散行文句則予提行排列。俾讀者對四六文能有深刻印象，不致墮入五里霧中。

【三】文中所用以表示平仄之符號，共分三種，『○』表平聲，『•』表仄聲，『△』表拗字。所謂拗字，卽當叶平聲處而用仄聲，或當叶仄聲處而用平聲。按四六文通篇句法，理應平仄相銜，有如馬蹄。（近人所謂『馬蹄韻』者，卽指此而言。）唐以前不盡然者，法未備也，唐以後間有不然者，如近體詩中之拗句也

【四】初唐以來之近體詩，格律限制綦嚴，凡詩句平仄不調者，謂之『失黏』，駢文與詞賦亦復如此。宋陳鵠西塘集耆舊續聞：『四聲分韻，始於沈約。至唐以來，乃以聲律取士，則今之律、賦是也。凡表啓之類，近代聲律尤嚴，或乖平仄，則謂之失黏。』惟是，一首近體詩通篇不過數十字，嚴格限制，宜無間然。而一篇駢儷文，少則數百字，多則數千字，如欲一一遵守，勢將戕害性靈，使人興味全失。故歷代駢文作家皆有兩點共識：

㈠每句末字之平仄，多能遵守規定，至於句中是否平仄相間，則可以視文意之需要而稍作變通，不必拘泥。與對聯之聲律完全相同。

㈡上聯末句之末字與下聯首句之末字，理當平仄相同（術語稱為相黏） 惟在另起一段時，次段首句之末字，可以平起，亦可以仄起，不必與前段末句末字之平仄相同。不寧惟是，即在同一段中，若中間雜入散體文句時，則散句後之起首駢句之末字，平起仄起，悉聽尊便，亦不必與散句前駢句末字之平仄相黏。

凡此皆駢文聲律之不成文法，意在通權達變，以免因限制過嚴而傷文之眞美。

【五】近體詩每句必須平仄相間，尤其『二、四、六』三字必須絕對分明。而駢文則胥視句子之結構而定，其重心多集中在重要動詞或一詞組中之末字，與對聯同。玆舉律詩二聯、駢文四聯爲例說明如次：

①渡頭餘落日。
墟里上孤煙。（王維輞川閒居詩）

②
似此星辰非昨夜。
為誰風露立中宵。（黃景仁綺懷詩）

③
江山半壁。非仙人劫外之棋。
金粉六朝。畫才子傷心之賦。（洪亮吉冬青樹樂府序）

④
挹煙光而欲醉。
祛塵慮以俱空。（成惕軒玄武湖雜詩跋尾）

⑤
張其珊網。為建國期得人。
貢之玉堂。勗乘時以宣力。（成惕軒高閣四十年酬唱集序）

⑥
纖雲乍捲。一點兩點之螢。
清風徐來。千竿萬竿之竹。（成惕軒螢橋納涼記）

右舉①②兩聯五、七言律詩，凡偶數字之平仄須絕對遵守調譜規定，不可移易。而第①聯之第三字，第②聯之第五字，其平仄亦不可移易，以免三平或三仄落底，與調譜不合。此外，第②聯第一句之第一字與第三字至少必須有一字是平聲，音調乃暢。至於第①聯第一句之第一字，與第②聯第二句之一、三兩字，其平仄則可以不拘。

第③④⑤⑥四聯爲駢文，其可得而言者凡九：

㈠每一詞組之末字須講究平仄。如『江山』、『仙人』、『劫外』、『金粉』、『才子』、『傷心』、『煙光』、

『塵慮』、『建國』、『乘時』、『纖雲』、『一點』、『兩點』、『清風』、『千竿』、『萬竿』諸詞均爲詞組，故每組之末字均須注意其平仄，自行調配，但使音調諧美卽可。

㊁每句之末字，無論其是否爲詞組，均須講究平仄，與近體詩同。

㊂重要動詞須講究平仄。如『張』、『貢』二字均屬動詞，而且地位重要，故須重視。至『挹』、『袪』兩字雖屬動詞，但地位並不重要，故平仄可以相同。

㊃『雲』『風』二字同屬平聲，聲律固然犯重，但駢文家多不以爲諱，以其偶一犯重，並無大礙，而且『風』字地位並不重要也。抑有進者，『清風徐來』乃蘇軾赤壁賦中語，援用前人成語，逕予更動，有時並非所宜。

㊄第⑥聯之二、四兩句爲『仄仄平』對『平平仄』，此種對法在駢文與聯語中極爲常見，而近體詩則非所聞矣。

㊅凡在字旁已標明平仄者，爲其重要字眼，須予遵守外，其餘各字均無拘限。

㊆依近體詩調譜，每句不可三平或三仄落底，而駢文則無此限。惟駢文家多兼詩人，凡有害於聲調和諧者，當知自行調整，必使作品略無瑕纇而後已。

㊇三字以上之成語，亦爲詞組，除末字須講究平仄外，其餘各字可視其重心所在而決定之。

㊈③⑤⑥三聯每句末字之平仄均爲『仄平平仄』，是爲『馬蹄韻』。若易爲『平仄仄平』亦然。

【六】爲節省篇幅計，僅第一篇皆列舊式排列法，以供比較，並略作補充說明，其餘四篇當可推而知之。

(一)山房對月記

成惕軒

【一】舊式排列法

綿綿遠道。東西南北之人。黯黯流光。離合悲歡之迹。羨閒鷗物外。直忘黍谷暄寒。問皎兔天邊。幾閱蓬瀛淸淺。試稽弦望。用志滄桑。

粤當弱冠之年。適遘多艱之會。掠郡而角方倡亂。辭家則粲賦從軍。揚彼秋帆。憩於夏口。爾乃馮夷肆虐。黔首罹災。平陸成江。訝老蛟之未死。層樓獨夜。招黃鶴而不來。淫螢與墜露爭飛。澤雁共寒蘆一色。挽瀾無計。橫槊誰歌。極人事之蕭條。嗟江山之搖落。此漢皐之月也。

嗣旅上京。欣瞻弘業。龍蟠虎踞。盛開一代風雲。草長鶯飛。消盡六朝金粉。眷懷名蹟。刻意淸游。嘗坐花以攬澄輝。或瀹茗而消永夕焉。天不祐漢。海忽揚波。見迫強鄰。遂興義戰。時則驚烏繞樹。突騎窺江。傍桃渡以星稀。望蘆溝而雲暗。磨牙鯨鱷。自矜海國之雄。頳尾魴魚。眞痛王城之燬。拜手向紫金陵墓。敢告在天。舉頭指白玉樓臺。誓當還我。相看寥廓。無限低徊。此南都之月也。

樓船西邁。蜀道天高。憑萬夫莫開之關。當牛壁方張之寇。修其器甲。固我山川。雖胡馬之牧臨洮。難踰跬步。而火牛之扞即墨。罔及層空。警訊頻傳。良宵每負。穴中人靜。惟鬥蟻之堪聞。竿上燈青。知毒鳶之已遁。星河依舊。歲籥載更。俄而港陷珍珠。島焚玉石。強弩朝挫。降幡夕張。迴日馭於瀛邊。扶桑半萎。湧冰輪於劍外。爆竹齊喧。戲語素娥。行辭白帝。此巴山之月也。

薊北新收。江南亟返。錦帆去也。三聲啼巫峽之猿。玉宇紛然。萬貫舞揚州之鶴。舊巷偶尋馬糞。文物都非。疏簾重認蛾眉。嬋娟未減。朱紘翠袖。歌垂楊曉岸之詞。綠醑華燈。度玉樹後庭之曲。無何而烽傳青犢。劫墮紅羊。彌天騰鼓角之聲。大地碎山河之影。銅仙淚滴。寶鏡光沉。賸堤柳以棲鴉。淒其隋苑。撫煙蘿而駐馬。別矣吳山。此滬杭之月也。

金甌再缺。鐵幕四垂。轉徙羊城。朅來鯤嶠。故園歸夢。託河葦以徒勞。倦客羈愁。隨階蓂而共長。杜鵑枝外。咽笳吹於三更。銅馬聲中。莽關河其萬里。鄉心五處。思白傅之弟兄。皓魄連宵。憶鄜州之兒女。誰遣晶盤出海。盛淚遙年。但期銀漢分潮。洗兵來日。此蓬壺之月也。

行役四方。閱時卅稔。蟾圓天上。纔得三百六十回。蟲劫人間。何啻百千萬億數。月猶是也。而陵谷推遷。波雲詭譎。覩崇臺之鹿走。聽荒埭之雞鳴。蓋有不勝其駭愕悵惋者焉。所願氛埃掃卻。桂魄增瑩。笑語迎來。柳梢無恙。清樽對飲。長娛伉健之身。虛幌同看。更接光華之旦。

【二】新式排列法

【說　明】左列說明，祇限平仄，凡須相黏之字，平聲字排以正楷字，仄聲字則排以黑體字。

綿綿遠道。東西南北之人。……『道』與『人』『光』相反，與『迹』相同。

黯黯流光。離合悲歡之**迹**。……『迹』與『人』『光』相反，與『道』相同。

羨閒鷗物**外**。直忘黍谷暄寒。……『外』須與『迹』相黏，與『寒』『邊』相反，而與『淺』相同。

問皎兔天邊。幾閱蓬瀛清**淺**。

試稽弦**望**。……『望』須與『淺』相黏，與『桑』相反。

用志滄桑。第一段

粵當弱冠之年。……另起一段時，其首句之末字，平仄不拘，無須與前段末字相黏，此處『年』與『桑』相同，乃是巧合。但『年』與『會』須相反。

適遘多艱之**會**。

掠郡而角方倡**亂**。……『亂』須與『會』相黏，與『軍』相反。

辭家則棨賦從軍。

揚彼秋帆。……『帆』須與『軍』相黏，與『口』相反。
憩於夏口。

爾乃……此為轉語詞，無須調平仄。發語詞亦同。

馮夷肆虐。……『虐』須與『口』相黏，與『災』相反。
黔首罹災。

平陸成江。訝老蛟之未死。……『江』須與『災』相黏，與『死』『夜』相反，而與『來』相同。
層樓獨夜。招黃鶴而不來。

溼螢與墜露爭飛。……『飛』須與『來』相黏，與『色』相反。
澤雁共寒蘆一色。

挽瀾無計。……『計』須與『色』相黏，與『歌』相反。
橫槊誰歌。

亟人事之蕭條。……『條』須與『歌』相黏，與『落』相反。
嗟江山之遙落。

此漢皋之月也。第二段……散句無須調平仄。

嗣旅上京。此乃第三段起句。『京』與前段末字『落』不必相黏，但須
欲瞻弘業。與『業』相反。

龍蟠虎踞。盛開一代風雲。『踞』須與『業』相黏，與『雲』『飛』相反，而與『粉』相同。
草長鶯飛。消盡六朝金粉。

眷懷名蹟。『蹟』須與『粉』相黏，而與『游』相反。
刻意清游。

嘗坐花以攬澄輝。『輝』須與『游』相黏，而與『夕』相反。
或瀹茗而消永夕焉。『焉』為虛字，不必有對。

天不佑漢。『漢』須與『夕』相黏，而與『波』相反。
海忽揚波。

見迫強鄰。『鄰』須與『波』相黏，而與『戰』相反。
遂興義戰。

時則『時則』為承轉詞。

驚烏繞樹。『樹』須與『戰』相黏，而與『江』相反。
突騎窺江。

傍桃渡以星稀。……『稀』須與『江』相黏，而與『暗』相反。
望蘆溝而雲暗。

磨牙鯨鱷。自矜海國之雄。……『鱷』須與『暗』相黏，與『雄』『魚』相反，而與『燬』相同。
赬尾魴魚。眞痛王城之燬。

拜手向紫金陵墓。敢告在天。……『墓』須與『燬』相黏，與『天』『臺』相反，而與『我』相同。
舉頭指白玉樓臺。誓當還我。

相看寥廓。……『廓』須與『我』相黏，而與『徊』相反。
無限低徊。

此南都之月也。第三段……此為散句。

樓船西邁。……此為第四段起句。『邁』與前段末字『徊』不必相黏，但須與『高』相反。
蜀道天高。

憑萬夫莫開之關。……『關』須與『高』相黏，而與『寇』相反。又『開』為拗字，但字義較仄聲『敵』字為優，故作者不願改易。此為遷就內容而犧牲聲調之顯例。
當半壁方張之寇。

修其器甲。……『甲』須與『寇』相黏，而與『川』相反。
固我山川。
雖胡馬之牧臨洮。難踰跬步。……『洮』須與『川』相黏，與『步』『墨』相反，而與『空』相同。
而火牛之扞卽墨。罔及層空。
警訊頻傳。……『傳』須與『空』相黏，而與『負』相反。
良宵每負。
穴中人靜。惟門蟻之堪聞。……『靜』須與『負』相黏，與『聞』『青』相反，而與『遁』相同。
竿上燈青。知毒蔦之已遁。
星河依舊。……『舊』須與『遁』相黏，而與『更』相反。
歲籥載更。
俄而……『俄而』為轉折詞。
港陷珍珠。……『珠』須與『更』相黏，而與『石』相反。
島焚玉石。
強弩朝挫。……『挫』須與『石』相黏，而與『張』相反。
降幡夕張。

迴日馭於瀛邊。扶桑半萎。……『邊』須與『張』相黏，與『萎』『外』相反，而與『喧』相同。
湧冰輪於劍外。爆竹齊喧。

戲語素娥。……『娥』須與『喧』相黏，而與『帝』相反。
行辭白帝。

此巴山之月也。第四段……此為散句。

薊北新收。……此為第五段起句。『收』無須與前段末字『帝』相黏，但須與『返』相反。
江南亟返。

錦帆去也。三聲啼巫峽之猿。……『也』須與『返』相黏，與『猿』『然』相反，而與『鶴』相同。
玉宇紛然。萬貫舞揚州之鶴。

舊巷偶尋馬糞。文物都非。……『糞』須與『鶴』相黏，與『非』『眉』相反，而與『滅』相同。
疏簾重認蛾眉。嬋娟未滅。

朱紘翠袖。歌垂楊曉岸之詞。……『袖』須與『滅』相黏，與『詞』『燈』相反，而與『曲』相同。
綠醑華燈。度玉樹後庭之曲。

無何而……『無何而』為轉折詞。

烽傳青犢。……『犢』須與『曲』相黏，而與『羊』相反。
劫墮紅羊。
彌天騰鼓角之聲。……『聲』須與『羊』相黏，而與『影』相反。
大地碎山河之影。
銅仙淚滴。……『滴』須與『影』相黏，而與『沈』相反。
寶鏡光沈。
隋堤柳以棲鴉。淒其隋苑。……『鴉』須與『沈』相黏，與『苑』『馬』相反，而與『山』相同。
撫煙蘿而駐馬。別矣吳山。
此滬杭之月也。第五段……此為散句。
金甌再缺。……此為第六段起句。『缺』無須與前段末字『山』相黏，但須與『垂』相反。
鐵幕四垂。
轉徙羊城。……『城』須與『垂』相黏，而與『嶠』相反。
竭來鯤嶠。
故園歸夢。託河葦以徒勞。……『夢』須與『嶠』相黏，與『勞』『愁』相反，而與『長』相同。
倦客羈愁。隨階蓂而共長。長讀上聲

杜鵑枝外。咽笳吹於三更。……『外』須與『長』相黏，與『更』『中』相反，而與『里』相同。

銅馬聲中。莽關河其萬里。

鄉心五處。思白傅之弟兄。……『處』須與『里』相黏，與『兄』『宵』相反，而與『女』相同。

皓魄連宵。憶鄜州之兒女。

誰遣晶盤出海。盛淚遙年。……『海』須與『女』相黏，與『年』『潮』相反，而與『日』相同。

但期銀漢分潮。洗兵來日。

此蓬壺之月也。第六段……此為散句。

行役四方。……此為第七段起句。『方』無須與前段末字『日』相黏，但須與『稔』相反。

閱時卅稔。

蟾圓天上。纔得三百六十回。……『上』須與『稔』相黏，與『回』『間』相反，而與『數』相同。

蟲劫人間。何啻百千萬億數。

月猶是也。而……『月猶是也』為散句。『而』為轉折詞。

陵谷推遷。……『遷』係散句後駢語之末字，無須與散句前駢語末字之『數』相黏，但須與『譎』相反。

波雲詭譎。

覯崇臺之鹿走。……『走』須與『譎』相黏，而與『鳴』相反。
聽荒埭之雞鳴。

蓋有不勝其駭愕悵惋者焉。所願……上句為散句。下句為補足用之虛詞。

氛埃掃卻。桂魄增瑩。……『卻』係散句後駢句之末字，無須與散句前之『鳴』相黏，但須與『瑩』『來』相反，與『恙』相同。
笑語迎來。柳梢無恙。

清樽對飲。長娛伉健之身。……『飲』須與『恙』相黏，與『身』『看』讀平聲相反，而與『旦』相同。
虛幌同看。更接光華之旦。第七段

（二）重修朝雲墓碑

樂鈞

紫蘭香徑。佳人葬骨之鄉。
青草平原。詞客招魂之地。
是以
太原博士。製西子之挽歌。
同州使君。補清娛之墓誌。
況復
解禪天女。曾侍維摩。
投遠孤臣。獨攜通德。
釵分颶海。
粉墮蠻煙。
如東坡先生侍妾朝雲者乎。第一段

爾乃
明妃族姓。命薄桃花。
蘇小鄉親。家藏柳色。
青蓮胎性。不爲行雨之仙。
白玉鐫名。偶共吹箎之婢。
惟先生
通犀自病。
磨蝎爲仇。
旣忤鈞衡。
爰乞符竹。
看花吉祥之寺。
棹舟明聖之湖。
姬
以待闕之鴛鴦。
爲脫籠之鸚鵡。
喬家碧玉。歌舞曾嫻。
薛氏青衣。圖書特掌。

小星一點。獲近文昌。
片石三生。長依玉局。
比之
春娘換馬。
溫女埋沙。
斯獨幸矣。第二段
已而
衆煦漂山。
二毛度嶺。
謝公哀樂。已過中年。
白傅謫遷。殊非樂土。
雲房寄宿。況味則全似山僧。
鶴觀移居。形容則方成病叟。
於時
楊花亂落。
燕子爭飛。
怨開閣之何遲。
歎辭樓之不早。
姬乃
芳英戀樹。
嬌鳥隨巢。
井中之水無波。
雪後之松益翠。
嗟乎。
昌黎北使。侍女潛逃。
枚叔東歸。小妻不往。
彼何人哉。豈不以
義非匹敵。
身可去留。
遂乃
忍負前盟。
甘爲怨耦。

若姬之貞情獨摯。禪味同耽。伊可尚也。第三段

然而瘴霧侵蒸。玉肌易瘦。炎雲鬱爍。冰胸詎耐。轉喉落淚。怕歌芳草之詞。卻粉洗妝。懶作梨雲之夢。金剛忽誦。歸臥竹根。瓊島孤行。難迎桃葉。良足悲已。先生託詞幺鳳。比曲哀蟬。雖復心傷響板。淚零車鐸。悽感之懷。曷以喻之。嗚乎。生無金屋之藏。沒鮮玉魚之斂。塔仙空禮。山鬼爲鄰。憶母則錢塘潮高。望夫則釣臺鄉遠。荒亭落月。舊碣沈煙。靈蛻雖存。芳蹤漸沒矣。第四段

夫其人稱仙妾。墓號賢姬。

允宜
推愛屋烏。觸悲墳燕。
重鑴山骨。式薦溪毛。
豈有
樹不或圍。花無含蕚。
而聽
樵蘇踐蘢。牧豎侵塋。
如廢壘者焉。
明湖十里。春水猶香。
小山四圍。晚霞如繡。
立石奠埋香之宅。汀水伊侯。
濡毫灑墮淚之碑。臨川樂子。第五段

（三）上尹制府乞病啓

袁枚

枚
歷官有年。奉職無狀。
蒙明公
恩勤並至。薦擢交加。
雖停年之資格難回。而知己之深恩未報。

人雖草木。必不謝芳華於雨露之秋。
水近樓臺。益當效涓滴於高深之世。

不意本月三日。故里書來。慈親臥病。枚
違養之餘。已深踧踖。
得信之後。愈覺驚疑。（第一段）

伏念枚東浙之鄙人也。
世守一經。
家徒四壁。
對此日琴堂之官燭。
憶當年丙舍之書燈。
授稚子之經。畫殘荻草。
具先生之饌。撤盡簪環。
餘膽罷含。
斷機尚在。
未嘗不
指隨心痛。
目與雲飛。（第二段）

自蒙丹陛之恩。
得奉板輿之樂。
春暉寸草。
養志八年。

然而
萱愛家鄉。種河陽而不茂。
筍生多日。覺梓里之尤甘。
客秋之蓴菜香時。
堂上之魚鮮返矣。

枚
欲再行迎養。則衰年有恙。難涉關河。
倘遠訊平安。則隅坐無人。誰調湯藥。
在親闈喜少懼多之日。
實人子難進易退之時。

瞻望鄉關。
何心簪笏。（第三段）

夫
人情於日暮頹唐之際。願子孫侍側。而能益精神。
儒生於方寸瞀亂之餘。雖星夜辦公。而必多叢脞。
在朝廷無枚數百輩。未必遽少人才。
在老母撫枚三十年。原爲承歡今日。
情雖殷於報國。
志已決於辭官。（第四段）
第養之一言。固須臾所難緩。
而終之一字。非人子所忍言。

且
高堂之年齒未符。或恐事違成例。
大府之遭逢難遇。未免官愛江南。
玆當五內焚如。
忽而三秋痁作。
思歸無路。
得疾爲名。（第五段）

伏願明公
念枚烏鳥情深。允其養親之素志。
憐枚犬馬力薄。准以乞病之文書。
實緣依戀晨昏。退而求息。
非敢膏肓泉石。借此鳴高。
得蒙纂攝有人。
當即星馳就道。
或老人見子。頓減沈疴。
則故吏懷恩。還思努力。
此日得歸膝下。皆仁人之曲體餘生。
他年重謁軍門。如嬰兒之再投慈母。（第六段）

（四）花間集序

歐陽炯

鏤玉雕瓊。擬化工而迥巧。
裁花剪葉。奪春艷以爭鮮。
是以
唱雲謠則金母詞清。
挹霞醴則穆王心醉。
名高白雪。聲聲而自合鸞歌。
響遏行雲。字字而偏諧鳳律。
楊柳大堤之句。樂府相傳。
芙蓉曲渚之篇。豪家自製。
莫不
爭高門下。三千玳瑁之簪。
競富樽前。數十珊瑚之樹。
則有
綺筵公子。
繡幌佳人。
遞葉葉之花牋。文抽麗錦。
舉纖纖之玉手。拍按香檀。
不無清絕之辭。
用助嬌嬈之態。
自南朝之宮體。
扇北里之倡風。
何止言之不文。
所謂秀而不實。（第一段）
有唐以降。
率土之濱。

家家之香徑春風。寧尋越艷。
處處之紅樓夜月。自鎖嫦娥。
在明皇時。則有李太白應制清平樂調四道。近代溫飛卿復有金荃集。邇來作者。無愧前人。（第二段）
今衛尉少卿字弘基。以
拾翠洲邊。自得羽毛之異。
織綃泉底。獨殊機杼之功。
廣會衆賓。
時延佳論。
因集近來詩客曲子詞五百首，分爲十卷。以烱粗預知音。辱請命題。仍爲敍引。昔郢人有歌陽春者。號爲絕唱。乃命之爲花間集。庶使
西園英哲。用資羽蓋之歡。
南國嬋娟。休唱蓮舟之引。（第三段）

（五）為徐敬業以武后臨朝移諸郡縣檄

駱賓王

僞臨朝武氏者。
性非和順。
地實寒微。
昔充太宗下陳。
曾以更衣入侍。
洎乎晚節。
穢亂春宮。（按以上兩聯對仗不工，可當散句看。）
潛隱先帝之私。
陰圖後房之嬖。
入門見嫉。蛾眉不肯讓人。
掩袖工讒。狐媚偏能惑主。

踐元后於翬翟。
陷吾君於聚麀。

加以

虺蜴爲心。
豺狼成性。

近狎邪僻。
殘害忠良。

殺姊屠兄。
弒君鴆母。

人神之所同嫉。
天地之所不容。

猶復

包藏禍心。
窺竊神器。

君之愛子。幽之於別宮。
賊之宗盟。委之以重任。

嗚乎。

霍子孟之不作。
朱虛侯之已亡。

燕啄皇孫。知漢祚之將盡。
龍漦帝后。識夏庭之遽衰。

第一段

敬業

皇唐舊臣。
公侯冢子。

奉先君之成業。
荷本朝之厚恩。

宋微子之興悲。良有以也。
袁君山之流涕。豈徒然哉。

是用

氣憤風雲。
志安社稷。

因天下之失望。
順宇內之推心。
爰舉義旗。
以淸妖孽。
南連百越。
北盡三河。
鐵騎成羣。
玉軸相接。
海陵紅粟。倉儲之積靡窮。
江浦黃旗。匡復之功何遠。
班聲動而北風起。
劍氣沖而南斗平。
喑嗚則山岳崩頹。
叱咤則風雲變色。
以此制敵。何敵不摧。
以此圖功。何功不克。第二段

公等
或居漢地。
或叶周親。
或膺重寄於話言。
或受顧命於宣室。
言猶在耳。
忠豈忘心。
一抔之土未乾。
六尺之孤何託。
儻能
轉禍爲福。
送往事居。
共立勤王之勳。
無廢大君之命。
凡諸爵賞。
同指山河。

若其
眷戀窮城。
徘徊歧路。

坐昧先幾之兆。
必貽後至之誅。
請看今日之域中。
竟是誰家之天下。第三段

第五章　麗辭瓌寶——文心雕龍

自漢武帝採董仲舒之議，罷黜百家，獨尊儒術以後，詩書五經遂如日月經天，江河行地，無所容其疵議，天下學士，靡然景從，中經元成以迄明章之世，經師雲興，宏儒輩出。流風所扇，則無論政治、社會、學術、文藝各方面，儒家思想均居於唯我獨尊之領導地位，歷時達三百年之久，史家稱爲經學時代。

當此崇儒解經風氣瀰漫天下之日，受其影響最深且鉅者，厥爲文學。蓋兩漢碩儒每以功利或教化之眼光觀察一切文學作品，如詩經與楚辭，乃先秦南北文學之名著，而衞宏則謂：『關雎，后妃之德也，風之始也，所以風天下而正夫婦也。』毛詩關雎序　王逸亦稱：『離騷之文，依詩取興，引類譬諭。故善鳥香草，以配忠貞，惡禽臭物，以比讒佞，靈修美人，以媲於君，宓妃佚女，以譬賢臣。』凡不合於『文以載道』之旨者，非遭曲解，即遭擯棄，其阻礙純文學之發展，何可勝言。近人常謂兩漢無文學，絕非過甚其詞。

惟自漢末干戈雲擾，下迄晉室傾覆，其間二百餘年，乃吾國政治最紊亂，而思想又最自由之時代，篡奪相繼，夷狄交侵，民生窮困，社會不安。加以儒家學術衰落，佛道思想興起，於是人皆厭世，逸樂苟生，俗尚清談，玄虛放誕，個人主義之浪漫思潮，遂氾濫於天下，伊古以來，得未曾有。文學爲時代之反映，自必亦擺脫往昔傳統觀念之束縛，獲得獨立發展之機會。蓋在兩漢之世，文學依附學術，爲扶翼道德、維繫彝倫之工具，固無獨立生命可言。洎至建安，時移世異，文運大昌，在自由空氣之籠罩下，文士乃驟然覺醒，以爲文學自有其崇高的價値與無窮的生命，亟宜革除儒家實用之觀念，突破倫理道德之藩籬，而勇向藝術至上的唯美主義之路邁進。曾不旋踵，而風華絕代，儀態萬千之作品遂應運而生矣。此種神祕玄虛之浪漫文學緜延至於南北朝，不僅未曾遭遇發展上之任何阻礙，且在此一百餘年間，無論政治環境，學術思想，以及外來因素，皆以直接或間接的影響，使其在內容上推陳出新，千變萬化，外形上更是纂組輝華，宮商協暢，因而激起唯美主義之高潮，造成獨立自覺的純文學之黃金時代。

夫天下之事，利之所在，弊亦隨之，雕篆之藝既盛，時日積久，自不免朱紫相奪，雅鄭莫別，衡鑑之風遂乘時而興起。魏晉論文之作，自曹丕典論論文、陸機文賦以下，或臧否當時之才，或銓品前脩之作，或泛舉雅俗之旨，或撮提篇章之意，鴻文鉅製，相踵間出，率能別具隻眼，獨標眞諦。惟多單篇零簡之作，鮮有鉤勒成書者，其以專書辨章文體，評衡才士，條理密察，卓然名家者，則自劉勰鍾嶸始，實我國文學批評之雙璧也。四庫提要集部詩文評類序云：

文章莫盛於兩漢，渾渾灝灝，文成法立，無格律之可拘。建安黃初，體裁漸備，故論文之說出焉，典論其首也。其勒爲一書傳於今者，則斷自劉勰鍾嶸。勰究文體之源流而評其工拙，嶸第作者之甲乙而溯厥師承，爲例各殊。至皎然詩式，備陳法律，孟棨本事詩，旁採故實，劉攽中山詩話，歐陽修六一詩話，又體兼說部。後所論者，不出此五例中矣。

論文之著雖別爲五類，然皎然以次各書，或論述簡略，或體例駁雜，衡以時代眼光，要難追劉鍾之逸步也。

劉勰生于南朝干戈擾攘之世，又以本身乃沒落貴胄之後，其所受於時代與環境之影響，不外傳統的保守與積極的進取。在傳統的保守上，因劉氏祖籍山東，誼屬聖人之鄉，長於江南之地，山川鍾秀，地靈人傑，加以奕葉書香，風流未沫，故其父雖早逝，而『篤志好學』，『夢執丹漆之禮器，隨仲尼而南行』。自幼即胸懷大志，以爲人生於世，『摛文必在緯軍國，負重必在任棟梁，窮則獨善以垂文，達則奉時以騁績』。卓犖不凡，即此可見。南朝之文壇鉅子，早期有永嘉三家謝靈運、鮑照、顏延之，均卒於劉氏出生前幾年。同時代者有蕭統、鍾嶸、沈約，故劉氏幼承家學，長受朋儕薰染，遂倚洙泗以自重，勇揭徵聖、宗經之大纛，向當世文壇挑戰，而完成不朽之盛業。又出身於沒落世家，人世之榮華富貴，頃刻間化爲烏有，其內心所受之刺激雖深，猶有『君子藏器，待時而動』，『蓄素以弸中，散采以彪外』之偉抱。並手著文心雕龍，作爲干祿之憑藉，期能光宗耀祖，恢復京口劉氏之舊觀。既又感於『歲月飄忽，性靈不居』，『形甚草木之脆，名踰金石之堅』，於是毅然自我解脫，啓請出家。於浮沈之宦海，獨能不顧一切，跳出三界，尋回自我，此乃劉氏積極進取之另一種方式，亦爲學術與信仰綜合之表現。

劉氏自稱其文心雕龍彌綸羣言，自其內容觀之，確係總括歷代各家之論見於一書，依循文學之史實，溝通古今之理論，以精密之方法，成一家之著述，可謂集六朝文論之大成。玆將劉氏之文學思想體系及文心之重要文學理論，作綜合而深入之探討，雖冥心獨運，難免失之主觀，而綿歷歲月，或不無千慮之一得焉。

一　劉勰之著作旨趣

大凡古人著作文章，皆有其旨趣，劉氏撰文心雕龍亦莫能外是，其旨趣具見於原書序志篇中，綜其大要，約有數端：

【一】愛美心理之驅使　愛美之心，人皆有之，劉氏自不能獨外，故其述此書命名之緣起云：

夫文心者，言爲文之用心也，昔涓子琴心，王孫巧心，心哉美矣夫，故用之焉。古來文章，以雕縟成體，豈取騶奭羣言雕龍也。

言己上法涓子王孫之用心，以雕縟文采，自成一體，非騶奭之抵掌搖脣，徒騁巧說者比也。今人施友忠氏英譯文心雕龍作『The Literary Mind and the Carving of Dragons』，義卽本此。

【二】思立言之傳世　昔穆叔立三不朽之訓，曹丕亦倡文章乃經國大業之說，劉氏中心慕之，乃有立言垂後之意。

夫宇宙緜邈，黎獻紛雜，拔萃出類，智術而已。歲月飄忽，性靈不居，騰聲飛實，制作而已。夫肖貌天地，稟性五才，擬耳目於日月，方聲氣乎風雷，其超出萬物，亦已靈矣。形甚草木之脆，名踰金石之堅，是以君子處世，樹德建言，豈好辯哉，不得已也。

夫生命無常，俄焉幻化，欲求不朽，舍潛心著述外，更無他道。諸子篇云：『身與時舛，志共道申，標心於萬古之上，而送懷於千載之下，金石靡矣，聲其銷乎。』又贊云：『大夫處事，懷寶挺秀，辨雕萬物，智周宇宙，立德何隱，含道必授。』蓋又隱然有守先待後、繼往開來之豪情，不甘以詞人終老矣。

【三】針文苑之缺失　元嘉以降，文場變體，爭構纖微，競爲雕刻，風氣訛濫，去聖寖遠。劉氏惄焉以憂，亟思有以補偏救弊，使文學創作復歸於正。故云：

敷讚聖旨，莫若注經，而馬鄭諸儒，弘之已精，就有深解，未足立家。唯文章之用，實經典枝條，五禮資之以成，六典因之致用，君臣所以炳煥，軍國所以昭明，詳其本源，莫非經典。而去聖久遠，文體解散，辭人愛奇，言貴浮詭，飾羽尚畫，文繡鞶帨，離本彌甚，將遂訛濫。蓋周書論辭，貴乎體要，尼父陳訓，惡乎異端。辭訓之異，宜體於要。於是搦筆和墨，乃始論文。

又通變篇云：

推而論之，則黃唐淳而質，虞夏質而辨，商周麗而雅，楚漢侈而艷，魏晉淺而綺，宋初訛而新。從質及訛，彌近彌澹，何則，競今疏古，風味氣衰也。今才穎之士，刻意學文，多略漢篇，師範宋集，雖古今備閱，然近附而遠疏矣。

定勢篇亦云：

自近代辭人，率好詭巧，原其爲體，訛勢所變，厭黷舊式，故穿鑿取新，察其訛意，似難而實無他術也，反正而已。故文反正爲乏，辭反正爲奇。效奇之法，必顛倒文句，上字而抑下，中辭而出外，回互不常，則新色耳。夫通衢夷坦，而多行捷徑者，趨近故也。正文明白，而常務反言者，適俗故也。

然密會者以意新得巧，苟異者以失體成怪。舊練之才，則執正以馭奇，新學之銳，則逐奇而失正，勢流不反，則文體遂弊。秉茲情術，可無思耶。

於當時文壇弊病，專鶩形式，輕忽內容，已失文章之用，深致不滿，而感覺有逆襲狂瀾之必要。

【四】慨前修論文之零亂無統　自古論文者尚矣，建安而後，代不乏人，然或斷簡零縑，罕見全璧，或略彼詳此，莫觀會通，劉氏有鑒於此，於是而有彌綸羣言，脈絡一貫之作。

詳觀近代之論文者多矣。至如魏文述典，陳思序書，應瑒文論，陸機文賦，仲治流別，弘範翰林，各照隅隙，鮮觀衢路。或臧否當時之才，或銓品前修之文，或汎舉雅俗之旨，或撮題篇章之意。魏典密而不周，陳書辯而無當，應論華而疏略，陸賦巧而碎亂，流別精而少功，翰林淺而寡要。又君山公幹之徒，吉甫士龍之輩，汎議文意，往往間出。並未能振葉以尋根，觀瀾而索源。不述先哲之誥，無益後生之慮。

謂前英論文『各照隅隙，鮮觀衢路』，『並未能振葉以尋根，觀瀾而索源』，如此而欲裨益後生，誠有憂憂其難之歎。劉知幾史通自序云：『詞人屬文，其體非一，譬甘辛殊味，丹素異彩，後來祖述，識昧圓通，家有詆訶，人相倚摭，故劉勰文心生焉。』蓋篤論已。

二　劉勰之文學思想體系

動機既明，乃可進論全書之體系。劉氏文學思想體系，亦略見於序志篇中。

蓋文心之作也，本乎道，師乎聖，體乎經，酌乎緯，變乎騷，文之樞紐，亦云極矣。若乃論文敍筆，則囿別區分，原始以表末，釋名以章義，選文以定篇，敷理以擧統。上篇以上，綱領明矣。至於剖情析表，籠圈條貫，摛神性，圖風勢，苞會通，閱聲字，崇替於時序，褒貶於才略，怊悵於知音，耿介於程器，長懷序志，以馭羣篇。下篇以下，毛目顯矣。位理定名，彰乎大易之數，其爲文用，四十九篇而已。

據此則全書五十篇約可析爲五大類：

一　第五十篇序志乃全書之總序。

二　第一篇原道至第五篇辨騷，凡五篇，乃文學之本原論。（即文學起源論）

三　第六篇明詩至第二十五篇書記，凡二十篇，乃文學之體裁論。（即文體論）

四　第二十六篇神思至第四十四篇總術，凡十九篇，乃文學之創作論。（即文術論）

五　第四十五篇時序至第四十九篇程器，凡五篇，乃文學之批評論。（含鑑賞論）

玆爲清晰計，再製表以明之。

㈥劉勰文學思想體系表

文心雕龍

- (一)全書總序……序志……著述旨趣
- (二)文學本原論……原道．徵聖．宗經．正緯．辨騷……文之樞紐
- (三)文學體裁論……
  - 明詩．樂府．詮賦．頌讚．祝盟
  - 銘箴．誄碑．哀弔．雜文．諧隱……文
  - 史傳．諸子．論說．詔策．檄移
  - 封禪．章表．奏啓．議對．書記……筆
  - ……原始以表末　釋名以章義
  - 選文以定篇　敷理以舉統
- (四)文學創作論……
  - 神思．體性．風骨．通變．定勢
  - 情采．鎔裁．聲律．章句．麗辭
  - 比興．夸飾．事類．鍊字．隱秀
  - 指瑕．養氣．附會．總術
  - ……割情析采　籠圈條貫
- (五)文學批評論……
  - 時序……論文學與時代潮流之關係
  - 物色……論文學與自然景物之關係
  - 才略……論文學與作家才情之關係
  - 知音……論文學與讀者鑑賞之關係
  - 程器……論文學與作家品行之關係

如此分類，或有乖於作者之本意，未必一一愜當，然較原書醒目，則敢於自信者也。良以劉氏撰此書時，對於文學創作與文學批評之界限，未作嚴密之畫分，故各篇雙關互顧之處，時時而間出。雖然，在一千五百年前有此傑構，觥觥六合，自足題名，又豈止藝苑之鴻寶，鄧林之瓊枝已耶。

三　文心雕龍文學理論探賾

(一)文學本原論

文學之興起，蓋發於自然之天籟，小鳥鳴春，昆蟲啁秋，以至漁夫唱和，村姑行吟，無一而非文章之節奏，亦卽無一而非天然之韻律。雖然，彼固不知所謂文章，更不知所謂四聲，而其無心之宣洩，乃自然而然合於諸聲之義。是以盈天地間，蓋無往而非文章，惟須載筆之倫，綴以成篇，始稱佳構，陸游所謂『文章本天成，妙手偶得之』，卽此意也。劉氏之文學本原論，殆卽緣是而發，其原道篇云：

文之爲德也大矣，與天地並生者何哉。夫玄黃色雜，方圓體分，日月疊璧，以垂麗天之象，山川煥綺，以鋪理地之形，此蓋道之文也。仰觀吐曜，俯察含章，高卑定位，故兩儀旣生矣，惟人參之。性靈所鍾，是謂三才，爲五行之秀，實天地之心。心生而言立，言立而文明，自然之道也。傍及萬品，動植皆文，龍鳳以藻繪呈瑞，虎豹以炳蔚凝姿，雲霞雕色，有踰畫工之妙，草木賁華，無待錦匠之奇，夫豈外飾，蓋自然耳。至於林籟結響，調如竽瑟，泉石激韻，和若球鍠，故形立則章成矣，聲發則文生矣。夫以無識之物，鬱然有彩，有心之器，其無文歟。

又明詩篇云：

人稟七情，應物斯感，感物吟志，莫非自然。

是知劉氏確認兩間有自然之文，擧凡山川草木，鳥獸蟲魚，以至四時之遞更，陰陽之變幻，無一不涵蓋之。文學家眼光最利，觸覺最靈，感之於中，輒發之於外，千萬文章，遂從是而出。然則文之本原，實先於人矣。近儒黃季剛先生推闡其說云：

彥和之意，以爲文章本由自然生，故篇中數言自然。尋繹其旨，甚爲平易。蓋人有思心，卽有言語，旣有言語，卽有文章。言語以表思心，文章以代言語。惟聖人爲能盡文之妙，所謂道者，如此而已。此與後世言文以載道者，截然不同。

詳淮南王書有原道篇。高誘注曰：『原，本也。本道根眞，包裹天地，以歷萬物，故曰原道。用以題篇。』此則道者，猶佛說之『如』。其運無乎不在。萬物之情，人倫之傳，孰非道之所寄乎。韓非子解老篇曰：『道者，萬物之所然也，萬理之所稽也。理者，成物之文也。道者，萬物之所以成也。（道，公相。理，私相。）故曰，道，理之者也。物有理，不可以相薄。物有理不可以相薄，故理之爲物之制。萬物各異理，萬物各異理而道盡。稽萬物之理，故不得不化。不得不化，故無常操，無常操，是以死生氣稟焉，萬智斟酌焉，萬事廢興焉。』莊子天下篇曰：『古之所謂道術者，果惡乎在，曰，無乎不在。』按莊韓之言道，猶言萬物之所由然。文章之成，亦由自然，故韓子又言聖人得之以成文章。韓子之言，正彥和所祖也。（文心雕龍札記原道篇）

黃君以爲道家（按韓非之學源出道家故史記以老莊申韓同傳）提倡自然，遂謂劉氏所謂道，乃道家之道，而非儒家之道。此論甚卓，世多從之。劉永濟氏復申之曰：

> 舍人論文，首重自然。二字含義，貴能剖析，與近人所謂『自然主義』，未可混同。此所謂自然者，卽道之異名。道無不被，大而天地山川，小而禽魚草木，精而人紀物序，粗而花落鳥啼，各有節文，不相凌雜，皆自然之文也。文家或寫人情，或模物態，或析義理，或記古今，凡具倫次，或加藻飾，閱之動情，誦之益智，亦皆自然之文也，文學封域，此爲最大。故舍人上篇擧一切文體而並論之。此亦其識度通圓，無畸輕畸重之失，與後世駢文家輕古文、散文家詆駢體者異矣。（文心雕龍校釋原道篇）

言劉氏論文，首崇自然，自然者，卽道之異名，道無不被，而道之所被，卽皆自然之文。似較黃君又進一步。準此而論，則盈天地間，莫非文學，李白所云『大塊假我以文章』者，正謂此也。易言之，自然之文本在天壤，人人皆可得而採擷之，故劉勰之所謂道，似非道家之道，亦非佛家之道，更非儒家之道，尤非西哲左拉(Zola)福羅貝爾(Flaubert)莫伯桑(Guy be Maupassant)龔枯爾(Goncourt)諸子所主張之自然主義(Naturalism)，而是自己所首創之文章之道，亦卽語言學之原理。蓋人類必先有語言，而後有文字，有文字而後有文章，此文明進化之公式，人盡知之。凡人心有所感，必以語言表達之，語言表達之不足，則以文章表達之。自心動以至文成，冥冥中隱然有一貫串其間之道理在，此一道理卽來自然。劉氏之文學本原理論，其精義胥具於此。（參今人王夢鷗氏之說）

古代聖王典章制度，多載諸文籍，粲然明備，惟歷時久遠，意旨或有隱晦不明之處，經孔子之刪述整理，古聖大道乃能照耀千秋。徵周孔，所以立言，宗六經，所以修辭也。後代文人敷章設敎，無不以徵聖、宗經爲兢兢。黃季剛先生在文心雕龍札記中舉出文宜宗經之理有四：

(一)六藝所載，政教學藝耳。文章之用，隆之至於能載政教學藝而止。挹其流者必探其原，攬其末者必循其柢。

(二)經體廣大，無所不包，其論政治典章，則後世史籍之所從出也。其論學術名理，則後世九流之所從出也。其言技藝度數，則後世術數方技之所從出也。不睹六藝，則無以見古人之全。

(三)雜文之類，名稱繁穰，循名責實，則皆可得之於古。彥和此篇所列，無過舉其大端。若夫九能之見於毛詩，六辭之見於周禮，尤其淵源明白者也。

(四)文以字成，則訓故爲要，文以義立，則體例居先。此二者又莫備於經，莫精於經，欲得師資，舍此何適。

黃氏推劉勰之旨，得此四端，亦可見經書之價值。

吾國文學以詩歌散文爲主，其中以詩常被用爲表情達意之工具。毛詩關雎序云：『詩者，志之所之也，在心爲志，發言爲詩。』人類所以爲萬物之靈者，以其有七情也。有情而後有感，有感而後有聲，有聲而後有詩。是詩之起，乃緣於人類情感之衝動，又緣於外物之刺激。

中外文學家論詩歌之起源者多矣，言人人殊，迄無定論。六朝人論詩歌起源者亦多，要而歸之，不外左列三說：

【一】唯心說　持此說者以沈約爲代表，言詩歌起源乃緣於人類情感之勃發。其宋書謝靈運傳論云：

民稟天地之靈，含五常之德，剛柔迭用，喜慍分情。夫志動於中，則歌詠外發。六義所因，四始攸繫，升降謳謠，紛披風什。雖虞夏以前，遺文不覩，稟氣懷靈，理無或異。然則歌詠所興，宜自生民始也。

沈氏斷定『歌詠所興，宜自生民始』，甚有見地，不僅詩歌如此，一切文學亦是如此，甚至其他各國文學亦莫不如此。沈氏之論，義本衞序，惟擿辭略異耳。

詩者，志之所之也，在心爲志，發言爲詩。情動於中而形於言，言之不足，故嗟歎之，嗟歎之不足，故永歌之，永歌之不足，不知手之舞之，足之蹈之也。（衞宏詩經關雎序）

此言詩歌出於情志，內心有勃勃欲發之情志，便不期然表現爲詩歌舞蹈，詩歌之聲調爲音樂，詩歌之詞句則爲文學。由此可證上古時代詩歌、音樂、舞蹈三者分流而同源，異轍而同歸。

【二】唯物說　持此說者以鍾嶸爲代表，言詩歌起源乃緣於事物之感召。其詩品序云：

氣之動物，物之感人，故搖蕩性情，形諸舞詠。照燭三才，煇麗萬有，靈祇待之以致饗，幽微藉之以昭告。動天地，感鬼神，莫近于詩。

言『搖蕩性情，形諸舞詠』須要等待『氣之動物，物之感人』。可見感人之氣物乃舞詠之原動力。故又云：

若乃春風春鳥，秋月秋蟬，夏雲暑雨，冬月祁寒，斯四候之感諸詩者也。嘉會寄詩以親，離羣託詩以怨。至于楚臣去境，漢妾辭宮，或骨橫朔野，或魂逐飛蓬。或負戈外戍，殺氣雄邊，塞客衣單，孀閨淚盡。或士有解佩出朝，一去忘返，女有揚蛾入寵，再盼傾國。凡斯種種，感蕩心靈，非陳詩何以展其義，非長歌何以騁其情。

摹景之詩歌隨四序變遷而不同，言情之詩歌隨心靈感蕩而殊致。無論其爲摹景言情，殆均深受外在事物之激刺。

【三】心物二元說　持此說者以劉勰爲代表，言詩歌起源乃緣於內心之感發與外物之激蕩。其文心雕龍神思篇云：

陶鈞文思，貴在虛靜，疏瀹五藏，澡雪精神。積學以儲寶，酌理以富才，研閱以窮照，馴致以繹辭。

文思之陶鑄在於『疏瀹五藏，澡雪精神』，五藏精神皆可歸於主觀之心，故劉氏之意似謂詩歌產生於內心之感發。惟神思篇又云：

夫神思方運，萬塗競明，規矩虛位，刻鏤無形。登山則情滿於山，觀海則意溢於海，我才之多少，將與風雲而並驅矣。

物色篇亦云：

春秋代序，陰陽慘舒，物色之動，心亦搖焉。蓋陽氣萌而元駒步，陰律凝而丹鳥羞，微蟲猶或入感，四時之動物深矣。若夫珪璋挺其惠心，英華秀其清氣，物色相召，人誰獲安。是以獻歲發春，悅豫之情暢，滔滔孟夏，鬱陶之心凝。天高氣淸，陰沈之志遠，霰雪無垠，矜肅之慮深。歲有其物，物有其容，情以物遷，辭以情發。一葉且或迎意，蟲聲有足引心，況淸風與明月同夜，白日與春林共朝哉。

似又謂詩歌產生於外物之激蕩。合而觀之，知劉氏乃主張心物二元說者。據近人羅根澤氏之說○見眞理雜誌一卷二期中國文學起源的新探索

以上三說，均能持之有故，言之成理。西哲言詩歌起源者，亦不能自外於此。然後世同意於劉氏二元說者較多，尤其在唯美文學高唱入雲之梁陳二代。如蕭子顯所論，無異爲之推波揚瀾，其南齊書文學傳論云：

文章者，蓋情性之風標，神明之律呂也。蘊思含毫，遊心內運，放言落紙，氣韻天成，莫不稟以生靈，遷乎愛嗜，機見殊門，賞悟紛雜。

謂文學之興起，完全在表現性情，與沈約之說相符。惟蕭氏特別強調個人，不含任何美刺功能，亦不帶任何政治色彩，則似與西方浪漫思想相通。自序云：

若乃登高目極，臨水送歸，風動春朝，月明秋夜，早雁初鶯，開花落葉，有來斯應，每不能已也。

謂文辭之產生，恆受四時景物之激刺，復與鍾嶸之說相符。知蕭氏乃主張心物二元說者。梁簡文帝與陳後主並受其影響，亦暢談感物與緣情之密不可分。簡文答張纘謝示集書：

至如春庭落景，轉蕙承風，秋雨且晴，檐梧初下，浮雲生野，明月入樓。時命親賓，乍動嚴駕，車渠屢酌，鸚鵡驟傾。伊昔三邊，久留四戰，胡霧連天，征旗拂日，時聞塢笛，遙聽塞笳，或鄉思悽然，或雄心憤薄。是以沈吟短翰，補綴庸音，寓目寫心，因事而作。

陳後主與詹事江總書：

吾監撫之暇，事隙之辰，頗用譚笑，娛情琴樽，間作雅篇艷什，迭互鋒起。每清風朗月，美景良辰，

對羣山之參差，望巨波之滉瀁，或翫新花，時觀落葉，旣聽春鳥，又聆秋雁，未嘗不促膝擧觴，連情

> 發藻，且代琢磨，間以嘲謔，俱怡耳目，並留情致。

可見緣景生情，發爲吟詠，實爲六代作家之普遍看法，而藝術至上之純文學觀念，亦至此而完全奠定。此則劉氏對中國文學之最大貢獻所在。

(二)文學體裁論

六朝人愛美之情特著，影響於文學者最爲深鉅，其顯而易見之事，則爲文筆之區分。溯其源起，以文筆二字連綴成詞，蓋始於王充論衡。

> 周長生死後，州郡遭憂，無擧奏之吏，以故事結不解，徵詣相屬，文軌不尊，筆疏不續也，豈無憂上之吏哉，乃其中文筆不足類也。長生之才，非徒銳於牒牘也。作洞歷十篇，上自黃帝，下至漢朝，鋒芒毛髮之事，莫不記載，與太史公表紀相類。上通下達，故曰洞歷。超奇篇

其後曹操選擧令繼之。

> 國家舊法，選尚書郎取年未五十者，使文筆眞草有才能謹愼，典曹治事，起草立義，又以草呈示令僕訖，乃付令史書之耳。書訖共省讀，內之事本來臺郎統之，令史不行知也。書之不好，令史坐之。至於謬誤，讀省者之責。若郎不能爲文書，當御令史，是爲牽牛不可以服箱，而當取辯於繭角

也。（太平御覽二一五引）

聞人牟準魏敬侯衞覬碑陰文又繼之。

所著述注解故訓及文筆等甚多，皆已失墜。（全三國文）

晉人更大量使用。

㈠晉書侯史光傳：

光儒學博古，歷官著績，文筆奏議皆有條理。

㈡又張翰傳：

其文筆數十篇行於世。

㈢又曹毗傳：

凡所著文筆十五卷傳於世。

㈣又楊方傳：

著五經鉤沈，更撰吳越春秋，並雜文筆，皆行於世。

㈤又王鑒傳：

少以文筆著稱。

㈥又蔡謨傳：

文筆論議，有集行於世。

㈦又習鑿齒傳：

鑿齒少有志氣，博學洽聞，以文筆著稱。

㈧又袁喬傳：

注論語及詩，並諸文筆，皆行於世。

㈨又袁宏傳：

桓溫重其文筆，專綜書記。

㈩又成公綏傳：

著詩賦雜筆十餘卷行於世。

王充曹操所謂文筆，乃泛指一般著述。晉人所謂文筆，範圍較狹，渾言之，僅指一般文章（含詩賦）而言，經史子訓詁等專門著作不與焉。析言之，文指詩賦駢文散文一類作品，筆指筆記書札小說一類作品。與今人所謂『文筆犀利』之『文筆』涵義略同。至文筆分舉，則肇始於宋之顏延之。南史本傳云：

文帝嘗問以諸子才能，延之曰：『竣得臣筆，測得臣文，奐得臣義，躍得臣酒。』何尙之嘲曰：『誰得卿狂。』答曰：『其狂不可及。』

可見顏氏乃將文筆正式分開之第一人。又宋書本傳云：

元凶弒立，以爲光祿大夫。先是，子竣爲世祖南中郎諮議參軍。及義師入討，竣參定密謀，兼造書檄。劭召延之，示以檄文，問曰：『此筆誰所造。』延之曰：『竣之筆也。』又問：『何以知之。』延之曰：『竣筆體，臣不容不識。』劭又曰：『言辭何至乃爾。』延之曰：『竣尚不顧老父，何能爲陛下。』劭意乃釋，由是得免。

『此筆』『筆體』云者，卽『此文』『文體』之謂也。由二人稱『筆』而不稱『文』觀之，當時文筆別目蓋已非常普徧。又顏氏於『文』『筆』之外，益以『言』，而成三分法，其言曰：

筆之爲體，言之文也。經典則言而非筆，傳記則筆而非言。（文心總術篇引）

黃季剛先生文心雕龍札記釋之曰：

顏延年之說，今不知所出，宜在所著之庭誥中。顏氏之分言筆，蓋與文筆不同，故云『筆之爲體，言之文也。』此文謂有文采。經典質實，故云非筆，傳記廣博，故云非言。

范文瀾文心雕龍注申之曰：

顏延年謂『經典則言而非筆，傳記則筆而非言。』此言字與筆字對擧，意謂直言事理，不加彩飾者爲言，如禮經尚書之類是，言之有文飾者爲筆，如左傳禮記之類是，其有文飾而又有韻者爲文。顏氏分爲三類，未始不善，惟約擧經典傳記，則似嫌籠統，蓋文言，經典也，而實有文飾，是經典不必皆言矣。況詩三百篇又爲韻文之祖耶。

顏氏之三分法，乃以詩賦爲『文』，傳記爲『筆』，經典爲『言』者。申而論之，顏氏蓋以藻采音節爲畫分標準。意謂羣經諸子以立意爲宗，非以能文爲本，無藻采音節者，統謂之『言』。詩賦頌讚銘誄之屬，詞華絢爛而有韻腳者，統謂之『文』。奏議移檄書論史傳之屬，無間駢散，雖有彩飾，而無韻腳者，統謂之『筆』，今以顏竣所作檄文爲例：

夫運不常隆，代有莫大之釁。爰自上葉，或因多難以成福，或階昏虐以兆亂，咸由君臣義合，理悖恩離，故堅冰之遘，每鍾澆末，未有以道御世，教化明厚，而當梟鏡反噬，難發天屬者也。先帝聖德在位，功格區宇，明照萬國，道洽無垠，風之所被，荒隅變識，仁之所動，木石開心。而賊劭乘藉冢嫡，夙蒙寵樹，正位東朝，禮絕君后，凶慢之情，發於齠齓，猜忍之心，成於幾立。賊濬險躁無行，自幼而長，交相倚附，共逞姦回。先旨以王室不造，家難亟結，故含蔽容隱，不彰其釁，訓誘啓告，冀能革音。何悟狂慝不悛，同惡相濟，肇亂巫蠱，終行弑逆。聖躬離荼毒之痛，社稷有翦墜之哀，四海崩心，人神泣血，生民以來，未聞斯禍。奉諱驚號，肝腦塗地，煩寃腷臆，容身無所。傳檄三吳，馳軍京邑，遠近俱發，揚旍萬里。樓艦騰川，則滄江霧咽，銳甲赴野，則林薄摧根。謀臣智士，雄夫毅卒，畜志須時，懷憤待用。先聖靈澤，結在民心，逆順大數，冥發天理，無父之國，天下無之。羽檄既馳，華夷響會，以此衆戰，誰能抗禦，以此義動，何往不捷。況逆醜無親，人鬼所背，計其同惡，不盈一旅，崇其羣小，是與比周，哲人君子，必加積忌。傾海注螢，頹山壓卵，商周之勢，曾何足云。（宋書二凶傳）

觀其麗句繽紛，音節高亮，爲唐駱賓王討武后檄所取法。若以唯美文學之標準衡之，乃一篇絕佳之駢文，然以無韻腳絡乎其間，故劉劭顏延之依然目之爲『筆』，而不謂之『文』。惟並世范曄之文筆論則與之不同，范氏論文以意爲主，不應爲形式而犧牲內容，在形式上則應辨宮商清濁，並應辨文筆。

手筆差易，文不拘韻故也。（獄中與諸甥姪書）

其輕視『筆』，灼然可見，蓋范氏之意，謂『手筆』不拘韻，則與『手筆』相對之『文』，當然拘韻。以此推之，顯然以有韻爲『文』，無韻爲『筆』。易言之，『文』包括一切韻文，『筆』包括一切散文，此與顏延之之說頗有出入，反與後來蕭繹所主張者相接近。黃季剛先生申之云：

文筆以有韻無韻爲分，蓋始于聲律論既興之後，濫觴于范曄謝莊，而王融謝朓沈約揚其波。以公家之言，不須安排聲韻，而當時又通謂公家之言爲筆，因立無韻爲筆之說，其實筆之名非從無韻得也。然則屬辭爲筆，自漢以來之通言，無韻爲筆，自宋以後之新說。要之聲律之說不起，文筆之別不明，故梁元帝謂古之文筆，今之文筆，其源又異也。（文心雕龍札記總術篇）

剖析入微，說至精審。

自顏延之范曄斟酌前賢之說，析分詞藝爲文筆二體以後，學者多崇文而抑筆，至齊梁更變本加厲，世幾不復知有『筆』之存在，此蓋唯美思潮洶湧而至之必然現象，非人力所能逆挽者也。劉勰生當唯美文學如日方中之世，不能不受沾染，故在原則上亦反對文筆之分。

今之常言：『有文有筆』，以爲無韻者筆也，有韻者文也。夫文以足言，理兼詩書，別目兩名，自近代耳。顏延年以爲『筆之爲體，言之文也。經典，則言而非筆，傳記，則筆而非言。』請奪彼矛，還攻其楯矣。何者，易之文言，豈非言文，若筆不言文，不得云經典非筆矣。將以立論，未見其論立也。（總術篇）

揆其用意，顯然在於宗經，以爲經乃文學之本原，烏可擯之於『文』之外而謂之『筆』耶，是乃拘墟之見也。而實際上卻又論文敍筆，區爲兩類。

若乃論文敍筆，則囿別區分，原始以表末，釋名以章義，選文以定篇，敷理以舉統，上篇以上，綱領明矣。（序志篇）

此並非其思想上之矛盾，良以經典既尊，則由經典而演變蛻化之各種文體予以析分，不但可針砭時弊，抑且可裨益後生，似不得謂爲毫無意義也。劉師培中古文學史云：

或者曰：彥和既區文筆爲二體，何所著之書，總以文心爲名。不知當時世論，祇區分文章，然筆不該文，文可該筆，故對言則筆與文別，散言則筆亦稱文。（宋齊梁陳文學概略）

觀此，則文心命名之微意，隱然可見矣。茲參照郭紹虞中國文學批評史（上卷四篇四章三節四目）羅根澤魏晉六朝文學批評史（第八章第四節）之說，略加增益而表列之。（見三二九頁）

郭紹虞中國文學批評史云：

劉氏分析文章體製，其大旨有三：

㈠以文筆分類。劉師培中古文學史云：『即雕龍篇次言之，由第六迄於第十五，以明詩、樂府、詮賦、頌贊、祝盟、銘箴、誄碑、哀弔、雜文、諧隱諸篇相次，是均有韻之文也。由第十六迄於第二十五，以史傳、諸子、論說、詔策、檄移、封禪、章表、奏啓、議對、書記諸篇相次，是均無韻之筆也。此非雕龍隱區文筆二體之驗乎。』案此言亦有一部分的理由，劉勰論文固不主張文筆的分別，但

(七)文心雕龍文體分類表

文	
文體名	所涵蓋者
詩	四言・五言・三六雜言・離合・回文・聯句・共韵
樂府	三調・鼓吹・鐃歌・挽歌
賦	古賦・辭賦・俳賦
頌・讚	風・雅・頌・序・引・紀傳後評
祝・盟	祝邪・罵鬼・譴・咒・誥咎・祭文・哀策・詛・誓・契
銘・箴	
誄・碑	碣
哀・弔	
雜文	對問・七發・連珠・典・誥・誓・問・覽・略・篇・章・曲・操・弄・引・吟・諷・謠・詠
諧・隱	謎語

筆	
文體名	所涵蓋者
史傳	尚書・春秋・策・紀・傳・書・表・志・略・錄
諸子	
論・說	議・傳・注・贊・評・序・引
詔・策	命・誥・誓・令・制・策書・制書・詔書・戒敕・戒・敎
檄・移	戒・誓・令・辭・露布・文移・武移
封禪	
章・表	上書・章・奏・表・議
奏・啓	上疏・彈事・封事
議・對	駁議・對策・射策
書・記	表奏・奏書・奏記・奏牋・譜・籍・簿・錄・方術・占・式・律・令・法・制・符・契・券・疏・關・刺・解・牒・籤・狀・列・辭・諺

其篇次卻是隱區韵散二體的。

(二)以性質別體。如頌讚、祝盟、銘箴、誄碑、哀弔、諧隱、論說、詔策、檄移、章表、奏啓、議對、書記諸篇均以其性質之相近者，合而論之。

(三)無可分者則別爲一類。如有韵之文則於對問、七發、連珠等等，擧以納入雜文一類，無韵之筆如譜、籍、簿、錄、方術、占、式等等，又擧以附於書記一類。大綱細目，羅羅淸疏，關於文體之辨析，

蓋已大體確定其基礎矣。

擧三事以稱之，語甚切要，劉氏區畫文體之精神所在，亦悉見於此焉。

至劉氏討論文體之原則，則具見於序志篇所揭示之四大綱領中，卽『原始以表末，釋名以章義，選文以定篇，敷理以擧統』是也。此四者，實得分類之要，雖與今之分類法相較，亦不多讓，洵屬劉氏之卓見。玆分論之：

【一】原始以表末　此乃探索各種文體之起源及其流變者。今擧論說篇爲例，其述論體之起源云：

昔仲尼微言，門人追記，故仰其經目，稱爲論語，蓋羣論立名，始於玆矣。自論語已前，經無『論』字，六韜二論，後人追題乎。

述其流變則云：

莊周齊物，以論爲名，不韋春秋，六論昭列，至石渠論藝，白虎通講，聚述聖言通經，論家之正體也。及班彪王命，嚴尤三將，敷述昭情，善入史體。魏之初霸，術兼名法，傅嘏王粲，校練名理，迄至正

始，務欲守文，何晏之徒，始盛玄論，於是聃周當路，與尼父爭塗矣。詳觀蘭石之才性，仲宣之去伐，叔夜之辨聲，太初之本玄，輔嗣之兩例，平叔之二論，並師心獨見，鋒穎精密，蓋人倫之英也。至如李康運命，同論衡而過之，陸機辨亡，效過秦而不及。然亦其美矣。次及宋岱郭象，銳思於幾神之區，夷甫裴頠，交辨於有無之域，並獨步當時，流聲後代。然滯有者全繫於形用，貴無者專守於寂寥，徒銳偏解，莫詣正理，動極神源，其般若之絕境乎。逮江左羣談，惟玄是務，雖有日新，而多抽前緒矣。至如張衡譏世，韻似俳說，孔融孝廉，但談嘲戲，曹植辨道，體同書抄，言不持正，論如其已。

由於人文日進，論體之用亦日廣，內容自起變化，以濟時需，於是與論體性質相近之議、說、傳、注、贊、評、序、引等遂紛紛產生矣。劉氏較論其體云：

詳觀論體，條流多品。陳政則與議說合契，釋經則與傳注參體，辨史則與贊評齊行，銓文則與敍引共紀。故議者宜言，說者說語，傳者轉師，注者主解，贊者明意，評者平理，序者次事，引者胤辭，八名區分，一揆宗論。

劉氏論述各體，多能『振葉以尋根，觀瀾而索源』，其特點在此，其價值亦在此。惟所原之始與所表之末，間有不盡不明者。例如諸子篇，議論殆居十之九，散之爲論說，總之成諸子，於源流反不甚詳談。此其一。又如論中之八體，傳注何能強同於論評，序引烏可等視於議說。此其二。凡此瑕玷，雖無損於連城，然亦不可爲賢者諱也。故謂劉氏之文體論，陵轢往哲固可，若謂無懈可擊，則未免爲過情之譽已。

【二】釋名以章義　此乃詮釋文體之名稱以彰明其涵義者。劉氏爲文體立界說，往往兼言其體用。

如明詩篇立詩之界說云：

大舜云：『詩言志，歌永言。』聖謨所析，義已明矣。是以在心爲志，發言爲詩，舒文載實，其在玆乎。詩者，持也，持人情性，三百之蔽，義歸無邪，持之爲訓，有符焉爾。

『詩言志』，『發言爲詩』，乃言詩之體。『三百之蔽，義歸無邪』，乃言詩之用。他多類此。然亦有名不能釋，而義不能章者，若封禪諸子雜文諸篇是，此其缺憾也。

【三】選文以定篇　此乃列舉各體文之代表作家及其作品者。若能貫而串之，殆無異一部簡明的中國上古中古文學史。如評述樂府之作家及其作品云：

曁武帝崇禮，始立樂府，總趙代之音，撮齊楚之氣，延年以曼聲協律，朱馬以騷體製歌，桂華雜曲，麗而不經，赤雁羣篇，靡而非典，河間薦雅而罕御，故汲黯致譏於天馬也。至宣帝雅頌，詩效鹿鳴，邇及元成，稍廣淫樂，正音乖俗，其難也如此。曁後郊廟，惟雜雅章，辭雖典文，而律非夔曠。

至於魏之三祖，氣爽才麗，宰割辭調，音靡節平。觀其北上衆引，秋風列篇，或述酣宴，或傷羈戍，志不出於淫蕩，辭不離於哀思，雖三調之正聲，實韶夏之鄭曲也。

逮於晉世，則傅玄曉音，創定雅歌，以詠祖宗，張華新編，亦充庭萬。然杜夔調律，音奏舒雅，荀勗

改懸，聲節哀急。故阮咸譏其離聲，後人驗其銅尺，和樂精妙，固表裏而相資矣。（樂府篇）

可見劉氏所舉例證，皆上乘之作家與作品，至下乘之作家與作品，亦時加譏彈，不稍寬假，所以辨薰蕕，別雅鄭也。

【四】**敷理以舉統**　此乃評論各體文之作法者。如頌讚篇論頌之作法云：

原夫頌惟典雅，辭必清鑠，敷寫似賦，而不入華侈之區，敬愼如銘，而異乎規戒之域。揄揚以發藻，汪洋以樹義，惟纖細巧致，與精而變。其大體所底，如此而已。

言頌之爲體，典贍高雅，既不可如賦之措辭華麗，亦不可如銘之義尙規戒。陸機文賦云：『頌優游以彬蔚』，可與此說相印證。

綜觀劉氏之文體論，律以時代標準，視以今日眼光，無論別文體，標界說，述流變，皆不甚適用。然在當時習慣，相沿已久，後且遞用以至清末，而未能悉改，吾人正不必以此爲求全之責。至其於作家則辨其優劣，於作品則別其姸蚩，又詳述各體文之風格與作法，皆可見其價值所在，故劉氏論文體之形式雖未離於當代，而其精神則已默契於近代所通行之科學方法矣。

文章之體裁，至東漢而略備，曹魏之際，文家承其體式，故辨別之作出焉。其後談論者愈多，辨析愈密，由曹丕之四科八體一變而爲陸機之文體十類，再變而爲劉勰之三十一類，文體至此，始云大備。蕭統雖析分爲三十八類，然皆不出劉氏之範圍。

昔孔門論詩有四始六義之目，是爲文章辨體之權輿。漢揚雄評賦有云：『詩人之賦麗以則，辭人之賦麗以淫。』法言吾子篇然滄海片鱗，難窺全貌。蓋古人辨析文體，概以根本思想爲主，而不拘於形式故也。至明言文體與內容之關係，則首推曹氏。其典論論文云：

> 夫文本同而末異，蓋奏議宜雅，書論宜理，銘誄尚實，詩賦欲麗。此四科不同，故能之者偏也，唯通才能備其體。

其所舉四科，乃文體之主要部分，雖不能概括當時文體之全，然其範圍則與後人之文章體制略同，並能與吾人之文學概念相一致。可謂從形貌作爲文章辨體之作始者。其後陸機推闡其意，將文體擴分爲詩、賦、碑、誄、銘、箴、頌、論、奏、說十類，視曹氏爲詳。文賦云：

> 詩緣情而綺靡，賦體物而瀏亮。碑披文以相質，誄纏綿而悽愴。銘博約而溫潤，箴頓挫而淸壯。頌優游以彬蔚，論精微而朗暢。奏平徹以閑雅，說煒曄而譎誑。

陸氏析分文體詳於曹丕，遂引起文士之普徧重視，其後愈衍愈細，愈析愈密，變本加厲，至今猶斷斷未有已焉。又陸機十體之說，未必盡備，論者每滋紛紜，劉氏著文以非之云：

> 昔陸氏文賦，號爲曲盡。然汎論纖悉，而實體未該。故知九變之貫匪窮，知言之選難備矣。總術篇

故於書中專列文體論二十五篇。其評論一般文體由定勢篇可見。

> 章表奏議，則準的乎典雅。賦頌歌詩，則羽儀乎淸麗。符檄書移，則楷式於明斷。史論序注，則師範於覈要，箴銘碑誄，則體制於弘深。

茲將以上各家對文體之見解列表比較之，以觀文學思想衍變之概略。

㈧六朝各家評論文體比較表

曹丕典論論文	陸機文賦	劉勰文心雕龍定勢篇	蕭統文選序	說明
奏議宜雅	奏平徹以閑雅	章表奏議，則準的乎典雅。		曹丕所言之銘，乃兼指『碑』『銘』而言。
書論宜理	論精微而朗暢	符檄書移，則楷式於明斷。史論序注，則師範於覈要。	論則析理精微	
銘誄尚實	碑披文以相質 銘博約而溫潤 誄纏緜而悽愴	箴銘碑誄，則體制於弘深	銘則序事溫潤 美終則誄發	
詩賦欲麗	詩緣情而綺靡 賦體物而瀏亮	賦頌歌詩，則羽儀乎清麗。		

細觀此表，最堪注意者，則爲詩賦，三家均一致主張須『綺』須『麗』。意謂詩賦須刻意雕琢，刻意修飾，以臻於藝術美之極峯。六朝文學作品在此種唯美思潮之沖擊下，自當離開社會實用使命，而趨向個人浪漫主義。雖以劉勰之崇儒宗經，亦不免受此潮流侵襲。文學思想領導文學創作，此其最佳左證已。茲再造表將六朝各家文體分類作一詳盡之比較。

㈨六朝各家文體分類比較表

曹丕典論論文	①詩		②賦						③銘		④誄	
陸機文賦	①詩		②賦	③頌					④銘	⑤箴	⑥誄	⑦碑
摯虞文章流別論	①詩		②賦	③頌			④祝		⑤銘	⑥箴	⑦誄	⑧碑
李充翰林論	①詩		②賦		③讚			④盟				
劉勰文心雕龍	①詩	②樂府	③賦	④頌	⑤讚		⑥祝	⑦盟	⑧銘	⑨箴	⑩誄	⑪碑
蕭統文選	①詩		②賦	③頌	④贊	⑤史述贊			⑥銘	⑦箴	⑧誄	⑨碑文

					⑩墓誌
				⑫哀	⑪哀
				⑬弔	⑫弔文
					⑬祭文
				⑭雜文	⑭七
					⑮對問
					⑯設論
					⑰連珠
				⑮諧	
				⑯隱	
				⑰史傳	
				⑱諸子	
⑤論	⑧論		⑤論	⑲論	⑱序
	⑨說			⑳說	⑲史論

					⑳論
			⑥誥	㉑詔	㉑詔
				㉒策	㉒册
					㉓令
					㉔敎
					㉕文
			⑦檄	㉓檄	㉖檄
				㉔移	㉗移
			⑧封禪	㉕封禪	
			⑨表	㉖表	㉘表
				㉗章	
⑥奏	⑩奏		⑩奏	㉘奏	㉙上書
				㉙啓	㉚啓
					㉛彈事

				㉜奏記
⑦議		⑪議	㉚議對	
				㉝牋
⑧書		⑫書	㉛書記	㉞書
				㉟騷
				㊱辭
				㊲符命
				㊳行狀
		⑬駁		
		⑭誡		

【附注】為便於觀覽，利於比較，特將文心二十類文體析分為三十一類，非得已也。

此表可以文心所論二十篇文體爲主，分文筆兩方面觀之，知文體之流變愈演愈繁。如『雜文』一類，劉勰認爲是無可分之有韻文，至蕭統則分爲『七』、『對問』、『設論』、『連珠』四體。亦有前已析分，後因立意不同而捨之者。如『史傳』、『諸子』、『諧隱』、『議』四體，皆非沈思翰藻之作，不符蕭統之選文宗旨，故予以排除。至於劉氏、蕭氏析分文體所以如此細密者，實因南朝文風特盛，尤其梁初，作者蔚起，文體日益繁夥，內容日益複雜，非有精密之畫分，不足以應時代之需要，於是而有三十八體出現。文選分體之細密，頗引起後人反應，蘇軾恨其『編次無法，去取失當。』（題文選）姚鼐譏爲『分體碎雜，立名可笑。』（古文辭類纂序目）蓋責其乖離瑣細，不能執簡馭繁也。姚永樸則云：

欲學文章，必先辨門類，門者其綱也，類者其目也。總集古以文選爲美備，故王厚齋困學紀聞云：『李善精於文選，爲注解，因以講授，謂之文選學。』少陵有詩云：『續兒誦文選。』又訓其子云：『熟精文選理。』蓋選學自成家。陸放翁老學庵筆記亦云：『宋初此書盛行，士爲之語曰，文選爛，秀才半。』然其中錄文既繁，分類復瑣。蘇子瞻題之云：『恨其編次無法，去取失當。』亦不可謂盡誣。蓋文有名異而實同者，此種只當括而歸之一類中，如『騷』『七』『難』『對問』『設論』『辭』之類，皆詞賦也。『表』『上書』『彈事』，皆奏議也。『箋』『啓』『奏記』『書』，皆書牘也。『詔』『册』『令』『敎』『檄』『移』，皆詔令也。『序』及諸史論贊，皆序跋也。『頌』『贊』『符命』，同出褒揚。『誄』『哀』『祭』『弔』，並歸傷悼。此等昭明皆一一分之，徒亂學者之耳目。（文學研究法門類）

更具體指出其分類缺失所在。若參較前述郭紹虞中國文學批評史所評劉氏分體之要旨，似以劉氏所分爲佳，且分中有合，合中有分，不覺有瑣碎之失。

（三）文學創作論

自來言文章者，輒以內情外采爲說，蘊之於內者爲情，發之於外者爲采，必內外兼顧，情采交融，始足以言創作。近人范文瀾氏嘗於文心雕龍注神思篇中造表說明劉氏文藝創作之規範，爰迻錄於左：

⑩劉勰文藝創作規範表

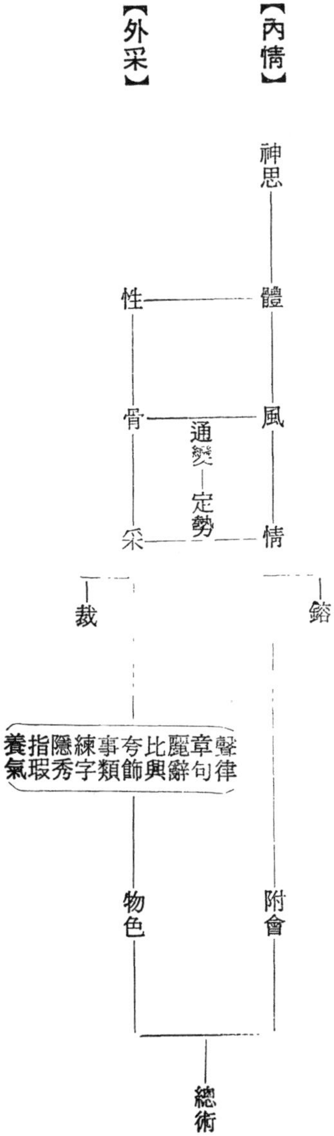

觀此，則劉氏之文藝創作理論，朗若列眉。茲分論之：

【一】文章組織　構成文章之要素有四：一曰篇，二曰章，三曰句，四曰字。劉氏均有極精闢之論述。其論謀篇之大要云：

何謂附會，謂總文理，統首尾，定與奪，合涯際，彌綸一篇，使雜而不越者也。（附會篇）

又云：

故善附者，異旨如肝膽，拙會者，同音如胡越，改章難於造篇，易字艱於代句，此已然之驗也。（同上）

此言爲文須統籌全篇，聯絡一致，不可枝枝節節而爲之也。謀篇之後，卽須注意章句。章句篇云：

夫設情有宅，置言有位，宅情曰章，位言曰句。故章者，明也，句者，局也。局言者聯字以分疆，明情者總義以包體，區畛相異，而衢路交通矣。夫人之立言，因字而生句，積句而成章，積章而成篇。篇之彪炳，章無疵也，章之明靡，句無玷也，句之清英，字不妄也。振本而末從，知一而萬畢矣。

此言篇章之瑕瑜，繫於遣辭用字，故鍛鍊辭句，決不可省。鎔裁篇云：

句有可削，足見其疎，字不得減，乃知其密，精論要語，極略之體，游心竄句，極繁之體。謂繁與略，隨分所好。引而伸之，則兩句敷爲一章，約以貫之，則一章删成兩句。思贍者善敷，才覈者善删。善删者，字去而意留，善敷者，辭殊而意顯。字删而意闕，則短乏而非覈，辭敷而言重，則蕪穢而非贍。

所謂『善删者，字去而意留，善敷者，辭殊而意顯』云云，乃千古行文之極致，操翰之倫無不知之。雖然，知行合一者蓋亦鮮矣。此外，劉氏主張辭句貴於明順，最忌佶屈聱牙。

若辭失其朋，則羈旅而無友，事乖其次，則飄寓而不安。是以搜句忌於顛倒，裁章貴於順序。斯固情趣之指歸，文筆之同致也。（章句篇）

而用字則宜力避詭異（詳練字篇），此蓋上承沈約三易之說者。顏氏家訓文章篇云：

沈隱侯曰：『文章當從三易：易見事一也，易識字二也，易讀誦三也。』

所謂『易識字』者，言不可用艱深詭異之字入文也。劉氏認爲：

一字詭異，則羣句震驚，三人弗識，則將成字妖矣。後世所同曉者，雖難斯易，時所共廢，雖易斯難。趣舍之間，不可不察。（練字篇）

故屬文之士，於練字一道，須加工候。字既妥適，則須練采。

是以綴字屬篇，必須練擇。一避詭異，二省聯邊，三權重出，四調單複。詭異者，字體瓌怪者也。曹攄詩稱：『豈不願斯遊，褊心惡呶呶。』兩字詭異，大疵美篇，況乃過此，其可觀乎。聯邊者，半字同文者也。狀貌山川，古今咸用，施於常文，則齟齬爲瑕，如不獲免，可至三接，三接之外，其字林乎。重出者，同字相犯者也。詩騷適會，而近世忌同，若兩字俱要，則寧在相犯。故善爲文者，富於萬篇，貧於一字，一字非少，相避爲難也。單複者，字形肥瘠者也。瘠字累句，則纖疏而行劣，肥字積文，則黯黕而篇闇。善酌字者，參伍單複，磊落如珠矣。（同上）

要之，謀篇、裁章、造句、用字四者，乃行文之基礎，基礎既奠，始可進而與言其他。

【二】文章修辭　齊梁爲唯美文學之全盛時代，唯美文學構成之要素有四：一曰對偶，二曰叶聲，三曰用典，四曰敷藻。其次則爲比興、夸飾。此六者，劉氏均一一暢加論列。叶聲與修辭無關，留待後論，今但論其他五項。

(一)對偶　古人爲文，惟求達意，用駢用散，純任自然。惟自東漢以後，文章辭賦漸趨於形式之美化，而遠離教化與實用之立場，造成駢偶文學之全盛時代。揆厥所由，蓋有四端：(一)雙行意念逐漸深中作家之腦海，於是吐辭不隻，鍾句皆雙，竟成一時之風尚。(二)六朝盛行隸事之學，增加駢文之材料。(三)六朝人好藻繪，故講求文章形式之美觀。(四)由於齊永明諸子發明四聲八病之說，影響及於文體。流風所扇，衆皆披靡，至蕭梁而臻於極盛。

劉氏生丁齊梁唯美思潮泛濫之時代，自不能不受影響，故於文心雕龍中特標麗辭篇，以爲操觚者標示津逮。首言宇宙現象，凡屬動植，支體必雙，無一例外，生物如此，文章又何獨不然。

> 造化賦形，支體必雙，神理爲用，事不孤立。夫心生文辭，運裁百慮，高下相須，自然成對。

移造化之律以例文，明麗辭之合於自然之理。即就文而論文，奇偶相生，剛柔迭用，亦出於文理之自然，非由矯飾而得也。既又說明對偶由自然而趨巧密，此乃質文代變之必然現象，不獨詞藝一端而已。

> 至於詩人偶章，大夫聯辭，奇偶適變，不勞經營。自揚馬張蔡，崇盛麗辭，如宋畫吳冶，刻形鏤法，麗句與深采並流，偶意共逸韻俱發。至魏晉羣才，析句彌密，聯字合趣，剖毫析釐。

於是列舉麗辭四種對法，並評斷其難易優劣。（請參閱本書表四）

劉氏蓋鑒於中國文字，既係孤立，比物醜類，修短適均，協異引同，奇偶易配，故暢談對偶。惟劉氏初無大力提倡對偶之意，其特著麗辭一篇者，旨在調和奇偶之爭，務使文質相配，勿走極端而已。故云：

契機者入巧，浮假者無功。

又云：

是以言對爲美，貴在精巧，事對所先，務在允當。若兩事相配，而優劣不均，是驥在左驂，駑爲右服也。若夫事或孤立，莫與相偶，是夔之一足，踸踔而行也。若氣無奇類，文乏異采，碌碌麗辭，則昏睡耳目。必使理圓事密，聯璧其章，迭用奇偶，節以雜佩，乃其貴耳。此類而思，理自見也。

又嗤張華劉琨之詩，文意重出，爲對句之駢枝。亦稱合掌

張華詩稱：『遊雁比翼翔，歸鴻知接翮。』劉琨詩言：『宣尼悲獲麟，西狩泣孔丘。』若斯重出，卽對句之駢枝也。

可見劉氏之於奇偶句法以至駢散文體，大抵論貴圓融，意取折衷，而不爲左右袒，故千載以下，猶爲駢散二家所崇仰。黃季剛先生闡揚劉氏之說曰：

文之有駢儷，因于自然，不以一時一人之言而遂廢。然奇偶之用，變化無方，文質之宜，所施各別。或鑒于對偶之末流，遂謂駢文爲下格，或懲于俗流之恣肆，遂謂非駢體不得名文。斯皆拘滯于一隅，非閎通之論也。惟彥和此篇所言最合中道。一曰『高下相須，自然成對』，明對句之文依于天理，非由人力矯揉而成也。次曰『豈營麗辭，率然對爾』，明上古簡質，文不飾琱，而出語必雙，非由刻意也。三曰『句字或殊，偶意一也』，明對偶之文，但取配儷，不必比其句度，使語律齊同也。四

曰『奇偶適變，不勞經營』，明用奇用偶，初無成律，應偶者不得不偶，猶應奇者不得不奇也。終曰『迭用奇偶，節以雜佩』，明綴文之士於用奇用偶，勿師成心，或捨偶用奇，或專崇儷對，皆非爲文之正軌也。舍人之言明白如此，眞可以息兩家之紛難，總殊軌而齊歸者矣。（文心雕龍札記麗辭篇）

范文瀾氏又申之曰：

原麗辭之起，出於人心之能聯想，既思雲從龍，類及風從虎，此正對也。既思西伯幽而演易，類及周旦顯而制禮，此反對也。正反雖殊，其由於聯想一也。古人傳學，多憑口耳，事理同異，取類相從，記憶匪艱，諷誦易熟，此經典之文所以多用麗語也。凡欲明意，必舉事證，一證未足，再舉而成，且少既嫌孤，繁乃苦贅，二句相扶，數折其中。昔孔子傳易，特制文繫，語皆駢偶，意殆在斯。又人之發言，好趣均平，短長懸殊，不便脣舌，故求字句之整齊，非必待於耦對，而耦對之成，常足以齊整字句。魏晉以前篇章，駢句儷語，輻輳不絕者此也。綜上諸因，知耦對出於自然，不必廢，亦不能廢，但去泰去甚，勿蹈纖巧割裂之弊，斯亦已耳。凡後世奇耦之議，古今之爭，皆膠柱鼓瑟，未得爲正解也。（文心雕龍注麗辭篇）

斯皆統本執中之見，彼信口詆娸，盲目攻訐者，所宜三復。

㊃**用　典**　文學乃緣歷史以發生，人不習知歷史，則不能從事文學之研究，此中國文史所以恆爲一體，不容分割也。夫典，事也，所謂典故，古之事也，亦卽歷史之事也。是以典之定義，凡引證歷史中事實及前人言語入於文者，皆曰典故，前者謂之『用事』，後者謂之『用詞』。苟不能禁人斷絕歷史知識，則不

能禁人不引用古事，卽不能禁人不引用典故。（參用近人吳芳吉氏再論吾人眼中之新舊文學觀之說）用典隸事，起源甚古，屈宋諸騷，已著先鞭，揚劉張蔡（揚雄劉歆張衡蔡邕）試用日繁，然多屬意到筆隨之作，非有成竹在胸也。爰逮建安，始刻意經營，漸趨美備。太康以後，其風益盛，潘陸二子，導其先路。南朝文士因受前代淸談與玄學之影響，作品遂由情韻之表現，轉爲事理之鋪陳，而又處心積慮，欲在修辭技巧上突過前人，於是吐膽嘔心，全力經營，因而造成用典隸事風氣之全盛，使詩文形式完全改觀。其首唱者當推宋之顏延之謝莊，將古詩比興之法，純以用典代之，變其本而新其貌者，則任昉王融也。鍾嶸詩品序云：

觀古今勝語，多非補假，皆由直尋。顏延謝莊，尤爲繁密，于時化之。故大明泰始中，文章殆同書抄。近任昉王元長等，詞不貴奇，競須新事，爾來作者，寖以成俗。遂乃句無虛語，語無虛字。

履霜之漸，蓋非一朝一夕之故矣。後進之士，不惟以用典爲能事，甚且廣羅祕書，爭疏僻典，以爲一事不知，學者之恥，一事無據，不以爲高。於是筆耕之士，用事尤多，互爲穿鑿，不復能自鑄偉辭矣。因之引起鍾嶸與裴子野之不滿，大張撻伐，分別撰詩品及雕蟲論以非之。惟劉勰則取折衷，所論較爲平允，不涉意氣。劉氏首先說明用典對文章之重要，其次強調用典須切合文章之主題與內容，達到『徵義』『明理』之目的。其文心雕龍事類篇云：

事類者，蓋文章之外，據事以類義，援古以證今者也。

言文章修辭之法，固不止白描一端，援引古事，以況今情，亦爲不可或缺者也。是以典非不可用，只看各人能不能用，用之之道，在知訣竅。

夫經典沉深，載籍浩瀚，實羣言之奧區，而才思之神臯也。揚班以下，莫不取資，任力耕耨，縱意漁獵，操刀能割，必列膏腴。是以將贍才力，務在博見，狐腋非一皮能溫，雞蹠必數千而飽矣。是以綜學在博，取事貴約，校練務精，捃理須覈，衆美輻輳，表裏發揮。劉劭趙都賦云：『公子之客，叱勁楚令歃盟，管庫隸臣，呵強秦使鼓缶。』用事如斯，可謂理得而義要矣。

故用事用詞，須出之以審愼，稍一輕忽，輒滋舛誤，雖才高八斗，學富五車者，猶不能免於千慮之失，況其下焉者乎。

凡用舊合機，不啻自其口出，引事乖謬，雖千載而爲瑕。陳思，羣才之英也，報孔璋書云：『葛天氏之樂，千人唱，萬人和，聽者因以蔑韶夏矣。』此引事之實謬也。按葛天之歌，唱和三人而已。相如上林云：『奏陶唐之舞，聽葛天之歌，千人唱，萬人和。』唱和千萬人，乃相如接人，然而濫侈葛天，推三成萬者，信賦妄書，致斯謬也。陸機園葵詩云：『庇足同一智，生理合異端。』夫葵能衞足，事譏鮑莊，葛藟庇根，辭自樂豫。若譬葛爲葵，則引事爲謬，若謂庇勝衞，則改事失眞，斯又不精之患。夫以子建明練，士衡沈密，而不免於謬，曹仁之謬高唐，又曷足以嘲哉。

黃侃先生於文家引言用事，尤多卓見，頗能推勘劉氏之說。

> 齊梁而後，聲律對偶之文大興，用事采言，尤闕能事。其甚者，捃拾細事，爭疏僻典，以一事不知爲恥，以字有來歷爲高。文勝而質漸以漓，學富而才爲之累，此則末流之弊，故宜去甚去奢，以節止之者也。然質文之變，華實之殊，事有相因，非由人力。故前人之引言用事，以達意切情爲宗，後

有繼作，則轉以去故就新爲主。陸士衡云：『雖杼軸於余懷，怵他人之我先，苟傷廉而衍義，故雖愛而必捐。』豈唯命意謀篇，有思懷想，卽引言用事，亦如斯矣。是以後世之文，轉視古文增其繁縟，非必文士之失，實乃本於自然。今之訾謷用事之文者，殆未之思也。（文心雕龍札記事類篇）

近人劉永濟亦云：

> 文家用古事以達今意，後世謂之用典，實乃修辭之法，所以使言簡而意賅也。故用典所貴，在於切意，切意之典，約有三美：一則意婉而盡，二則藻麗而富，三則氣暢而凝。（文心雕龍校釋麗辭篇）

又云：

> 文家用典，亦修辭之一法。用典之要，不出以少字明多意，其大別有二：一用古事，二用成辭。用古事者，援古事以證今情也。用成辭者，引彼語以明此義也。（上同）

語至精闢，彼浮薄妄庸之徒，但知信口雌黃，惡意醜詆用典，不知修辭學爲何物者，允宜三復。

㊂**敷藻**　昔孔子論文，曰言之無文，行而不遠。又曰文質彬彬，然後君子。皆重視文采之意也。故古來載筆之倫，莫不重文采而尚色澤，其尤慧敏者，甚且吐膽嘔心，織綿成文，務使作品之外形臻於藝術美之極峯，期予讀者以視覺 (sense of sight) 與嗅覺 (olfactory sensation) 之雙重美感 (sense of beauty)，良工心苦，令人起敬。

詩賦文章之日趨華麗，蓋始於東漢，觀文選所錄傅毅、班固、張衡、蔡邕之作，面目迴異西京，可以知也。潛夫論務本篇云：

東漢學問之士，好語虛無之事，爭著雕龍之文。然多半純任自然，未作人工之刻意塗澤。建安以下，文士有一種新的覺醒，文學亦擺脫儒學之羈勒，而飛速向唯美之途邁進，於是文學風貌爲之一變。其中最重華彩，絡繹形之於詩文辭賦者，當推王粲曹植。逮晉世潘岳陸機文肆繁縟，則遠紹曹王之芳軌，同流而異波。唯美思想之浪潮自此遂漫溢太康永嘉文壇，不可遏抑。當時作家無不抽祕逞妍，儷紅媲白，使人如置身金谷園中，流連忘返，其予人在視覺與嗅覺方面之美感，有非楮墨所能形容者。降及劉宋，風貌又變，氣變而詔，句變而琢，鑄詞益麗，塗澤益濃，詩則於律漸開，文則於排愈甚，是唯美文學全盛之起步也。並世名家除陶淵明所作色彩較淡外，其他如謝靈運鮑照等之詩文，莫不錯采鏤金，琳瑯滿目，美不勝收。劉氏承此唯美思潮，故其評論文藝創作，一再強調敷藻與文藝創作之密不可分，觀情采等各篇可以知也。

聖賢書辭，總稱文章，非采而何。夫水性虛而淪漪結，木體實而花萼振，文附質也。虎豹無文，則鞹同犬羊，犀兕有皮，有色資丹漆，質待文也。若乃綜述性靈，敷寫器象，鏤心鳥跡之中，織辭魚網之上，其爲彪炳，縟采名矣。

故立文之道，其理有三：一曰形文，五色是也，二曰聲文，五音是也，三曰情文，五性是也。五色雜而成黼黻，五音比而成韶夏，五情發而爲辭章，神理之數也。孝經垂典，喪言不文，故知君子常言未嘗質也。老子疾僞，故稱『美言不信』，而五千精妙，則非棄美矣。莊周云：『辯雕萬物』，謂藻飾也。韓非云：『艷采辯說』，謂綺麗也。綺麗以艷說，藻飾以辯雕，文辭之變，於斯極矣。研味李

老，則知文質附乎性情，詳覽莊韓，則見華實過乎淫侈。若擇源於涇渭之流，按轡於邪正之路，亦可以馭文采矣。（情采篇）

惟劉氏提倡文采，並非無條件的，而是有條件的。所謂有條件者，言文采須與本質等視齊觀，不可偏廢。蓋徒有其文而無其質，其文將無所依，則不足珍矣。所謂『文附質』、『質待文』者，即指此而言。又云：

夫桃李不言而成蹊，有實存也。男子樹蘭而不芳，無其情也。夫以草木之微，依情待實，況乎文章，述志為本，言與志反，文豈足徵。是以聯辭結采，將欲明經，采濫辭詭，則心理愈翳。固知翠綸桂餌，反所以失魚，『言隱榮華』，殆謂此也。是以衣錦褧衣，惡文太章，賁象窮白，貴乎反本。夫能設謨以位理，擬地以置心，心定而後結音，理正而後摛藻。使文不滅質，博不溺心，正采耀乎朱藍，間色屏於紅紫，乃可謂雕琢其章，彬彬君子矣。（情采篇）

冀人勿為華辭所誘，徒溺於形式之美，而應『文不滅質，博不溺心』，兼重內容，乃稱佳作。又附會篇：

夫才最學文，宜正體製。必以情志為神明，事義為骨髓，辭采為肌膚，宮商為聲氣，然後品藻元黃，摛振金玉，獻可替否，以裁厥中，斯綴思之恆數也。

又通變篇：

斟酌乎文質之間，而隱括乎雅俗之際，可與言通變矣。

凡此皆可覘知劉氏之蘄向所在，一言以蔽之曰，文質並重而已。雖然，劉氏一再主張文質彬彬之作乃文章正統，而字裏行間既無儒家道德觀念之固執，亦無唯美論者藝術至上之偏激，平平實實，魚魚雅雅，故其折衷理論容易爲人所接受。蓋聖哲立言，既敷陳辭采，後生又烏可輕言廢棄。大抵傳世之作，必『形』『聲』『情』配合得宜，始能交織成爲完美的統一體，而膾炙人口。此則劉氏論文之卓識所在，亦其價値之所在。

㈣比　興　詩之作法有三：曰賦，曰比，曰興。鍾嶸詩品論詩，輕賦而重比興，乃以比興之味深而賦之義直也。比者，比方於物，諸言『如』者，皆比辭也。興者，託事於物，詩文擧鳥獸蟲魚草木以見意者，皆興辭也。比興乃出於聯想，比者明諭，興者暗喩，皆間接表現情志或描寫事物之修辭法。故比興乃文章修辭之重要法門。文心有比興篇，釋二者之區別云：

比者，附也，興者，起也。附理者，切類以指事，起情者，依微以擬義。起情故興體以立，附理故比例以生，比則畜憤以斥言，興則環譬以記諷，蓋隨時之義不一，故詩人之志有二也。

是比用於事理，與用於情義，比顯而興隱。又擧例較論二者之功用云：

觀夫興之託諭，婉而成章，稱名也小，取類也大。關雎有別，故后妃方德，尸鳩貞一，故夫人象義。且何謂爲比，蓋寫物以附意，颺言以切事者也。故金錫以喩明德，珪璋以譬秀民，螟蛉以類教誨，蜩螗以寫號呼，澣衣以擬心憂，席卷以方志固，凡斯切象，皆比義也。至如『麻衣如雪』『兩驂如舞』，若斯之類，皆比類者也。

又慨歎興義之銷亡云：

楚襄信讒，而三閭忠烈，依詩製騷，諷兼比興。炎漢雖盛，而辭人夸毗，詩刺道喪，故興義銷亡，於是賦頌先鳴，故比體雲構，紛紜雜遝，信舊章矣。

劉氏鑒於興義淪亡，詞人競用比義，將使文章減色，文致亦不復生動，故兼重比興。實則興義未嘗淪亡，不過六朝人合比興為一而渾言之，統謂之『暗示』耳。其後唐詩宋詞元曲以至明清小說，運用益廣，直書其事者漸少，間接暗示者寖多，使讀者在不知不覺之中，收默化潛移之效。比興之用，可謂大矣。

㊄夸　飾　夸飾亦文章修辭之一法，為文欲暢寫情意，張大其辭，或非理所能詮，亦無害其為美。故劉氏云：

> 夫形而上者謂之道，形而下者謂之器。神道難摹，精言不能追其極，形器易寫，壯辭可得喻其真，才非短長，理自難易耳。故自天地以降，豫入聲貌，文辭所被，夸飾恆存。雖詩書雅言，風格訓世，事必宜廣，文亦過焉。是以言峻，則『嵩高極天』，論狹，則『河不容舠』，說多，則『子孫千億』，稱少，則『民靡孑遺』，襄陵擧『滔天』之目，倒戈立『漂杵』之論，辭雖已甚，其義無害也。同上

並歷擧經傳辭賦以證之云：

蓋夸飾之詞，聖人不禁，或意在稱揚，義成矯飾，孟子所謂『說詩者不以文害辭，不以辭害意』者也。降及炎漢，其風彌盛，司馬上林，其著例也。揚雄之甘泉羽獵，班固之兩都，被其影響，盛飾虛詞，可謂至矣。劉氏又評之云：

> 自宋玉景差，夸飾始盛，相如憑風，詭濫愈甚。故上林之館，奔星與宛虹入軒，從禽之盛，飛廉與鷦

鷸俱獲。及揚雄甘泉，酌其餘波，語瓌奇，則假珍於玉樹，言峻極，則顛墜於鬼神。至東都之比目，西京之海若，驗理則理無不驗，窮飾則飾猶未窮矣。又子雲羽獵，鞭宓妃以饟屈原，張衡羽獵，困元冥於朔野。變彼洛神，既非罔兩，惟此水師，亦非魑魅，而虛用濫形，不其疏乎。此欲夸其威而飾其事，義睽剌也。至如氣貌山海，體勢宮殿，嵯峨揭業，熠耀焜煌之狀，光采煒煒而欲然，聲貌岌岌其將動矣。莫不因夸以成狀，沿飾而得奇也。上同

下逮六朝，更踵事增華，變本加厲。良以唯美文學作品均帶有極濃厚的浪漫派（Romanticism）氣息，而浪漫文學之主要元素在於夸大。夸大云者，乃將具體而微之物，或深妙難測之情，擴而充之，使吾人腦海中常留一深刻之印象，此其所長也。雖然，夸飾可以增加文章之形式美（或在外美），但以恰到好處爲宜，太過則成僞說矣。故劉氏總其說云：

飾窮其要，則心聲鋒起，夸過其理，則名實兩乖。若能酌詩書之曠旨，剪揚馬之甚泰，使夸而有節，飾而不誣，亦可謂之懿也。上同

近儒劉師培氏嘗作美術與徵實之學不同論（劉申叔先生遺書）一文，於夸飾一道，闡述綦詳，節錄其說如次：

古人詩章，導源小學，記事貴實，不尙虛詞，後世文人，漸乖此例，研句鍊詞，鮮明字義，所用之字，多與本義相違。如瓊爲赤玉，而詞章之士，則以白花爲瓊花，略舉一端，則知文人所用之字，名與實違，是爲用字之訛。又或假設名詞，獨標奇語，名詞而外，別以隱語爲代詞。以天淵二字喻善惡之懸殊，以萍水一言喻友朋之聚首，言得志則曰青雲，言誓詞則曰白水，略舉數端，則知文人之作，

以詞義害，是爲造語之訛。又或好奇之士，顚倒其詞，以誇巧慧，如江淹賦云：『孤臣危涕，孽子墜心。』易墜涕爲危涕，即易危心爲墜心。杜甫詩云：『香稻啄餘鸚鵡粟，碧梧棲老鳳凰枝。』又名詞互易，以逞句法之奇。律以言貴有序之例，則江杜之作均與文律相違，是爲造句之訛。又或出語不經，借物寓意，文人沿襲，以僞爲眞，如夔僅一足，堯有八眉是也，是爲用詞之訛。

四者而外，文人之失，猶有數端：或用事不考其源，如海客乘槎，誤爲博望，姮娥竊藥，指爲羿妻是也。或記事詞過其實，如民靡孑遺，見於雲漢，孟子斥爲害詞，血流標杵，載於武成，孟子指爲難信是也。或序事之文，以詞害義，如言兵敗則曰睢水不流，言納降則曰甲高熊耳是也。或隸事之文，考證多疏。如杜甫之詩，誤伏勝爲服虔，陸游之文，誤許渾爲許遠是也。或謂後世之文，隸事失眞，事因文晦，以斥文章爲小道。不知文言質言，自古分軌，文言之用，在于表象，表象之詞愈衆，則文病亦愈多。然盡刪表象之詞，則去文存質，而其文必不工。故有以寓言爲文者，如莊列楚辭是也，而其文最美。有寓言與事實相參者，如戰國策之文是也，而其文亦工。後世史書，事資虛飾，而觀者因以忘倦。漢魏詞賦，曲意形容，而誦者稱爲絕作。又如庾信枯樹賦以桓溫與仲文同時，此立詞之爽實者也，而後世不聞廢其詞。又唐人之詩，有所謂白髮三千丈者，有所謂白頭搔更短者，此出語之無稽者也，而後世不聞議其短。則以詞章之文，不以憑虛爲戒，此美術背於徵實之學者二也。

二端而外，若畫繪一端，有白描山水者，又有圖列鬼魅者。小說一端，有虛構事實者，亦有踵事增華者。皆美術與實學不同之證。蓋美術以靈性為主，而實學則以考覈為憑，若於美術之微，而必欲責其徵實，則于美術之學反去之遠矣。

【三】文章內涵

㊀思　想

創作依附思想，思想領導創作，作品而無思想，必無價值可言，亦必不能傳諸久遠，故思想乃文章內涵之要素。而思想之產生，必有所以產生此種思想之內因外緣，初非憑空而起，揆其原因，約有二端：一曰作家所受之時代思想，二曰作家所處之社會環境。茲申而論之：

魏晉南北朝政風之窳敗，可謂達於極點，推原禍始，當上溯炎漢之末世。自武帝廣置博士弟子員，設科試策，動以利祿，學術彬彬稱盛，流風所被，吏道士習，均極淳厚。逮王莽居攝，一般趨時之流，如蟻附羶，競獻符命，雖以揚雄之賢，亦折節景從。光武中興，知此風之不可長，乃表章氣節，敦厲名實。尊顯巖穴之士，如嚴光卓茂等，皆加禮遇。而又躬行儉約，為天下倡，於是風俗為之一變。明章嗣統，益崇儒學，尊師隆禮，然後大義昌明，風化敦美。惟自桓靈踐祚，朝政昏濁，國事蜩螗，閹宦用事，賄賂公行，政風於焉大壞。下逮建安，朝綱解紐，法紀陵替，一般官吏多尚功利而無操守，重現實而乏理想。曹操秉政之後，頗欲挽此頹風，以為非用申韓之術無以撥亂返治，於是尚法輕儒，仇視高門，裁抑世族，禁絕淸議。其在政治上所標榜者，乃切切實實的人才主義，雖不仁不孝之徒，盜嫂受金之輩，亦得以躋秩公輔，回翔廊廟，蓋已完全鄙棄舊日之道德政治。此雖曹氏經營霸業，權宜一時之計，然其影響所及，則消極方面破壞世人對於舊禮敎之信仰，社會因而失去道德之瞻依。積極方面則在建立新的道德觀念，作為政府以後用人取捨之標準。殊不知新道德觀念之建立難，而舊禮教信仰之破壞易。此風一開，有若黃河決堤，沛然無復能禦。漢鼎既革，曹丕基命，崇奉黃老，敝屣名教。又改前代舉孝廉爲九品中正，推波揚瀾，變本加厲，而兩漢三百餘年所苦心培植之倫理觀念與道德哲學，至此遂蕩焉以盡。三國既往，典午踵興，武帝得國不以正，卽位之後，又耽於逸樂，縱情聲色，流風所及，士大夫競尙浮華，窮極奢侈，馴至綱紀頹敝，禮法蕩然，蓋視桓靈之世爲尤甚。雖間有一二廉能之士，亦但知守己中立，明哲保身已耳，固無蹇諤之節，狷介之操，以風行天下者。加以諸王爭權，士大夫往往朝膺軒冕之榮，夕遭族滅之禍。於是居官任職者自易養成畏葸苟安、不負責任之習慣，而相率祖尙虛浮，遺落世事。其後則貨賂公行，讒邪得志，遂致中朝傾覆，淪爲左衽。晉室南遷，初期確有懲前毖後之心，改弦更張之意，然已積重難返，僅能偏安一隅。劉宋以降，君位相傳，悉由篡奪。劉裕篡奪手段狠毒，異於前代，流風所扇，遂及政治，名既不正，何有言順，上有好者，下必甚焉，因此南朝遂爲中國君主弑殺最多之時期。

由於永嘉亂後，中原淪胥，歷久不復，民心苦悶，達於極點。加以政風窳敗，殺戮大行，更予人以生命無常，旁皇無依之感。一般知識分子生丁玆世，欲救無從，思想遂帶有濃厚的隱逸、遊仙、神怪、頹廢色彩，而文學創作亦必與之步調一致，掙脫儒家之桎梏，而競向形式主義、唯美主義、浪漫主義，與夫藝術至上主義之路邁進。思潮激盪，必有迴瀾，憂時之士，憫悼道統湮微，經典蒙塵，而文藝則日趨柔靡，終非創作正軌，於是振臂高倡崇儒宗經之論，以期糾正文壇泰甚之失。傅咸首作六經詩（見全晉詩卷二），爲引入經文之第一人，謝靈運動輒援引經義入詩，亦爲前此所未有。齊梁之際，乃有正式主張五經爲一切文學之源者，劉勰其首選也。劉氏在文心中，特列原道，徵聖，宗經三篇，其崇儒尊經思想之濃，灼然可見。然或疑其爲虔誠佛教徒，晚年且燔髮出家，宗經絕非由衷之言，乃是應景之語云云。此乃皮相之論，不足採信。蓋儒家並非宗教，與佛教初非水火不容者，又何害於佛法之弘揚，況儒釋合一乃當時之風尚、之巨流乎。試觀蕭梁諸帝之儒佛兼治，著書滿家，皇侃論語義疏之以佛解經，見重士林，可以證也。又文心序志篇云：

> 予齒在踰立，嘗夜夢執丹漆之禮器，隨仲尼而南行，旦而寤，迺怡然而喜。大哉聖人之難見也，迺小子之垂夢歟。自生人以來，未有如夫子者也。

劉氏崇儒苟非出於肺腑者，當夜夢曳芒鞋攜破鉢，隨釋迦而西行，乃合情理，何以竟執禮器隨仲尼而南行耶。此又可爲其宗經之一證也。

劉氏宗經理論，在文心上編二十五篇中，幾於無篇無之，而著力點則在原道、徵聖、宗經、正緯四篇。原道篇係推論文章之所從出，上追河洛，下逮周孔。徵聖篇則歷舉聖經賢傳所言之政事文學，以徵實立辭之貴要。宗經篇則將五經之關於文章處，詳爲闡發，並言宗經不宗經之利弊，以勗勉後學。正緯篇乃力言緯書亂經之非，先舉四緯之理由，次言利用讖緯者之紕繆，末言雖有時可助文章辭采，仍以不用爲是。前後一貫，脈絡分明，六朝言宗經者，無過於此。

吾國文學，濫觴羣經（尤其是五經），後世製作，胥由是出，此往昔治文學者之恆言也。劉氏云：

> 論說辭序，則易統其首。詔策章奏，則書發其源。賦頌歌讚，則詩立其本。銘誄箴祝，則禮總其端。紀傳移檄，則春秋爲根。並窮高以樹表，極遠以啓疆，所以百家騰躍，終入環中者也。（宗經篇）

稍後顏之推亦有類似意見。

夫文章者，原出五經。詔令策檄，生於書者也。序述論議，生於易者也。歌詠賦頌，生於詩者也。祭祀哀誄，生於禮者也。書奏箴銘，生於春秋者也。朝廷憲章，軍旅誓誥，敷顯仁義，發明功德，牧民建國，不可暫無。（顏氏家訓文章篇）

推二君之意，蓋以聖人爲大文豪，五經爲文體百科全書(Encyclopedia)，故文必徵聖，辭必宗經。劉氏又云：

三極彝訓，其書言經。經也者，恆久之至道，不刊之鴻教也。故象天地，效鬼神，參物序，制人紀，洞性靈之奧區，極文章之骨髓者也。（宗經篇）

良以聖人作文，吐語多雙，遺辭多偶，使人易於記誦，無能增改，故能行之四極，傳諸久遠。又經典之文，類都音韻相協，藻繪成章，如治絲之經緯然，故得名之爲『經』。劉氏立意尊經，其文藝創作之根本觀念卽胎息於此。經典旣爲一切文章之淵藪，後人取用，可無虞涸竭。劉氏又進而拈出體有六義之論：

文能宗經，體有六義：一則情深而不詭，二則風清而不雜，三則事信而不誕，四則義直而不回，五則體約而不蕪，六則文麗而不淫。（同上）

此蓋綜合經典文章所得之六種認識。大抵前三種爲正言，後三種爲體要，正言卽劉氏之所謂『文』，體要卽劉氏所求之『質』。文者形式，質者內容，文質相稱，形式內容兼顧，而文家之能事略盡矣。創作文藝者苟能有此六種認識，則格調自高，境界自美。（說詳王夢鷗氏劉勰宗經六義試詮〇見中華學苑）

劉氏文學理論振鑠後代文壇者，莫過於宗經之說，其後一般文士遂動謂爲文必本諸五經，蓋已蔚爲風尙矣。柳宗元答韋中立論師道書：

> 故吾每爲文章，未嘗敢以輕心掉之，懼其剽而不留也。未嘗敢以怠心易之，懼其弛而不嚴也。未嘗敢以昏氣出之，懼其昧沒而雜也。未嘗敢以矜氣作之，懼其偃蹇而驕也。抑之欲其奧，揚之欲其明，疏之欲其通，廉之欲其節，激而發之欲其清，固而存之欲其重，此吾所以羽翼夫道也。本之書以求其質，本以詩以求其恆，本之禮以求其宜，本以春秋以求其斷，本之易以求其動，此吾所以取道之原也。參之穀梁氏以厲其氣，參之孟荀以暢其支，參之莊老以肆其端，參之國語以博其趣，參之離騷以致其幽，參之太史公以著其潔，此吾所以旁推交通而以爲之文也。

言己之文章出於羣經，旁及子史。章學誠文史通義詩敎篇：

> 戰國之文，其源皆出於六藝，何謂也。曰：道體無所不該，六藝足以盡之。諸子之爲書，其持之有故，而言之成理者，必有得於道體之一端，而後乃能恣肆其說，以成一家之言也。所謂一端者，無非六藝之所該，故推之而皆得其所本，非謂諸子果能服六藝之敎，而出辭必衷於是也。老子說本陰陽，莊列寓言假象，易敎也。鄒衍侈言天地，關尹推衍五行，書敎也。管商法制，義存政典，禮敎也。申韓刑名，旨歸賞罰，春秋敎也。其他楊墨尹文之言，蘇張孫吳之術，辨其源委，挹其旨趣，九流之所分部，七錄之所敍論，皆於物曲人官，得其一致，而不自知爲六典之遺也。

按春秋以前，典章存於官守，私家未有版籍。及周轍既東，官守之職壞，私家著述興，於不知不覺中，已取六藝之作，而變化其體製矣。吳曾祺涵芬樓文談宗經篇：

學文之道，首先宗經，未有經學不明而能擅文章之勝者。夫文之能事，務在積理，而理之精者，莫經爲最，蓋出自聖人所删定，其微言大義，自遠出諸子百家之上，吾人生平持論，常得此爲據依，自無偏駁不純之弊。至其文詞之美，如鐘鼎彝器，古色爛然，任後人極力摹擬，亦終不可及。漢代作者，如董仲舒司馬遷揚雄劉向班固之屬，大抵皆習於經生家言，非苟爲炳炳琅琅者比也。

言聖人精理，具在經典，學聖人之文，捨經典無由也。

㊁**情　感**　文學者，至美之藝術也，尤以唯美文學爲然。六期唯美文學若五言詩騈體文之屬，詞藻麗滓，有類於美術品，故西人恆以美文（belles-lettres）稱之。通常一篇美文必兼具內美（internal beauty)與外美(external beauty)二者，始足以當之。所謂內美，卽內情之美，所謂外美，卽外采之美。內美必藉外美而彰，外美必資內美而成，兩者不容偏廢，亦不能偏廢。譬如一紙之兩面，不可缺一，亦不能缺一。是故徒工對仗、聲調、藻采（三者俱屬外美），固不足以言美文，徒有思想、情感、想像（三者俱屬內美），亦不足以言美文。所謂美文者，內外同符，表裏相發者也。文心情采篇論此理最佳，彼所謂情，卽屬於內美，彼所謂采，卽屬於外美。自古言作品內外之美者，未有能踰乎此者矣。（參近人劉永濟氏之說〇見文學論四章二節）

夫鉛黛所以飾容，而盼倩生於淑姿，文采所以飾言，而辯麗本於情性。故情者文之經，辭者理之緯，經正而後緯成，理定而後辭暢。此立文之本源也。

言適度的敷施鉛黛文采，有增於盼倩辯麗之美，若用之過量，則有害於淑姿情性，欲益反損，不爲美矣。

蓋盼倩之美，生於淑姿，無與於鉛黛。譬彼西施，乃一風華絕代之美人，嚴妝固佳，淡妝亦佳，粗服亂頭，不掩國色，由其氣質美也。東施無其美而效其顰，雖衣以錦繡，塗以鉛黛，飾以珠玉，亦不能滅其醜陋，見之而不掩口疾走者，未之有也。是故情者性之動，文者情之飾，美的文學，必皆發自性情，未有捨性情之外別有可爲文學者。

> 夫桃李不言而成蹊，有實存也，男子樹蘭而不芳，無其情也。夫以草木之微，依情待實，況乎文章，述志爲本，言與志反，文豈足徵。

桃李不言，下自成蹊，以其有甜美之果實。男子樹蘭，秀而不芳，以其無少女之柔情。草木之微，尚且如此，況含識之倫乎。故劉氏反覆強調文章不宜專騖形式之美，宜有深情以絡之，始可與言佳作。

> 昔詩人什篇，爲情而造文，辭人賦頌，爲文而造情。何以明其然，蓋風雅之興，志思蓄憤，而吟詠情性，以諷其上，此爲情而造文也。諸子之徒，心非鬱陶，苟馳夸飾，鬻聲釣世，此爲文而造情也。故爲情者要約而寫眞，爲文者淫麗而煩濫。而後之作者，採濫忽眞，遠棄風雅，近師辭賦，故體情之製日疏，逐文之篇愈盛。故有志深軒冕，而汎詠皐壤，心纏幾務，而虛述人外。眞宰弗存，翩其反矣。

此段理論亦劉氏文學思想之精華所在，其關係文藝創作者甚大，約略言之，蓋有二事：

（一）劉氏極力讚揚爲情造文之詩人篇什，而大肆抨擊爲文造情之辭人賦頌，實爲後世寫實主義（Realism）文學之先驅理論，與法國小說家巴爾札克（Honoré de Balzac）本科學精神對於現實生活爲純客觀之精確描寫者適相契合。民國八年，五四主盟諸君所標榜『建設新鮮的立誠的寫實主義文學』之理論，實則一千五百年前劉氏即已提出矣。

(二)劉氏上本陸機文賦『每自屬文，尤見其情』之緣情說，因認定惟有出之至情至性之作品始能感人，始有價値。申言之，中外古今文學作品之美者，無不以至情出之，出之以至情之文學作品，無論其爲若何體製，亦不限於一時代與一民族，均可收到感人之效果。故屈子爲離騷，賈生感其文，過汨羅，爲賦以弔之。司馬遷則曰：『余讀離騷天問招魂哀郢，悲其志，未嘗不垂涕，想見其爲人。』(史記屈原傳) 揚雄亦曰：『悲其文，讀之未嘗不流涕也。』(漢書本傳) 西人荷馬(Homeros)所作特洛伊(Troy)與德賽(Odyssey)二詩，則能感動亞歷山大(Alexander)漢尼拔(Hannibal)與凱撒(Caesar)。而溫采士特(Winchester)亦稱：「荷馬時代之學術，雖已爲陳跡，然荷馬則至今猶未老也，何則，以其訴於古今不滅之人情也。』(文學評論之原理) 可知緣情文學作品爲世人所共同喜愛，固不限於時代，更不限於民族，尤不限於國界也。白居易與元九書延伸劉氏之說云：

> 夫文尚矣，三才各有文：天之文，三光首之，地之文，五材首之，人之文，六經首之。就六經言，詩又首之。何者，聖人感人心而天下和平。感人心者，莫先乎情，莫始乎言，莫切乎聲，莫深乎義。詩者，根情，苗言，華聲，實義。上自聖賢，下至愚騃，微及豚魚，幽及鬼神，羣分而氣同，形異而情一，未有聲入而不應，情交而不感者。聖人知其然，因其言，經之以六義，緣其聲，緯之以五音。音有韻，義有類。韻協則言順，言順則聲易入。類擧則情見，情見則感易交。於是乎孕大含深，貫微

洞密，上下通而二氣泰，憂樂合而百志熙。二帝三王所以直道而行，垂拱而理者，揭此以為大柄，決此以為大竇也。（白氏長慶集二十八）

白氏由理論之分析，推論毛詩為六典之首，甚具法眼，蓋三百篇皆至情之作也。王國維人間詞話云：

詞人者，不失其赤子之心者也。故生於深宮之中，長於婦人之手，最後主為人君所短處，亦即為詞人所長處。客觀之詩人不可不多閱世，閱世愈深，則材料愈豐富，愈變化，水滸傳紅樓夢之作者是也。主觀之詩人不必多閱世，閱世愈淺則性情愈眞，李後主是也。尼采謂一切文學余愛以血書者。後主之詞眞所謂以血書者也。宋道君皇帝燕山亭詞亦略似之。然道君不過自道身世之戚，後主則儼有釋迦基督擔荷人類罪惡之意，其大小固不同矣。

言李後主詞所以獨高衆類者，以字字均以血淚書之也。黃季剛先生文心雕龍札記情采篇云：

夫志深軒冕，而汎詠皐壤，心纏幾務，而虛述人外，此之諼詐，誠可笑嗤。還視後賢，豈無其比。博弈飲酒，而高言性道，服食鍊藥，而呵罵浮屠，乞丐權門，而誇張介操，不窺章句，而傅會六經，從政無聞，而空言經濟，行才中人，而力肩道統。此雖其文過於顏謝庾徐百倍，猶謂之采浮華而棄忠信也。焉得謂文勝之世，士有夸言，質勝之時，人皆篤論哉。蓋聞修辭立誠，大易之明訓，無文不遠，古志之嘉謨。稱情立言，因理舒藻，亦庶幾彬彬君子，孰謂中庸不可能哉。

是創作文藝須以感情為主，以眞實為貴，蓋已成為定論，無待嘵嘵矣。

㊂**想　像**　文心有神思篇，專論創作文藝之內蘊功夫。所謂神思，即文思之延伸，天地四方，古往今

來之事物，無不在其運思範疇之內，陸機所謂『觀古今之須臾，撫四海於一瞬』，西人所謂想像（imagination）者是也。

思想與情感，抽象之心靈活動也，及於事物之表，遂構成一種意象，將此情景交融之意象表而出之，則翻移爲具體之描寫。思想與情感之所以能構成意象，意象之所以能外射於作品，端賴作者之能善運其想像也。說詳傅庚生中國文學批評通論第六章 故想像乃文藝創作之靈魂，任何文藝作品均不能離開想像，而必須經過文學家運用其想像力，將思想與感情之活動參入創作之中，始能完成。英哲拉斯金（Ruskin）嘗謂無想像力之暗示，不能發生詩。見近代畫家論（The Modern Painters） 誠深造有得之言也。劉氏立神思之界說云：

> 古人云：『形在江海之上，心存魏闕之下』，神思之謂也。文之思也，其神遠矣。故寂然凝慮，思接千載，悄焉動容，視通萬里，吟詠之間，吐納珠玉之聲，眉睫之前，卷舒風雲之色，其思理之致乎。

言構成意象時，想像之活動也。『思接千載』，謂不受時間之限制，『視通萬里』，謂不受空間之限制。惟其馳騁古今，通達萬里，始能『吐納珠玉之聲』，『卷舒風雲之色』，想像之奇妙，蓋已臻於出神入化，渾然忘我之境界矣。劉氏又謂想像須深入自然云：

> 故思理爲妙，神與物遊，神居胸臆，而志氣統其關鍵，物沿耳目，而辭令管其樞機。樞機方通，則物無隱貌，關鍵將塞，則神有遯心。是以陶鈞文思，貴在虛靜。疏瀹五藏，澡雪精神，積學以儲寶，酌理以富才，研閱以窮照，馴致以懌辭。然後使玄解之宰，尋聲律而定墨，獨照之匠，闚意象而運斤。此蓋馭文之首術，謀篇之大端。

言徒憑空想，向壁虛構，脫離現實過甚，必難邀人賞析。故想像須深入自然，將內在之主觀情思，化作外在之客觀景物，身與自然同在，神與萬物共遊，產生移情作用，情景交融，文章自有分量，自能感人。雖然，想像力在不善用者，固不能免大而無當、流宕忘返之譏，而善用之者則儀態萬千，光芒四射，文情相生，挹注不竭，擧千奇百怪，納之毫端，實極化腐朽爲神奇之能事焉。昔人謂『運用之妙，存乎一心。』其想像之謂乎。

(四)氣　力　宋蘇轍有言：『文者，氣之所形。』（上樞密韓太尉書）明白揭出『氣』在文中之重要性。遠在先秦之世，曾子卽有『出辭氣斯遠鄙倍』（論語泰伯篇）之論，孟子亦有『我善養吾浩然之氣』（孟子公孫丑篇）之說，然皆關乎道德修養，無預於文事，以氣論文，當自曹丕始。其典論論文云：

文以氣爲主，氣之淸濁有體，不可力強而致。譬諸音樂，曲度雖均，節奏同檢。至於引氣不齊，巧拙有素，雖在父兄，不能以移子弟。

卽認爲文章須有『氣』運乎其中。文心有養氣篇，論作文務在淸和其心，調暢其氣，周漢尙質，文氣較盛，六朝尙文，文氣稍衰。神思風骨體性等篇言氣者亦數數覯之，惟涵義稍異耳。體性篇云：

夫情動而言形，理發而文見，蓋沿隱以至顯，因內而符外者也。然才有庸儁，氣有剛柔，學有淺深，習有雅鄭，並情性所鑠，陶染所凝，是以筆區雲譎，文苑波詭者矣。故辭理庸儁，莫能翻其才，風趣剛柔，寧或改其氣，事義淺深，未聞乖其學，體式雅鄭，鮮有反其習。各師成心，其異如面。

此所謂氣，指才氣（或曰才性，猶今人所謂天資、氣質。）而言，爲淸代姚鼐之陰陽剛柔說、曾國藩之古文四象說所本。按建安以前，論文者多主後天之說，謂文學由時代與個人環境所造成，最著者爲司馬遷，其報任少卿書云：『詩三百篇，大抵賢聖發憤之所爲作也。』至元嘉時，謝靈運擬魏太子鄴中集詩八首，每詩之前，有一小序，意謂文學悉由環境所造成。其後踵武者甚衆，頗難悉數。獨曹丕以才性評騭時文，以爲才性稟諸先天，與生俱來，非後天環境所能改變，此即桓譚新論所謂『惟人心之所獨曉，父不能以禪子，兄不能以敎弟也。』（離事篇）劉氏則上承其說而光大之。風骨篇云：

> 詩總六義，風冠其首，斯乃化感之本源，志氣之符契也。是以怊悵述情，必始乎風，沉吟鋪辭，莫先於骨。故辭之待骨，如體之樹骸，情之含風，猶形之包氣。結言端直，則文骨成焉，意氣駿爽，則文風清焉。

> 若豐藻克贍，風骨不飛，則振采失鮮，負聲無力。是以綴慮裁篇，務盈守氣，剛健既實，輝光乃新。

此所謂氣，指氣力（或曰氣勢）而言。蓋文章須有風骨，風骨由於氣健。故其下云：

> 故魏文稱『文以氣爲主，氣之清濁有體，不可力強而致。』故其論孔融，則云體氣高妙，論徐幹，則云時有齊氣，論劉楨，則云有逸氣。公幹亦云：『孔氏卓卓，信含異氣，筆墨之性，殆不可勝。』並重氣之旨也。

謂文章須有剛健之氣，彰彰明甚。（據今儒戴君仁氏之說○見梅園雜著）惟文氣剛健，不能憑空而得，必須平時善加保愛。故養氣篇云：

> 若夫器分有限，智用無涯，或慚鳧企鶴，瀝辭鐫思。於是精氣內銷，有似尾閭之波，神志外傷，同乎

牛山之木，怛惕之盛疾，亦可推矣。

是以曹公懼為文之傷命，陸雲歎用思之困神，非虛談也。

且夫思有利鈍，時有通塞。沐則心覆，且或反常，神之方昏，再三愈黷。是以吐納文藝，務在節宣，清和其心，調暢其氣，煩而即捨，勿使壅滯。意得則舒懷以命筆，理伏則投筆以卷懷，逍遙以針勞，談笑以藥倦，常弄閑於才鋒，賈餘於文勇，使刃發如新，湊理無滯，雖非胎息之邁術，斯亦衞氣之一方也。

惟勁氣蓄之於中，形之於外，行文故能如長江大河，一瀉千里。孟子司馬遷文章所以大氣磅礴，寬厚疏蕩者，皆善養氣之驗也。

㈤才　性　人之才性與生俱來，然亦不能不受後天環境之影響。蓋人稟七情，應物斯感，而性涵於內，情著於外，情之所感不同，性之所趨自異。體性篇云：

才有庸儁，氣有剛柔，學有淺深，習有雅鄭。

先天稟賦與後天學養皆足以左右文章風格，故文藝創作當二者並重，不可缺一。事類篇云：

夫薑桂同地，辛在本性，文章由學，能在天資。才自內發，學以外成。有學飽而才餒，有才富而學貧，學貧者迍邅於事義，才餒者劬勞於辭情，此內外之殊分也。是以屬意立文，心與筆謀，才為盟主，學為輔佐，主佐合德，文采必霸，才學褊狹，雖美少功。

意謂有才無學，必迍邅於事義，有學無才，必劬瘁於辭情。故才須學以充實，學須才以發揮，兩者相佐為用，作品自臻高格。又二者之中，以才爲主，以學爲輔，則劉氏重視天才，皎然可見。張歷友氏闡發其說云：

嚴滄浪有云：詩有別才，非關學也，詩有別趣，非關理也。此得於先天者，才性也。讀書破萬卷，下筆如有神，貫穿百萬衆，出入由咫尺，此得力於後天者，學力也。非才無以廣學，非學無以運才，兩者均不可廢。有才而無學，是絕代佳人唱蓮花落也，有學而無才，是長安乞兒著宮錦袍也。（郎廷槐師友詩傳錄引）

才氣雖稟之於天，不可以學而能，但須平日加意培養，培養之道，惟在博覽。事類篇云：

將贍才力，務在博見，狐腋非一皮能溫，雞蹠必數千而飽矣。

博覽之後，繼以模擬。體性篇云：

夫才有天資，學慎始習。斲梓染絲，功在初化，器成綵定，難可翻移。故童子雕琢，必先雅製，沿根討葉，思轉自圓。八體雖殊，會通合數，得其環中，則輻輳相成。故宜摹體以定習，因性以練才，交之司南，用此道也。

作家之才性既異，故屬文之遲速亦相去懸絕。神思篇云：

人之稟才，遲速異分，文之制體，大小殊功。相如含筆而腐毫，揚雄輟翰而驚夢，桓譚疾感於苦思，王充氣竭於思慮，張衡研京以十年，左思練都以一紀，雖有巨文，亦思之緩也。淮南崇朝而賦騷，枚皐應詔而成賦，子建援牘如口誦，仲宣舉筆似宿搆，阮瑀據案而制書，禰衡當食而草奏，雖有短篇，亦思之速也。

而與作品之精神尤密不可分。體性篇云：

若夫八體屢遷，功以學成，才力居中，肇自血氣。氣以實志，志以定言，吐納英華，莫非情性。是以賈生俊發，故文潔而體清。長卿傲誕，故理侈而辭溢。子雲沈寂，故志隱而味深。子政簡易，故趣昭而事博。孟堅雅懿，故裁密而思靡。平子淹通，故慮周而藻密。仲宣躁銳，故穎出而才果。公幹氣褊，故言壯而情駭。嗣宗俶儻，故響逸而調遠。叔夜儁俠，故興高而采烈。安仁輕敏，故鋒發而韻流。士衡矜重，故情繁而隱辭。觸類以推，表裏必符，豈非自然之恆資，才氣之大略哉。

今翻閱諸子之文，誠有如劉氏所言者，於以知性以定文，文以徵性，蓋歷歷不爽也。近人劉永濟氏持論甚精，錄之以備考鏡。

文章體態雖多，大別之，富才氣者，其勢卓犖而奔縱，陽剛之美也。崇情韻者，其勢舒徐而妍婉，陰柔之美也。漢魏之作，陽美爲多，晉宋以後，陰柔漸勝，陰柔之極，至於闡緩，旣病闡緩，遂務新詭，而色媚聲柔，對工典切之文作矣。此固風土時尚使然，而國蹙偏安，人多婾惰，實足以影響斯文。然則舍人但就文藝立言，雖深中其弊，其力固不足以起衰疲而還淳雅也。試觀唐基初奠，四傑之文，雖亦習於華辭，而氣體宏麗，儼然開國之象，可以知其故矣。此論衰世之文者所當同慨也。文心雕龍校釋定勢篇

【四】文章外鑠

㈣聲律　我國文字雖屬衍形，而應用則爲衍聲，故形聲字佔十之八九，加以我國語言爲單音語，同音字特多，於是漸有輕重疾徐之別。惟是古人作文，不斤斤於平仄音韻，但憑口吻調利與否以爲斷，而不知不覺之間，自然與之暗合，此則天然之音節，非人力所製成，蓋詩騷即以此成篇，而漢賦、古詩十九首之音韻亦皆自然形成。爲文須論聲律，其說始於太康之際，陸機文賦首開其端。

曁音聲之迭代，若五色之相宣。雖逝止之無常，固崎錡而難便。苟達變而識次，猶開流以納泉。如失機而後會，恆操末以續顚。謬玄黃之秩敍，故淟涊而不鮮。

起首二句言詩文之聲調貴乎錯綜，三至六句言詩文之聲調貴乎變化，七八兩句言詩文之聲調貴乎恰當，結尾二句言詩文之聲調貴乎秩序，必也四者全備，始可與言音調之美。由此可知陸氏已發現文辭聲律之原則。其後顏延之、范曄諸子，亦認爲音律和諧乃文學形式美之構成要件。此爲一般理論方面。至於專門著作，則以魏初孫炎爾雅音義爲最早，已知用『反語』切某字之音。而『反語』之使用，乃與佛經之翻譯與轉讀有關。華文以形爲主，形聲僅爲六書之一，初無所謂字母，梵語以三十四聲母，十六韻母，共五十字母，孳生一切文字，其字音又分別陰陽，故印度之雅語必合韻律。其文恆以四字成句，聲韻諧和，十分優美動聽，於是切韻之學，遂與佛經以俱來，孫炎乃因其法而創反切。此則聲律之學緣於翻譯佛經者也。自典午東渡以後，佛敎盛行，佛經轉讀之風日熾，切音辨字亦日趨精密，蓋讀經不僅讀其字句，尚須傳其美妙之音節，因此詠經謂之轉讀，歌讚謂之梵音。然而漢字單音，梵音重覆，爲適用於轉讀歌讚，即須參照梵語拼音，以求漢語之轉變，於是反切之法因而大行，四聲亦因而成立。此則聲律之學緣於轉讀佛經者也。因之長於佛理者，遂能熟於音理。可見四聲之起，與梵文音理不能無緣，字母之興，乃隨梵文而輪入，尤屬信而有徵。降至蕭齊，論音韻者，有王融謝脁周顒沈約諸子，聲氣相求，桴鼓相應，倡聲律之說，振鑠天下，不但揭開千古以來之奧祕，抑且使文學體貌煥然一新，於是音韻之運用日精，平仄之講求日密。其中以沈約聲名獨著，沈氏論音律，可於其所撰宋書謝靈運傳中見之。

　　若夫敷衽論心，商榷前藻，工拙之數，如有可言。夫五色相宣，八音協暢，由乎玄黃律呂，各適物宜。欲使宮羽相變，低昂舛節，若前有浮聲，則後須切響。一簡之內，音韻盡殊，兩句之中，輕重悉異。妙達此旨，始可言文。

沈氏所論，究其用心，蓋企圖自聲音之輕重，浮切之配合，造出一種聽覺上之美感，用人工方式調和韻律，使平仄相間，可以收到詩文之音響效果。此外，沈氏更提出四聲八病說。王應麟困學紀聞引李淑詩苑類格載沈約之言曰：

　　詩病有八，平頭、上尾、蜂腰、鶴膝、大韻、小韻、旁紐、正紐。惟上尾、鶴膝最忌，餘病亦通。

又遍照金剛文鏡祕府論序云：

　　沈侯劉善之後，王皎崔元之前，盛談四聲，爭吐病犯，黃卷盈篋，緗帙滿車。

沈氏所倡文學上之音律，四聲之分乃其基本理論，而八病之忌則是創作文藝之具體條件。易言之，積極建設方面，爲明辨四聲與錯綜音韻，而消極避忌方面，則爲詩學八病之探討。

　　沈氏聲律論既出，首先反對者爲梁武帝。南史沈約傳云：

約撰四聲譜，以爲『在昔詞人累千載而不悟，而獨得胸衿，窮其妙旨』。自謂入神之作。武帝雅不好焉，嘗問周捨曰：『何謂四聲。』捨曰：『「天子聖哲」是也。』然帝竟不甚遵用。

繼梁武之後，著文主張自然音律，正面抨擊人工聲律者爲鍾嶸，對沈氏聲病說深致不滿。其詩品序云：

齊有王元長者，嘗謂余云：『宮商與二儀俱生，自古詞人不知之，惟顏憲子乃云律呂音調，而其實大謬，唯見范曄謝莊頗識之耳。嘗欲造知音論，未就。』王元長創其首，謝朓沈約揚其波。三賢或貴公子孫，幼有文辯。於是士流景慕，務爲精密，襞積細微，專相陵架，故使文多拘忌，傷其眞美。余謂文製本須諷讀，不可蹇礙，但令清濁通流，口吻調利，斯爲足矣。至於平上去入，則余病未能，蜂腰鶴膝，閭里已具。

鍾嶸與沈約同時，而論詩不爲所惑，良可宗尚。然鍾氏所持以反對聲律之理由，亦未盡當。彼以『清濁通流，口吻調利』之自然音律說，抨彈沈氏之人工音律，不免稍涉意氣。蓋詞藝一道，恆隨時代以俱進，即以五言詩而言，先士所作，藻思綺合，清麗芊眠，至齊梁已無可復加，所未盡美者，僅聲律猶未錯綜已耳。且自古詩完全脫離音樂以後，對詩之欣賞方法，便由歌唱而轉入吟詠，詩之音樂性與詩句韻律之美，不復能仰仗絲竹管絃，而必須乞靈於語言文字之自身。故永明諸賢乃罄其心血，竭其思慮，創造人工音律，以濟詩樂分離之窮，使詩中之韻律，假借人爲力量而更加諧叶，益趨完美。沈氏宮羽相變、浮聲切響之說，深合韻文聲律宜有相間相重之音學原理。其下開三唐律近，垂範後昆，沾溉來葉者，實未有涯涘，烏可輕易詆訶，一筆抹殺耶。

劉勰適逢其盛，於聲病說雖不盡贊同，然不若鍾嶸之堅決反對。劉氏深知聲律在文藝作品中之重要性，於是作聲律篇，暢論聲律之理，折衷於自然聲律與人爲聲律之間。認爲文章必具音律，而吐納律呂，則須驗之脣吻。

夫音律所始，本於人聲者也。聲含宮商，肇自血氣，先王因之，以制樂歌。故知器寫人聲，聲非學器者也。故言語者，文章神明樞機，吐納律呂，脣吻而已。

作文雖重音律，但不可拘泥，亦猶操琴不調，必知更張。

古之教歌，先揆以法，使疾呼中宮，徐呼中徵。夫商徵響高，宮羽聲下，抗喉矯舌之差，攢脣激齒之異，廉肉相準，皎然可分。今操琴不調，必知改張，摛文乖張，而不識所調。響在彼絃，乃得克諧，聲萌我心，更失和律，其故何哉。良由內聽難爲聰也。故外聽之易，絃以手定，內聽之難，聲與心紛，可以數求，難以辭逐。

理想之聲律，在於和音與協韻。和音者，一句之節奏，協韻者，全篇之聲響，皆須愼加選擇。

是以聲畫姸蚩，寄在吟詠，吟詠滋味，流於字句。字句氣力，窮於和韻。異音相從謂之和，同聲相應謂之韻。韻氣一定，故餘聲易遣，和體抑揚，故遺響難契。屬筆易巧，選和至難，綴文難精，而作韻甚易。雖纖意曲變，非可縷言，然振其大綱，不出玆論。

上之所論，乃劉氏聲律說之精華所在。至其響應沈約之音律論與八病說者，則有如下一段：

凡聲有飛沈，響有雙疊。雙聲隔字而每舛，疊韻雜句而必睽，沈則響發而斷，飛則聲颺不還，並轆轤交往，逆鱗相比，迂其際會，則往蹇來連，其爲疾病，亦文家之吃也。夫吃文爲患，生於好詭，逐新趣異，故喉脣糺紛，將欲解結，務在剛斷。左礙而尋右，末滯而討前，則聲轉於吻，玲玲如振玉，辭靡於耳，纍纍如貫珠矣。

『沈則響發而斷，飛前聲颺不還』，卽沈氏所謂『若前有浮聲，則後須切響』。亦卽指平頭、上尾、蜂腰、鶴膝四病。又『雙聲隔字而每舛，疊韻雜句而必睽』，卽沈氏所謂『一簡之內，音韻盡殊，兩句之中，輕重悉異』。亦卽大韻、小韻、旁紐、正紐四病。但由於『選和至難』，故劉氏對於詩中八病，從未主張必須絕對避忌，而只是視爲一種理想。持較沈約之懸爲厲禁，鍾嶸之根本否定，其態度溫和多矣。要之，劉氏雖贊同沈約之聲病說，但祇擷其精華，並未全盤接受也。范文瀾文心雕龍注聲律篇云：

四聲之分，旣已大明，用以調聲，自必有術。八病苛細，固不可盡拘，而齊梁以後，雖在中才，凡有製作，大率聲律協和，文音清婉（南齊書張融傳云文音清婉在其韻），辭氣流靡，罕有挂礙，不可謂非推明四聲之功。鍾嶸詩品，獨非四聲，以爲襞積細微，文多拘忌，傷其眞美，斯論通達，當無間然。抑知淸濁通流，口吻調利，苟無科條，正復不易。夫大匠誨人，必以規矩，神而化之，存乎其人，何得堅拒聲律之術，使人冥索，得之於偶然乎。且齊梁以下，若唐人之詩，宋人之詞，元明人之曲，旁及律賦四六，孰不依循聲律，構成新制。徒以迂見之流，不瞭文章貴乎新變，笑八病爲妄作，擯齊梁而不談，豈知沈約之前，聲律方興而莫阻，沈約之後，緦理剖析而彌精哉。文學通變不窮，聲律實其關鍵，世人由之而不自覺，其識又非鍾記室之比矣。彥和於情采鎔裁之後，首論聲律，蓋以聲律爲文學要質，又爲當時新趨勢，彥和固敎人以乘機無怯者，自必暢論其理。而或者謂彥和生於齊世，適當王沈之時，又文心初成，將欲取定沈約，不得不枉道從人，以期見譽。觀南史舍人傳，言約旣取讀，大重之，謂深得文理，知隱侯所賞，獨在此一篇矣。又謂南史鍾嶸傳云：『嶸嘗求譽於約，約拒之。及約卒，嶸品古今詩爲評，言其優劣云云，蓋追宿憾，以此報約也。』南史喜雜採小說家言，恐不足據以疑二賢也。

斯誠精當之論。

㈡**風　格**　風格一詞，雖不見於六朝文學理論之術語中，惟自建安以降，研究之者，代有其人，如曹丕典論論文云：

> 奏議宜雅，書論宜理，銘誄尚實，詩賦欲麗。

所謂『雅』『理』『實』『麗』，皆指各體文所要求之不同風格。陸機文賦因之，特加詳耳。

> 詩緣情而綺靡，賦體物而瀏亮，碑披文以相質，誄纏綿而悽愴，銘博約而溫潤，箴頓挫而清壯，頌優游以彬蔚，論精微而朗暢，奏平徹以閑雅，說煒曄而譎誑。

所謂『綺靡』『瀏亮』云云，亦皆指文章之風格。惟彼輩研究風格，多屬信手拈來之作，罕有面面俱到之篇。其斟酌前修，彌綸羣言，推陳出新，自成體系者。則自劉勰始。定勢篇云：

> 夫情致異區，文變殊術，莫不因情立體，卽體成勢也。勢者，乘利而爲制也，如機發矢直，澗曲湍回，自然之趣也。圓者規體，其勢也自轉，方者矩形，其勢也自安。文章體勢，如斯而已。

是以模經爲式者，自入典雅之懿，效騷命篇者，必歸艷逸之華，綜意淺切者，類乏醞藉，斷辭辨約者，率乖繁縟。譬激水不漪，槁木無陰，自然之勢也。

此由文體以定作品之風格，言何種文體當具有何種風格，作者須謹愼從事，不可羼入個人好惡，使內容與形式不能作適切之配合。

是以繪事圖色，文辭盡情，色糅而犬馬殊形，情交而雅俗異勢，鎔範所擬，各有司匠，雖無嚴郛，難得踰越。然淵乎文者，並總羣勢。奇正雖反，必兼解以俱通，剛柔雖殊，必隨時而適用。若愛典而惡華，則兼通之理偏，似夏人爭弓矢，執一不可以獨射也。若雅鄭而共篇，則總一之勢離，是楚人鬻矛譽楯，兩難得而俱售也。上同

故劉氏主張應依文體需要，選擇適當的表現風格。

是以括囊雜體，功在銓別，宮商朱紫，隨勢各配。章表奏議，則準的乎典雅。賦頌歌詩，則羽儀乎清麗。符檄書移，則楷式於明斷。史論序注，則師範於覈要。箴銘碑誄，則體制於宏深。連珠七辭，則從事於巧艷。此循體而成勢，隨變而立功者也。雖復契會相參，節文互雜，譬五色之錦，各以本采爲地矣。上同

前述文章風格，係就文章體裁之不同以立說，若自作者才性之差異與文章外形之表現上觀之，則體性篇論之甚詳。劉氏歸納作者之才性與文章之外形，分作品風格爲八種，玆臚列於左，並以黃氏文心雕龍札記附焉。

㈠典雅

文心：典雅者，鎔式經誥，方軌儒門者也。

札記：義歸正直，辭取雅馴，皆入此類。若班固幽通賦、劉歆讓太常博士之流是也。

㈡遠奧

文心：遠奧者，馥采典文，經理玄宗者也。

札記：理致淵深，辭采微妙，皆入此類。若賈誼鵩賦、李康運命論之流是也。

㈢精約

文心：精約者，覈字省句，剖析毫釐者也。

札記：斷義務明，練辭務簡，皆入此類。若陸機文賦、范曄後漢書諸論之流是也。

㈣顯附

文心：顯附者，辭直義暢，切理厭心者也。

札記：語貴丁寧，義求周浹，皆入此類。若諸葛亮出師表、曹冏六代論之流是也。

㈤繁縟

文心：繁縟者，博喻釀采，煒燁枝派者也。

札記：辭采紛披，意義稠複，皆入此類。若枚乘七發、劉峻辨命論之流是也。

㈥壯麗

文心：壯麗者，高論宏裁，卓爍異采者也。

札記：陳義俊偉，措辭雄瓌，皆入此類。若揚雄河東賦、班固典引之流是也。

七新　奇

文心：新奇者，擯古競今，危側趣詭者也。

札記：詞必研新，意必矜刱，皆入此類。若潘岳射雉賦、顏延之曲水詩序之流是也。

八輕　靡

文心：輕靡者，浮文弱植，縹緲附俗者也。

札記：詞須蒨秀，意取柔靡，皆入此類。若江淹恨賦、孔稚珪北山移文之流是也。

此八種風格又可歸爲四類，卽『雅與奇反，奧與顯殊，繁與約舛，壯與輕乖』。實際上作家所具風格並非一成不變，往往隨遭際之不同而異其致。故劉氏曰：

八體屢遷，功以學成。

黃氏申之曰：

人之爲文，難拘一體。非謂工爲典雅者，遂不能爲新奇，能爲精約者，遂不能爲繁縟。下文云：『八體雖殊，會通合數，得其環中，則輻湊相成。』此則探本之談，通變之術，異夫膠柱鍥舟之見者矣。（文心雕龍札記體性篇）

其言至爲圓通，信足解偏執者之煩惑矣。

(四)文學批評論

昔人每以功利或教化之眼光觀察一切文學作品，如詩經與楚辭，乃先秦南北文學之名著，而前者經孔子之删汰，早已列入經書，與易禮春秋等量齊觀。後者經王逸之詮釋，率以忠君愛國爲言，屈宋著作眞旨遂隱晦而難明。要之，凡不合於『文以載道』之旨者，概予擯棄，扼殺純文學發展之生機，莫此爲甚。至於漢末，曹丕乃一掃前習，還我眞面，品騭文學，輒以氣勢與個性爲標準。其評鄴下諸子之作品云：

> 王粲長於辭賦，徐幹時有齊氣，然粲之匹也。如粲之初征、登樓、槐賦、征思，幹之玄猿、漏巵、圓扇、橘賦，雖張蔡不過也。然於他文，未能稱是。琳瑀之章表書記，今之儁也。應瑒和而不壯，劉楨壯而不密。孔融體氣高妙，有過人者，然不能持論，理不勝辭，以至乎雜以嘲戲，及其所善，揚班儔也。(典論論文)

> 孔璋章表殊健，微爲繁富。公幹有逸氣，但未遒耳，其五言詩之善者，妙絕時人。元瑜書記翩翩，致足樂也。仲宣獨自善於辭賦，惜其體弱，不足起其文，至於所善，古人無以遠過。(與吳質書)

曹氏一再強調氣勢在文學上之重要性，又反覆說明作家個性與文學風格之關係，在文學批評史上誠屬首見。自玆厥後，文學遂逐漸脫離功利主義，而勇向唯美主義之路邁進。時日既久，篇章遂多，篇章既多，優劣難定，評鑑詞藝之作則又應時而生矣。惟彼等多著眼於作家之才性與創作之技巧，而忽略作品與時代、環境之重要關係，態度既不客觀，準標亦不一致。魏晉以來批評文學之作品雖多，然並未能振葉以尋根，觀瀾而索源，如此而欲導文學於正軌，是無異緣木以求魚。故劉勰認爲作爲一個文學批評家，學識廣博爲起碼條件外，尚須具有豐富的創作經驗，敏銳的鑑賞眼光，與公正的批評態度。知音篇云：

> 凡操千曲而後曉聲，觀千劍而後識器，故圓照之象，務先博觀。閱喬岳以形培塿，酌滄波以喻畎澮，無私於輕重，不偏於憎愛，然後能平理若衡，照辭如鏡矣。

『操千曲而後曉聲，觀千劍而後識器』，爲批評者之條件。『平理若衡，照辭如鏡』，爲批評者之本分。此乃上承曹植『有南威之容，乃可以論於淑媛，有龍泉之利，乃可以議於斷割』（與楊德祖書）之意，謂批評文學者，其本身須爲文學創作家，始能體會個中況味。故不嫻文事或不善創作者，不可妄事批評。亦猶五音不全、節奏莫辨之音盲，信口評斷貝多芬（Beethoven）之田園、英雄、運命等交響樂曲（Symphony），必難免於『妄人』之譏也。西哲約翰賓（Ben Johnson）嘗謂：惟有詩人，且須第一流詩人始有資格評論詩。而近代美學家咸謂藝術批評者至少須在剎那間提高其欣賞境界，與作者等，如此對作品不致發生誤解，纔能進一步加以批評。杜甫詩曰：『文章千古事，得失寸心知。』內行人尚且不易了解作者之寸心，況外行人乎。又云：

> 夫綴文者情動而辭發，觀文者披文以入情，沿波討源，雖幽必顯。世遠莫見其面，覘文輒見其心，豈成篇之足深，患識照之自淺耳。夫志在山水，琴表其情，況形之筆端，理將焉匿。故心之照理，譬目之照形，目瞭則形無不分，心敏則理無不達，然而俗鑑之迷者，深廢淺售，此莊周所以笑折楊，

宋玉所以傷白雪也。上同

謂文學鑑賞之所由通也。文學乃個人情感與社會情感融爲一體之表現，同時又是共有的時代精神之反映，而人類之情感知識更是彼此交流相通，故作家實不難了解，其作品亦並不難了解。要而言之，一個從事文學批評者，先須有廣博的學識作基礎，然後努力創作，以體驗個中甘苦。時日積久，乃進而欣賞他人之作品，以提高鑑別能力。當鑑別能力達到一定標準時，始可與言批評。此則劉氏之卓識，非以往任何批評家所能望其項背也。劉氏本此原則以從事文學批評，故率能公正、客觀、深入，而不詭於作者，其價値在此，其書爲後人所讚歎者亦在此。玆分論之：

【一】批評原理　劉氏對於文學批評家之態度，提出四點：一曰勿貴古賤今，二曰勿崇己抑人，三曰勿信僞迷眞，四曰勿黨同伐異。四者旣備，始可從事批評。

㊀勿貴古賤今　崇古抑今、貴遠賤近之惡習，貽害文壇實甚，凡載筆之倫均受沾染。以爲前人之作，句句珠玉，今人之作，字字糞土，無視於事理之有殊異，質文之有代變，擧今人鏤肝鉥腎、嘔心瀝血之創作，不問良莠，不別雅鄭，一筆而抹殺之，長此以往，後人將永難超軼前人，而文化亦將停滯而不能進步，固不止文學一端已也。此種現象，早在漢世，陸賈王充即已提出，魏曹丕復極力指斥其非，然痼疾已深，終無大效，至齊梁依然如故。劉氏乃著論以非之云：

夫古來知音，多賤同而思古，所謂『日進前而不御，遙聞聲而相思』也。昔儲說始出，子虛初成，秦皇漢武，恨不同時。旣同時矣，則韓囚而馬輕，豈不明鑒同時之賤哉。……故鑒照洞明，而貴古賤

今者，二主是也。（知音篇）

有此種囿蔽者，其態度已有偏差，心理亦不正常，又何能產生客觀之批評耶。

❷勿崇己抑人　崇己抑人之病，無時無之，無地無之，蓋詞壇之通病也。曹丕斥之於前，劉氏繼之於後。知音篇云：

至於班固傅毅，文在伯仲，而固嗤毅云：『下筆不能自休』。及陳思論才，亦深排孔璋，敬禮請潤色，歎以爲美談，季緒好詆訶，方之於田巴，意亦見矣。故魏文稱『文人相輕』，非虛談也。……才實鴻懿，而崇己抑人者，班曹是也。

以作家而兼批評家者，率不能免於斯累。蓋人皆有自尊之心，遂存好勝之念，與同時作家，常欲爭勝，而崇己抑人之習以成。

❸勿信僞迷眞　信僞迷眞之病，世所恆有，批評者或學不逮文，或文情難鑑，或知多偏好，遂妄肆詆訶，自儕季緒。其尤甚者，讀未終篇，一知半解，遂遽下斷語，貽害文壇，何可勝道。知音篇云：

至如君卿脣舌，而謬欲論文，乃稱史遷著書諮東方朔。於是桓譚之徒，相顧嗤笑。彼實博徒，輕言負誚，況乎文士，可妄談哉。……學不逮文，而信僞迷眞者，樓護是也。醬瓿之議，豈多歎哉。

故批評者須兼具『學』與『識』，衡文品藝方不致發生偏差。

❹勿黨同伐異　黨同伐異之病，乃種因於興趣之偏好，蓋人各有好尚，勢難強同，苟挾門戶之成見，入者主之，出者奴之，文壇上將永無是非可言，公正之批評又何得而建立。知音篇云：

夫麟鳳與麏雉懸絕，珠玉與礫石超殊，白日垂其照，青眸寫其形，然魯臣以麟爲麏，楚人以雉爲鳳，魏氏以夜光爲怪石，宋客以燕礫爲寶珠。形器易徵，謬乃若是，文情難鑑，誰曰易分。夫篇章雜沓，質文交加，知多偏好，人莫圓該。慷慨者逆聲而擊節，醞藉者見密而高蹈，浮慧者觀綺而躍心，愛奇者聞詭而驚聽。會己則嗟諷，異我則沮棄，各執一隅之解，欲擬萬端之變，所謂東向而望，不見西牆也。

此因主觀之好尚而累衡鑑之明也。故批評者不可蔽於一隅，更不可掉以輕心，而應袪除成見，以客觀之立場，作公正之評騭。

【二】批評素養　文學批評一事，本未易言，蓋批評得當，社會必蒙其利，批評失當，則將貽害於無窮，故司批評之職者，宜有高深之文學素養，始克畢其能事。素養維何，劉氏以爲有三端：一曰才，二曰學，三曰識，三者既備，始勝其任。

積學以儲寶，酌理以富才，研閱以窮照。（神思篇）

博涉羣書，以儲蓄寶藏，是爲『學』。斟酌文理，以厚積才力，是爲『才』。多事閱歷，以開拓眼界，是爲『識』。文史通義史德篇云：

才學識三者，得一不易，而兼三尤難。非識無以斷其義，非才無以善其文，非學無以練其事。

此雖指史德而言，然亦足與劉氏之論相發。

【三】批評態度　劉氏以爲衡文鑑藝，應以客觀之態度，揚棄憎愛之偏私，方能使優美作品，借批評爲津梁，而呈現於千萬讀者之前，前已數數言及矣。劉氏又云：

昔屈平有言：『文質疏內，衆不知余之異采』，見異唯知音耳。揚雄自稱『心好沈博絕麗之文』，其事浮淺，亦可知矣。夫惟深識鑒奧，必歡然內懌，譬春臺之熙衆人，樂餌之止過客。蓋聞蘭爲國香，服媚彌芬，書亦國華，翫繹方美。知音君子，其垂意焉。（知音篇）

此言批評者深入熟玩之要。惟其深入於作者之創作世界，始能以我心魂，接彼精魄，兩相默契，而無霧裏看花，終隔一層之憾。朱子謂『讀詩者當涵泳自得』，卽劉氏深入熟玩之義。苟能以此態度評文，又何有於主觀，又何有於偏頗。

【四】批評標準　文學評論家雖具有適切的修養與公正的態度，但若漫無標準，信口雌黃，亦未盡善，於是劉氏又特揭舉六種評文之標準。

將閱文情，先標六觀：一觀位體，二觀置辭，三觀通變，四觀奇正，五觀事義，六觀宮商。斯術既行，則優劣見矣。（知音篇）

此六觀乃批評家在評鑑作品以前所定之六種客觀標準，玆闡論之：

㈠觀位體　觀位體者，謂觀察作者對文章體裁之選擇是否適當。蓋文非一體，鮮能備善，作者所要表現之思想情感須與文體相當，乃創作之第一要件。卽劉氏所謂『情致異區，文變殊術，莫不因情立體，卽體成勢。』（定勢篇）文心有體性定勢二篇，皆專論位體者也。

㈡觀置辭　觀置辭者，謂觀察作者對修辭與語言之表現是否精確完美。夫作文一道，修辭尙矣，作者才華之美拙，功力之深淺，均可於此覘之，蓋遣辭造句乃作文之起步，文心有練字章句二篇，皆專論置辭者也。

㈢**觀通變**　觀通變者，謂觀察作者對文章之內容與形式是否作適當的配合。蓋重質輕文，固非所宜，崇文黜質，亦非正道。二者必須配合均勻，始稱佳構。劉氏所謂『斟酌乎質文之間，而隱括乎雅俗之際，可與言通變矣』（通變篇），正是此意。又一代有一代之文學，作者惟能獨出機杼，變故翻新，師古而不泥古，斯稱極詣。文心有通變鎔裁二篇，皆專論通變者也。

㈣**觀奇正**　觀奇正者，謂觀察作品是否新奇，而又不失雅正，流於浮詭。定勢篇云：

繪事圖色，文辭盡情，色糅而犬馬殊形，情交而雅俗異勢，鎔範所擬，各有司匠，雖無嚴郛，難得踰越。然淵乎文者，並總羣勢。奇正雖反，必兼解以俱通，剛柔雖殊，必隨時而適用。若愛典而惡華，則兼通之理偏，似夏人爭弓矢，執一不可以獨射也。若雅鄭而共篇，則總一之勢離，是楚人鬻矛譽楯，兩難得而俱售也。

言善屬文者，同時運用各種表現方式。新奇與雅正風格雖異，常兼容並蓄使之統一，陽剛與陰柔姿態雖殊，必隨時宜而善加運用，則文章必能引人入勝，而不致昏睡耳目矣。

㈤**觀事義**　觀事義者，謂觀察作者對於成語典故之運用是否確當。蓋文章修辭之法，固不止白描一端，白描特較合乎初學之便而已，並非創作之惟一法門。故凡厭惡成語，詆娸典故者，皆不知文學者也。至用典之訣要，具見於事類篇中，前已論之甚詳，茲不復贅。

㊅觀宮商　觀宮商者，謂觀察作者對音律節奏是否嫻熟，而使文章富有音樂性。蓋中國文字有四聲陰陽之別，自沈約諸子倡聲律論以後，批評家愈益重視詩文之音節美與韻律美。劉氏特著聲律篇以張之，其說亦已見前，不復贅。

總之，劉氏之六觀法，乃就其創作理論推衍而來者，持此標準以衡文鑑藝，自較一般印象派(the impressionist school)之批評爲正確，而由鑑賞之批評轉爲判斷之批評，由主觀之態度轉爲客觀之態度矣。

【五】批評精神　劉氏平章衆作，惟務折衷，既不爲譁衆取寵之論，亦不見惡意中傷之詞，平平實實，就文論文，雖起前英於地下，諒亦無異辭也。序志篇云：

> 夫銓敍一文爲易，彌綸羣言爲難，雖復輕采毛髮，深極骨髓，或有曲意密源，似近而遠，辭所不載，亦不可勝數矣。及其品評成文，有同乎舊談者，非雷同也，勢自不可異也。有異乎前論者，非苟異也，理自不可同也。同之與異，不屑古今，擘肌分理，唯務折衷。按轡文雅之場，環絡藻繪之府，亦幾乎備矣。但言欲盡意，聖人所難，識在缾管，何能矩矱。茫茫往代，既洗予聞，眇眇來世，儻塵彼觀也。

良以是非乃天下之公理，故不以同爲病而立異以矜矯，亦不以異爲嫌而求同以依附，此種批評精神，直可放諸四海而皆準，百世以俟聖人而不惑，又豈止文苑之南針，一時之藥石已耶。

【六】批評內容　質言之，文心五十篇幾於篇篇皆在衡文論藝，其涵蓋之廣，非累幅所能盡。茲揭其犖犖大者，以當一臠。

㊀模擬　模擬爲文藝創作之一法，蓋初學儉腹，藝事未精，不得不多所規摹，以求與古人相合，亦取法乎上之意也。近人陳曾則氏云：

> 初學者必從摹擬入手，雖出於有意，無礙也。其學既進，其境既熟，其術日深，而後能去其形貌，而得其神理。張廉卿先生云：『與古人訢合於無間』，非好學深思，安能得之。（古文比）

良以初學不從模擬入手，便求與古人離，是猶登高而不自卑，行遠而不自邇，其終無所成也必矣。模擬而不能化，則終身役於古人，必不能自成家數。故劉氏論文，重創作而輕模擬。（當指學有所得者而言）通變篇云：

> 夫設文之體有常，變文之數無方，何以明其然耶。凡詩賦書記，名理相因，此有常之體也。文辭氣力，通變則久，此無方之數也。名理有常，體必資於故實，通變無方，數必酌於新聲，故能騁無窮之路，飲不竭之源。然綆短者銜渴，足疲者輟塗，非文理之數盡，乃通變之術疎耳。故論文之方，譬諸草木，根幹麗土而同性，臭味晞陽而異品矣。

此言文章有窮變通久之理。古人文章，有可變者，有不可變者，可變者風格，不可變者文體。易詞言之，學者之於古人，有當模擬者，有不當模擬者，不可一例觀也。又云：

> 夫青生於藍，絳生於蒨，雖踰本色，不能復化。桓君山云：『予見新進麗文，美而無採，及見劉揚言辭，常輒有得。』此其驗也。故練青濯絳，必歸藍蒨。

意謂青絳雖踰藍蒨之本色，但可貴者依然是藍蒨，而非青絳。以喻模擬者或有勝於創作者，但士林所推重者依然是創作者，而非模擬者。又云：

夫誇張聲貌，則漢初已極，自茲厥後，循環相因，雖軒翥出轍，而終入籠內。枚乘七發云：『通望兮東海，虹洞兮蒼天。』相如上林云：『視之無端，察之無涯，日出東沼，月生西陂。』馬融廣成云：『天地虹洞，固無端涯，大明出東，月生西陂。』揚雄羽獵云：『出入日月，天與地沓。』張衡西京云：『日月於是乎出入，象扶桑於濛汜。』此並廣寓極狀，而五家如一。諸如此類，莫不相循，參伍因革，通變之數也。

劉氏所以不厭其煩，一再舉例以實其言者，無非在強調模擬非不可貴，惟須明通變之理耳。黃季剛先生申其說曰：

彥和此言，非教人直錄古作。蓋謂古人之文，有能變者，有不能變者，有須因襲者，有不可因襲者，在人斟酌用之。大抵初學作文，模擬昔文有二事當知：第一，當取古今相同之情事而試序之。譬如序山川，寫物色，古今所同也。遠視黃山，氣成葱翠，適當秋日，草盡萎黃，古作此言，今亦無能異也。第二，當知古今情事有相殊者，須斟酌而爲之。或古無而今有，則不宜強以古事傅會。施牀垂腳，必無危坐之儀，髡首戴帽，必無免冠之禮。此一事也。或古有而今無，亦不。以今事比合。古上書曰『死罪』，而後世曰『跪奏』。古允奏稱『制曰可』，而後世但曰『照所請』。若改以就古。則於理甚乖。此二事也。必於古今同異之理，名實分合之原，旁及訓故文律，悉能諳練，然後擬古無優孟之譏，自作無刻楮之誚，此制文之要術也。（文心雕龍札記通變篇）

言古今情事相同，無法立異者，則不妨模擬。古今情事相殊，不宜因襲者，則不可模擬。其於劉氏精義，闡發無遺矣。

模擬爲文章作法之一，不宜廢，亦不可廢，其先須與古人合，其後須與古人離，運用之妙，但存乎一心耳。王闓運湘綺樓論文於此亦有精闢之見解，要其所歸，亦貴變化也。

文有時代而無家數，今所以不及古者，習慣使之然也。韓退之遂云非三代兩漢之書不敢觀，如是僅得爲擬古之文，及其應世，事蹟人地，全非古所有，則失其故步，而反不如時手駕輕就熟也。明人號爲復古，全無古色，卽退之文，亦豈有一句似子長揚雄耶。故知學古當漸漬於古，先作論事理短篇，務使成章，取古人成作，處處臨摹，如仿書然。一字一句，必求其似，如此者，家信帳記，皆可摹古，然後稍記事，先取今事與古事類者，比而作之，再取今事與古事遠者，比而附之，終取今事爲古所絕無者，改而文之。如是非十餘年之專功不能到也。詩則有家數，易摹擬，其難亦在於變化，於全篇摹擬中能自運一兩句，久之可一兩聯，久之可一兩行，則自成家數矣。

近人駱鴻凱氏獨標新諦，頗能發前賢未發之義，錄之以資比觀。

夫文貴自出心裁，獨標新穎，謝朝華之已披，啓夕秀於未振，焉取規摹仿效，致來因襲之譏。然寫花鳥，繪煙嵐，則誠有不盡爾者。蓋物色古今所同，遠視黃山，氣成葱翠，適當秋日，草盡萎黃，古有此景，今亦無以異也。是故古人之作，雖已泄宇宙之祕，窮化工之妙，淸辭麗句，膾炙文林。然後賢有作，倘能卽勢會奇，因方借巧，妙得規摹變化之訣，自成化腐爲新之功。又況意之爲用，其出不窮，同敍一景，而以悲愉各異，則後者初非襲前。如『落日照大旗，馬鳴風蕭蕭』杜甫後出塞，與『蕭蕭馬鳴，悠悠旆旌』（詩大雅角弓篇），一敘愁慘之象，一狀整暇之容，語同而用意別，特作者臨文，偶然湊合，非相襲也。同賦一物，而比興不同，則諸作各擅其勝。如同一詠蟬，虞世南『居高聲自遠，端不藉秋風』，是清華人語。駱賓王『露重飛難進，風多響自沈』，是患難人語。李商隱『本以高難飽，徒勞恨費聲』，是牢騷人語。此因比興之不同，而各據勝境也。由此觀之，雨滴空階，月照積雪，亭皐葉下，池塘草生，凡諸美景，雖至不可紀極之世，言之亦無害爲佳構。李文饒所謂『文章譬諸日月，雖終古常見，而光景常新』，不其然哉。（黃氏文心雕龍札記附錄物色篇評語）

㈡文　德　儒家論士，向重士品，故孔門十哲，德行爲首，四教之中，德居其三，此乃盡人皆知，毋待覶縷。建安之世，海宇塵飛，神州魚爛，儒學已不足以維繫人心，弭平禍亂。曹操秉政，用人有才行不相掩之論，於是曹丕乃有文士不相掩之說。典論論文：

觀古今文人，類不護細行，鮮能以名節自立。

惟葛洪則力持異議，疾呼文德乃兄弟關係，而非主從關係，亦畫時代之奇論也。其抱朴子尚博篇云：

或曰：『德行者本也，文章者末也，故四科之序，文不居上。然則著紙者，糟粕之餘事，可傳者，祭畢之芻狗，卑高之格，是可識矣。文之體略，可得聞乎。』

抱朴子答曰：『筌可以棄，而魚未獲，則不得無筌。文可以廢，而道未行，則不得無文。若夫翰迹韻略之宏促，屬辭比事之疏密，源流至到之修短，蘊藉汲引之深淺。其懸絕也，雖天外毫內，不足以喻其遼邈。其相傾也，雖三光熠耀，不足以方其巨細。龍淵鉛鋌，未足譬其銳鈍，鴻羽積金，未足比其輕重。清濁參差，所稟有主，朗昧不同科，強弱各殊氣。而俗士惟見能染毫畫紙者，便概之一例。斯伯牙所以永思鍾子，郢人所以格斤不運也。蓋刻削者比肩，而班狄擅絕手之稱，援琴者至衆，而夔襄專知音之難，廐馬千駟，而騏驥有邈羣之價，美人萬計，而威施有超世之容，蓋有遠過衆者也。且文章之與德行，猶十尺之與一丈，謂之餘事，未之前聞。夫上天之所以垂象，唐虞之所以爲稱，大人虎炳，君子豹蔚，昌旦定聖謚於一字，仲尼從周之郁，莫非文也。八卦生鷹隼之所被，六甲出靈龜之所負，文之所在，雖賤猶貴，犬羊之鞟，未得比焉。且夫本不必皆珍，末不必悉薄，譬若錦繡之因素地，珠玉之居蚌石，雲雨生於膚寸，江河始於咫尺爾。則文章雖爲德行之弟，未可呼爲餘事也。』

此言文章與德行，猶如十尺與一丈，並無輕重之分。天地萬物各有其文采與實用，重文采而輕實用，或重實用而輕文采，皆非所宜。何者爲本，何者爲末，豈可妄加區別。顧卽強作區別，亦未必遂是輕重之標準。葛洪此論，影響於劉勰者至深。劉氏對作家之看法分爲兩方面：論作家內在之才情者，見之於才略篇，論作家外在之行爲者，見之於程器篇。程器云者，卽裴行儉所謂『士先器識而後文藝』之意。於有文無行之學人，頗多疵議，並連類而評及武士。

周書論士，方之梓材，蓋貴器用而兼文采也。是以樸斲成而丹雘施，垣墉立而雕杇附。而近代辭人，務華棄實，故魏文以爲『古今文人，類不護細行。』韋誕所評，又歷詆羣才。後人雷同，混之一貫，吁可悲矣。

此開宗明義之論，謂文人當貴器用而兼文采，有文潤身，有行勵德，方不愧爲文質彬彬之君子。

略觀文士之疵，相如竊妻而受金，揚雄嗜酒而少算，敬通之不修廉隅，杜篤之請求無厭，班固諂竇以作威，馬融黨梁而黷貨，文舉傲誕以速誅，正平狂憨以致戮，仲宣輕脫以躁競，孔璋惚恫以粗疏，丁儀貪婪以乞貨，路粹餔啜而無恥，潘岳詭禱於愍懷，陸機傾仄於賈郭，傅玄剛隘而詈臺，孫楚狠愎而訟府。諸有此類，並文士之瑕累。

此論文人之無行。葛洪而後，以此爲最詳。

文既有之，武亦宜然。古之將相，疵咎實多。至如管仲之盜竊，吳起之貪淫，陳平之汚點，絳灌之讒嫉，沿茲以下，不可勝數。孔光負衡據鼎，而仄媚董賢，況班馬之賤職，潘岳之下位哉。王戎開國上秩，而鬻官囂俗，況馬杜之磬懸，丁路之貧薄哉。

此論將相之無行。

然子夏無虧於名儒，濬沖不塵乎竹林者，名崇而譏滅也。若夫屈賈之忠貞，鄒枚之機覺，黃香之淳孝，徐幹之沉默，豈曰文士必其玷歟。

言術德兼修之士，亦往往而有，固不能一概論也。

蓋人稟五材，修短殊用，自非上哲，難以求備。然將相以位隆特達，文士以職卑多誚，此江河所以騰湧，涓流所以寸折者也。名之抑揚，既其然矣，位之通塞，亦有以焉。彼揚馬之徒，有文無質，所以終乎下位也。昔庾元規才華淸英，勳庸有聲，故文藝不稱。若非台岳，則正以文才也。

此論文士貽譏之由，位卑由於寡實，位高或以掩才。

文士既負才遺行，致干物議，或侘傺不偶，或憔悴終身，至有橫遭迫害而死於非命者。然則立身之道當如何，劉氏特爲之標示曰：

是以君子藏器，待時而動。發揮事業，固宜蓄素以弸中，散采以彪外，楩柟其質，豫章其幹，摛文必在緯軍國，負重必在任棟梁，窮則獨善以垂文，達則奉時以騁績，若此文人，應梓材之士矣。

其精義所在，殆卽先聖所謂『得志澤加於民，不得志獨行其道』，『窮則獨善其身，達則兼善天下』之意乎。

文史通義文德篇云：

凡言義理，有前人疎，而後人加密者，不可不致其思也。古人論文，惟論文辭而已矣，劉勰氏出，本陸機氏說，而昌論文心。蘇轍氏出，本韓愈氏說，而昌論文氣。可謂愈推而愈精矣。未見有論文德者，學者所宜深省也。夫子嘗言有德必有言，又言修辭立其誠。孟子嘗論知言養氣，本乎集義。韓子亦言仁義之途，詩書之源，皆言德也。今云未見論文德者，以古人所言，皆兼本末，包內外，猶合道德文章而一之，未嘗就文辭之中言其有才、有學、有識又有文之德也。凡爲古文辭者，必敬以恕。臨文必敬，非修德之謂也。論古必恕，非寬容之謂也。敬非修德之謂者，氣攝而不縱，縱必不能中節也。恕非寬容之謂者，能爲古人設身而處地也。嗟乎，知德者鮮，知臨文之不可無敬恕，則知文德矣。

又云：

韓氏論文，迎而拒之，平心察之，喻氣於水，言爲浮物。柳氏之論文也，不敢輕心掉之，怠心易之，矜氣作之，昏氣出之。夫諸賢論心論氣，未即孔孟之旨，及乎天人性命之微也。然文繁而不可殺，語變而各有當，要其大旨，則臨文主敬，一言以蔽之矣。主敬則心平，而氣有所攝，自能變化從容以合度也。夫史有三長，才學識也。古文辭而不由史出，是飲食不本於稼穡也。夫識，生於心也，才，出於氣也，學也者，凝心以養氣，鍊識而成其才者也。心虛難恃，氣浮易弛，主敬者隨時檢攝於心氣之間，而謹防其一往不收之流弊也。夫緝熙敬止，聖人所以成始而成終也，其爲義也廣矣。今爲臨文檢其心氣，以是爲文德之敬而已爾。

『心』指人之理智而言，『氣』指人之感情而言，『凝心以養氣，鍊識而成才』，猶謂人之宜以理智控制其感情，以後天之學驗充實其先天之才性也。（本近人傅庚生氏之說〇見中國文學批評通論第七章）此論足與劉說相映發。

㊂文以致用 文以致用乃儒家一貫之主張，南朝爲唯美文學之全盛時代，故主文以致用之說者，罕有其人。劉氏生值斯世，頗思有以倡導之，庶使文士走出象牙之塔而面對現實世界也。首論文章足以匡濟聖道云：

故知道沿聖以垂文，聖因文而明道，旁通而無滯，日用而不匱。易曰：『鼓天下之動者存乎辭』，辭之所以能鼓天下者，迺道之文也。（原道篇）

次論政化、事蹟、修身莫不貴文云：

夫作者曰聖，述者曰明。陶鑄性情，功在上哲，夫子文章，可得而聞，則聖人之情，見乎文辭矣。先王聖化，布在方冊，夫子風采，溢於格言。是以遠稱唐世，則煥乎爲盛，近褒周代，則郁哉可從。此政化貴文之徵也。鄭伯入陳，以文辭爲功，宋置折俎，以多文擧禮。此事蹟貴文之徵也。褒美子產，則云『言以足志，文以足言。』泛論君子，則云『情欲信，辭欲巧。』此修身貴文之徵也。然則志足而言文，情信而辭巧，迺含章之玉牒，秉文之金科矣。（徵聖篇）

繼論文士必達於政事云：

蓋士之登庸，以成務爲用。魯之敬姜，婦人之聰明耳，然推其機綜，以方治國。安有丈夫學文而不達於政事哉（程器篇）

言士之入仕，貴能立功成事，敬姜不過一女流耳，尚能明悉憂勞興國、逸豫亡身之至理，則昂藏丈夫豈可不練達政事乎。終論文士出處去就之道云：

摛文必在緯軍國，負重必在任棟梁，窮則獨善以垂文，達則奉時以騁績。若此文人，應梓材之士矣。（同上）

此言載筆之士，宜有遠大抱負，或以文才經綸世務，或以文章增華邦國，不可徒以詞人終老也。

魏晉六朝唯美文風大盛，一般才士無不競一字之奇，爭一句之巧，文章已不復爲經世濟民之用。劉氏惄焉以憂，遂高唱文以致用之說以矯之。其後顏之推繼之，爲作桴鼓之應，乃著家訓，訓誡子孫所以應世經務之道，庶幾毋墜家聲。其勉學篇云：

人生在世，會當有業，農民則計量耕稼，商賈則討論貨賄，工巧則致精器用，伎藝則沈思法術，武夫則慣習弓馬，文士則講議經書。多見士大夫恥涉農商，羞務工伎，射則不能穿札，筆則纔記姓名，飽食醉酒，忽忽無事，以此銷日，以此終年。或因家世餘緒，得一階半級，便是爲足，全忘脩學。及有吉凶大事，議論得失，蒙然張口，如坐雲霧。公私宴集，談古賦詩，塞默低頭，欠伸而已。有識旁觀，代其入地。何惜數年勤學，長受一生愧辱哉。

此言工農商兵百藝之人，皆有一長以應世，士而可以無乎。又云：

夫學者，所以求益爾，見人讀數十卷書，便自高大，凌忽長者，輕慢同列，人疾之如讎敵，惡之如鴟梟，如此以學自損，不如無學也。古之學者爲己，以補不足也，今之學者爲人，但能說之也。古之學者爲人，行道以利世也，今之學者爲己，脩身以求進也。夫學者，猶種樹也，春玩其華，秋登其實。講論文章，春華也，脩身利行，秋實也。

此言爲學目的，在於修身利行，講論文章，不過其手段而已。文章篇云：

至於陶冶性靈，從容諷諫，入其滋味，亦樂事也，行有餘力，則可習之。

於『陶冶性靈』下加入『從容諷諫』一句，尚用之旨，隱然若現。又云：

或問揚雄曰：『吾子少而好賦。』雄曰：『然，童子雕蟲篆刻，壯士不爲也。』余竊非之曰：『虞舜歌南風之詩，周公作鴟鴞之詠，吉甫史克，雅頌之美者，未聞皆在幼年累德也。孔子曰：「不學詩，無以言。」自衞返魯，樂正，雅頌各得其所。」大明孝道，引詩證之，揚雄安敢忽之也。若論詩人之賦麗以則，辭人之賦麗以淫，但知變之而已，又未知雄自爲壯夫何如也。著劇秦美新，妄投于閣，周章怖慴，不達天命，童子之爲爾。』

按詩賦雖非經邦軌物之所急需，但足資陶冶性靈之用，顏氏乃令子弟以餘力學之。蓋其畢生精力所傾注者，固在折衷古今，調和南北也。

四文學與時代　文學常爲時代之反映，故恆隨時代爲轉移。文心有時序篇，綜述唐虞三代戰國漢魏晉宋文辭體格之變遷，與時會升降之關係，極爲詳盡，至於齊梁，則闕而不言，蓋當代之文未可論定也。劉氏首先認定文運之隆替，每因時會爲轉移，故時序篇發端即云：

時運交移，質文代變，古今情理，如可言乎。

由於時代變遷，文學之形式、內容、風格自亦隨之而殊異。其結論亦云：

故知文變染乎世情，興廢繫乎時序，原始以要終，雖百世可知也。

時代既能影響文學，文學亦自能反映時代，兩者關係，至爲密切。惟劉氏所謂時代影響於文風者，其最大關鍵在於政治因素，蓋政事有良窳，政權有嬗變，文學風格自亦與之俱變。

昔在陶唐，德盛化鈞，野老吐『何力』之談，郊童含『不識』之歌。有虞繼作，政阜民暇，『薰風』詠於元后，『爛雲』歌於列臣，盡其美者何，乃心樂而聲泰也。至大禹敷土，『九序』詠功，成湯聖敬，『猗歟』作頌。逮姬文之德盛，周南勤而不怨，大王之化淳，邠風樂而不淫，幽厲昏而板蕩怒，平王微而黍離哀。故知歌謠文理，與世推移，風動於上，而波震於下者。同上

言世治則心樂而聲泰，世亂則心戚而音淒，此皆由於政治形勢之激盪使然。衛宏詩經關雎序云：

> 治世之音安以樂，其政和。亂世之音怨以怒，其政乖。亡國之音哀以思，其民困。

劉氏蓋本此旨而推闡之者也。此外，才略篇所云，意亦同此。

> 觀夫後漢才林，可參西京，晉世文苑，足儷鄴都。然而魏時話言，必以元封爲稱首，宋來美談，亦以建安爲口實，何也，豈非崇文之盛世，招才之嘉會哉。嗟乎，此古人所以貴乎時也。

可見文學與時代之關係，悉取決於政治，謂爲『政治文學』殆無不可也。

❺文學與自然環境　夫青山可以移氣，綠水可以移情，此山水奇麗之鄉所以吟詠滋盛也。故謝靈運之縱情諸什，柳宗元之遷謫諸記，以至徐霞客遊歷之作，袁中郎小品之文，皆緣是而發，自然環境之影響文學也亦云大矣。物色篇云：

> 若乃山林皐壤，實文思之奧府，略語則闕，詳說則繁。然屈平所以能洞鑒風騷之情者，抑亦江山之助乎。

蓋荊楚爲西南之澤國，實神州之奧區，林木蓊鬱，江湖濬闊，屈子深得其山川靈秀之氣，而文思遂以勃發焉。史稱唐張說爲文，屬思精壯，旣謫岳州，而詩益悽惋。杜甫之詩，至夔益工。世亦並以爲得江山之助焉。自然環境之外，氣候時令亦往往刺激作家之創作動機。

> 春秋代序，陰陽慘舒，物色之動，心亦搖焉。蓋陽氣萌而玄駒步，陰律凝而丹鳥羞，微蟲猶或入感，四時之動物深矣。若夫珪璋挺其惠心，英華秀其淸氣，物色相召，人誰獲安。是以獻歲發春，悅豫之情暢。滔滔孟夏，鬱陶之心凝。天高氣淸，陰沈之志遠。霰雪無垠，矜肅之慮深。歲有其物，物

有其容，情以物遷，辭以情發。一葉且或迎意，蟲聲有足引心。況清風與明月同夜，白日與春林共朝哉。同上

『情以物遷，辭以情發』二語，最足以說明四時物候與觸發文思之密不可分。

是以詩人感物，聯類不窮，流連萬象之際，沈吟視聽之區。寫氣圖貌，既隨物以宛轉，屬采附聲，亦與心而徘徊。故灼灼狀桃花之鮮，依依盡楊柳之貌，杲杲爲出日之容，瀌瀌擬雨雪之狀，喈喈逐黃鳥之聲，喓喓學草蟲之韻。同上

蓋情動於中，輒形於言，無所感則不能屬文，有所感而觀察不深，其文亦難臻佳妙。故詩人對於自然環境須多觀察，多體會。

自近代以來，文貴形似，窺情風景之上，鑽貌草木之中，吟詠所發，志惟深遠，體物爲妙，功在密附。故巧言切狀，如印之印泥，不加雕削，而曲寫毫芥，故能瞻言而見貌，卽字而知時也。

此種情景交融、物我雙會之純客觀描寫法，非觀察細膩、體會眞切者不能到，殆卽後人所謂『無我之境』者也。此種側重形貌之作品，宋齊文士最優爲之，劉氏雖不盡贊同，亦未始不歎美其表現技巧也。

㊅文學與才略　文心有才略篇，言爲文貴有才華，蓋唯美文學中之特質也。篇中歷論虞夏以來九代鴻文，而於作家得失，評鑑悉當，眞文囿之巨觀。此與時序篇略有不同，彼則偏於時會，此則偏於人物，是其大較也。

本篇評論歷代文士凡九十八家，所涉文體亦甚廣泛，上自詩賦，下及書記，皆在衡鑑之列。如論西漢

才士云：

漢室陸賈，首發奇采，賦孟春而進新語，其辯之富矣。賈誼才穎，陵軼飛兔，議愜而賦清，豈虛至哉。枚乘之七發，鄒陽之上書，膏潤於筆，氣形於言矣。仲舒專儒，子長純史，而麗縟成文，亦詩人之告哀焉。相如好書，師範屈宋，洞入夸艷，致名辭宗。然覈取精意，理不勝辭，故揚子以為『文麗用寡者長卿』，誠哉是言也。王褒構采，以密巧為致，附聲測貌，泠然可觀。子雲屬意，辭義最深，觀其涯度幽遠，搜選詭麗，而竭才以鑽思，故能理贍而辭堅矣。

大抵就作家之個性以揚搉其文章之風格者也。又論兄弟之文云：

魏文之才，洋洋清綺，舊談抑之，謂去植千里。然子建思捷而才儁，詩麗而表逸，子桓慮詳而力緩，故不競於先鳴。而樂府清越，典論辯要，迭用短長，亦無懵焉。但俗情抑揚，雷同一響，遂令文帝以位尊減才，思王以勢窘益價，未為篤論也。

則論兄弟之作品，無論體貌，各有不同，明巧拙之有素，大為典論張目矣。又論建安七子云：

仲宣溢才，捷而能密，文多兼善，辭少瑕累，摘其詩賦，則七子之冠冕乎。琳瑀以符檄擅聲，徐幹以賦論標美，劉楨情高以會采，應瑒學優以得文，路粹楊修，頗懷筆記之工，丁儀邯鄲，亦含論述之美，有足算焉。

比較七子之長短，並各標其所美，而以王粲最號傑出。此則其特識所在，千載以下，持異議者，罕或有焉。劉永濟文心雕龍校釋才略篇云：

細竅其文，於鋪敘之中，有義例三焉：一曰單論，二曰合論，三曰附論。並舉實例以明之，謂單論者，如前引陸賈、賈誼、枚乘、鄒陽之徒是也。合論者，如前引曹氏兄弟、建安七子之類是也。附論者，如前引路粹、楊修、丁儀、邯鄲淳附建安七子後是也。又云：

> 合論之義，或因父子，或以兄弟，或係同時而名聲相埒，或屬朋友而微尚相同，又或緣比較優劣而合論，或欲辨明異同而合論。附論者，大都附庸時流之士。單論者，類能獨標一體，或則瑜不掩瑕，又或特出一時風會之外者也。然則此篇事本衡文，而義同史傳，故能於寥寥千百字中，具見九代人才之高下，苟非卓裁，曷克臻此。

推許甚至，苟非衡論精賅，實不足以當此。

四　文心雕龍對後世文學理論之影響

自古論文之作多矣。秦漢以前，聖哲之精言粹語，名家之片紙談屑，紛薛於經傳典籍者，固不一而足。魏晉以降，碩學鴻儒之零縑斷簡，名流鉅子之盈篇累牘，角逐於文雅之場者，更無慮千百數。然求其體大思精，綱擧目張，出入五經羣史，貫穿諸子百家，臧否往哲，銓品陳編，擘肌分理，進窺天地之純，批郤導窾，深發古今之祕，堪稱文學評論中首屈一指之偉大創作，與希臘哲人亞里斯多德（Aristotle）之詩學(Poetics)平分古代世界文學批評之秋色者，實非劉勰之文心雕龍莫屬。按亞氏詩學似不及劉氏文心之有系統文心雕龍者，堪稱中國文學之奇書，與劉知幾史通並稱中古批評界之兩大名著，足與日月以俱懸，共江河而不廢。乃不幸自李唐後，卽湮沒無聞，只有辛處信一人爲之校注，而其書不傳。直至楊愼爲之極力鼓吹，始稍稍見重士林，於是從事校刋訂注者，前後達三十餘家，惟梅慶生王惟儉兩家粗具規模耳。若今通行黃注紀評本，牢籠前修，允稱該備，後來居上，亦理所當然也。然貽與文壇之影響，仍甚稀微。逮清末民國之交，東西洋修辭評文之說傳入中國，乃喚醒國人對文心之普偏重視，於是此埋沒千年之名著，始得應時需而大現其光華。尤其自餘杭章太炎蘄春黃季剛兩先生出，表章之更不遺餘力，黃君且撰有文心雕龍札記，推勘闡發，無蘊不宣，然後劉氏立言之旨，粲然復明於世。近五十年來，研究文心一書，蓋已蔚爲風尙，探奧抉隱，卓然成篇者，不可勝數，嗚呼，可謂盛矣。玆選錄各家之評論於後，以供參閱。

㈠章學誠文史通義詩話篇：

詩品之於論詩，視文心雕龍之於論文，皆專門名家勒爲成書之初祖也。文心體大而慮周，詩品思深而意遠，蓋文心籠罩羣言，而詩品深從六藝溯流別也。論詩論文而知溯流別，則可以探源經籍，而進窺天地之純，古人之大體矣。此意非後世詩話家流所能喩也。

詩品文心專門著述，自非學富才優，爲之不易，故降而爲詩話，沿流忘源，爲詩話者不復知著作之初意矣。

㈡黃叔琳文心雕龍注自序：

劉舍人文心雕龍一書，蓋藝苑之祕寶也。觀其苞羅羣籍，多所折衷，於凡文章利病，抉摘靡遺，綴文之士，苟欲希風前秀，未有可舍此而別求津逮者。

㈢孫梅四六叢話作家四劉勰條：

案士衡文賦一篇，引而不發，旨趣躍如。彥和則探幽索隱，窮形盡狀，五十篇之內，百代之精華備矣。其時昭明太子纂輯文選，爲詞宗標準。彥和此書，實總括大凡，妙抉其心。二書宜相輔而行者也。自陳隋下訖五代，五百年間，作者莫不根柢于此，嗚呼盛矣。

㈣劉開書文心雕龍後：

示人以璞，探驪得珠，華而不汩其眞，鍊而不虧於氣，健而不傷於激，繁而不失之蕪，辨而不逞其偏，覈而不鄰於刻，文犀駭目，萬舞動心，誠曠世之宏材，軼羣之奇構也。

綜上以觀，無論注疏家，駢文家，散文家，以至史學家，莫不衆口一詞，於劉氏文心交相讚譽，雖間有溢美之詞，要多爲持平之論。